자동차에 미치다

자동차에 미치다

1판 1쇄 찍음 2019년 2월 22일
1판 1쇄 펴냄 2019년 2월 28일

지은이 황순하
펴낸이 최주식
편집 손미영
사진 이충희, 송정남
펴낸곳 C2미디어
출판등록 2007.11.6. (제 2018-00015/호)
주소 서울특별시 마포구 희우정로 20길 22-6 1층
전화 02)782-9905 **팩스** 02)782-9907
ISBN 978-89-966189-4-2 03320

이 도서의 국립중앙도서관 출판예정도서목록(CIP)은
서지정보유통지원시스템 홈페이지(http://seoji.nl.go.kr)와
국가자료종합목록시스템(http://www.nl.go.kr/kolisnet)에서 이용하실 수
있습니다. (CIP제어번호 : CIP2019005953)

www.iautocar.co.kr
c2@iautocar.co.kr

일러두기

이 책은 월간 〈오토카코리아〉 2017년 9월호부터 2018년 11월호까지
게재된 '황순하가 만난 사람'을 기반으로 새로 제작되었습니다.

이 책의 일부는 넥센타이어체, 정고딕, 배달의민족 도현체
빙그레체의 글꼴을 사용하여 디자인되었습니다.

Published by C2 Media, Printed in Korea

잘못된 책은 바꿔드립니다

세계적 카 디자이너부터 CEO까지
자동차업계 종사자와 입문자를 위한 나침반

자동차에 미치다

차에 인생을 건 14인의 일과 철학

황 순 하 지음

C2 미디어

차례

1장
디자인·기술에 미치다

2장
직업으로서의 자동차, 일에 미치다

3장
자동차 문화에 미치다

머리말

"전 다시 태어나도 자동차 할 겁니다."

이 책에 실린 인터뷰에서 "오랜 시간 자동차로 힘들었는데 다시 태어나도 자동차를 하겠냐"는 마지막 질문에 모두가 공통적으로 내놓은 대답이다. 주저함이나 머뭇거림도 없었다. 우리가 거리에서 만나는 자동차와 전시장은 화려하고 멋지지만, 사실 자동차와 관련된 사업들은 예외 없이 고달프고 힘들다. 내부적으로 엄청난 경쟁압박에 시달리기에 고부가가치의 여유와 즐거움을 누리기 힘든 구조적 한계 또한 가지고 있는 게 바로 자동차산업이다.

자동차산업은 성장해도 이익 내기 어려운 대표적인 외화내빈(外華內貧) 업종이기도 하다. 운 좋게 히트차종을 시장 트렌드에 맞춰 출시해도 경쟁차종 출시와 가속화되는 신기술의 등장, 끊임없이 변화하는 소비자 요구로 인해 즐거움의 시간은 그리 길지 않다. 고정투자가 많아 경기 사이클에 따른 조직의 팽창과 축소가 빈번하다보니 현장의 저항과 목소리가 커지고, 뭘 해도 업무는 늘 터프하고 바람 잘 날이 없다. 자동차 메이커들이 언제나 존망의 위기에서 허덕여왔으며, 자동차산업 종사자들이 분야를 가릴 것 없이 과중한 업무와 상대적 저임금에 시달리는 이유다. 신기한 것은 이런 악조건에도 불구하고 한번 자동차산업에 발 들여놓은 사람들은 좀처럼 떠나지 않는다는 점이다. 심지어 여러 이유로 인해 자동차산업을 떠났다가 다시 고생할 걸 뻔히 알면서도 오래지 않아 돌아오는 기현상도 흔하다. 이를 업계에서는 우스개로 '연어의 회귀'라고 부른다.

이들에게는 자동차가 마음의 고향인 것이다.

　필자도 1986년 첫 직장으로 기아산업(지금의 기아자동차)에 들어갔다. 당시 소규모 트럭 메이커였던 기아차가 미국 포드, 일본 마쓰다와 협력하여 미국으로 수출을 개시한 소형차 프라이드(수출명 페스티바)의 수출관리와 협상이 첫 업무였다. 이후 현대차와의 합병 이후 여러 회사를 거치며 글로벌 인증기업 유엘코리아(UL Korea) 대표, 미국 본사의 글로벌자동차산업부문 리더를 역임하고 은퇴하기까지 30여 년간 자동차의 다양한 분야를 경험했다. 그중 1999년 아더 앤더슨(Arthur Andersen)으로 옮겨서, 외환위기 이후 총체적 난국에 빠졌던 우리나라 자동차산업의 구조조정 업무에 매진했던 게 가장 기억에 남는다. 당시 무대의 앞과 뒤에서 치열하게 전개됐던 자동차업체들의 생존을 건 경쟁, 정부와의 끈질긴 줄다리기 등 지금 국내 자동차업계 구도가 형성되던 시기의 생생한 이야기들도 머지않아 기록으로 남겨야 하지 않을까. 이제 관계자들의 좌절과 흥분도 가라앉아 담담하게 얘기할 수 있을 만큼 시간이 충분히 흘렀으니, 후세를 위해 누군가는 해놓아야 할 일이다.

　은퇴 후 자동차 칼럼니스트로 제2의 인생을 살면서 오랜만에 자동차업계의 지인들을 만나 술 한잔 나누는 즐거운 시간을 종종 가졌다. 그러던 차에 월간 〈오토카코리아〉의 최주식 발행인이 인터뷰 칼럼을 제안해왔다. 다양한 분야에서 자동차와 일생을 같이 한 사람들의 진솔한 이야기를 기록으로 남기고 싶다는 것이었다. 자기 분야에서 일가(一家)를 이룬 사람들을 만나야 하다 보니 연륜과 경험이 있어야 하고, 수입차업계 인터뷰를 위해 영어능력도 필요하니 딱 적임자라는 칭찬(?)에 귀가 얇은 필자는 넘어가고 말았다. 사실 그동안 간간히 신문과 잡지에 칼럼을 써왔기에 글쓰기가 낯설지는 않았다. 결과적으로 약 일 년 반에 걸쳐 매월 진행했던 인터뷰 코너 '황순하가 만난 사람'은 필자가 비즈니스 업계를 떠나 전업 자동차 칼럼니스트로 소프트 랜딩(soft landing) 하는데 큰 도움을 주었다. 필자가 미처 몰랐거나 지식이 많지 않았던 분야들에 대해 많은 공부가 됐음은 물론이다. 또한 잡지에서는 지면 제약으로 인해 인터뷰 내용을 축약할 수밖에 없었다. 이제 전체 내용을 그대로 펼쳐 보이게 되니 독자들에게 더 큰 의미로 다가갈 수 있고 그동안 인터뷰이들에게 죄송스러웠던 마음도 시원하게 풀렸다.

큰 산일수록 넓은 산자락을 갖고 있다. 자동차는 만들어 파는 게 전부가 아니다. 그동안 각고의 노력 끝에 세계적인 자동차강국이 된 우리나라의 자동차산업이 한 단계 더 올라서기 위해서는, 생산과 판매뿐만 아니라 자동차와 관련된 많은 분야들이 골고루 발달하여 건강한 생태계를 형성해야 한다. 소비자들도 크기나 가격 이외에 다양한 관점에서 자신의 라이프스타일과 생활환경에 맞는 자동차를 골라야 한다. 어느새 수입차도 우리 곁에 바싹 다가와 국내 브랜드들과 같은 시장에서 경쟁하고 있다. 이 책에 실린 인터뷰에 응해준 14인의 꾸밈없고 진지한 자동차인생 이야기는 자동차에 관심이 있는 독자들에게 큰 울림이 될 것이다. 이들은 하나같이 스스로에게 솔직하고, 자기 일에 큰 욕심 없이 담백했다. 자신이 택한 길에 대한 강한 긍정과 끈기, 그리고 성취에 대한 높은 자존감도 한결같았다. 꿈을 이루고 싶어 했고, 결과물을 주위와 나누며 후세를 위해 남기고 싶어 했다. 디자이너, 컬렉터, 카로체리아, 역사학자, 모터스포츠, 엔지니어, 해외 브랜드의 수입법인 대표 등 다양한 분야에서 벌어진 인생과 자동차 이야기는 어느 하나 예외 없이 한 편의 드라마였다. 대부분 오랜 시간 필자와 교분이 있는 지인들이지만, 평소 들을 수 없었던 속 깊은 이야기들은 정말 흥미진진했다. 인터뷰를 마치니 사람이 달라 보여 어색함이 느껴지곤 했을 정도였다. 이들이 펼쳐 보인 뜨거운 감성과 예리한 통찰력을 글로 다 주워 담지 못한 것은 활자의 한계이기도 하지만, 필자의 미력함이 더 큰 요인일 것이다.

매달 마감에 쫓겨 급하게 보낸 원고들을 꼼꼼하게 정리해 멋진 사진과 함께 잘 꾸며준 〈오토카코리아〉의 손미영 팀장에게 깊은 감사를 드린다. 처음부터 원고의 방향을 잘 잡아주고 칼럼들을 묶어 책이 될 수 있도록 총괄해주신 최주식 발행인에게도 큰 신세를 졌다. 귀한 옛날 사진들을 기꺼이 제공해주신 자동차문화연구소의 전영선 소장께도 술 한잔 빚졌다.

더불어 바쁜 일정을 쪼개어 인터뷰에 응해 주신 14명의 거인(巨人)들에게도 무한한 감사와 존경을 표한다. 누가 알아주지 않아도 자기 분야에서 묵묵히 오랜 세월 내공을 쌓아온 이런 '미친 분'들이 계시기에 우리나라 자동차문화가 틀이 잡히고 조금씩 그 지평이 넓어지고 있다. 참 다행이며, 그저 감사할 따름이다.

반포 서래마을 서재에서
황순하

1장
디자인·기술에 미치다

이상엽 현대자동차 현대디자인센터장

최수신 CCS 부총장

문대흥 한국자동차공학회(KSAE) 회장

제네시스의 뿌리는 서울. 서정적이고 다이내믹한

이상엽 현대자동차 현대디자인센터장

도전을 두려워하지 않는 유목민 DNA

한국을 대표하는 카 디자이너로 이상엽 전무(현대디자인센터장)를 설명하기에 이보다 정확한 표현은 없을 듯하다. 미대 조소과 출신이 갑자기 진로를 바꿔 미국 캘리포니아의 아트센터컬리지(Art Center College of Design)에서 카 디자인을 공부했고, 그 후 25년간 8개국 15개 브랜드를 거쳤다. 이제는 현대차그룹으로 옮겨 현대와 제네시스, 그리고 상용차의 디자인 담당이 되어 새로운 도전을 시작하고 있다.

수많은 성공 스토리와 함께 연간 800만 대를 생산하는 세계적인 자동차업체로 훌쩍 커버린 현대차그룹의 미래 역시, 매력적인 디자인의 자동차를 계속 시장에 내놓을 수 있는가에 달려 있다. 디자인 담당으로서 그 부담감이 얼마나 클까 상상하기 어렵지 않다. 그러나 인터뷰 내내 이상엽 전무는 명랑하고 에너지가 넘쳤다. 마치 이런 상황을 즐기고 있는 것처럼 본인의 생각을 거침없이 이야기했다. 달변이라기보다 열변이었다. 바쁜 일정으로 30분 넘게 지연된 인터뷰를 시간 내 마치기 위해 여러 번 중간에서 말을 끊어야 할 정도로 그는 열정에 가득 차 있었다.

이상엽 그저 미술이 좋아서 미대에 갔어요. 카 디자인은 전혀 몰랐고 관심도 없었죠. 우연히 아트센터컬리지를 방문했는데 학생들이 클레이 모델을 만드는 걸 보고 멋지다고 느꼈어요. 조소과 출신이라 재료를 붙여가며 형상을 만드는 건 나도 잘 할 수 있을 것 같다는 단순한 생각으로 카 디자인을 시작한 거죠. 막상 해보니 디자인보다 자동차산업의 트렌드나 각 브랜드의 역사, 특성 등 기본적인 지식이 더 중요하더군요. 다른 카 디자이너들과는 달리 어릴 적 자동차와 관련된 추억이나 경험도 없이 시작한 건 지금 돌이켜 봐도 참 무모한 결정이었습니다. 정말 천진난만했는데 원래 무식하면 용감해지지 않나요(웃음)? 모르는 게 약이라고 아무 사전지식이나 선입견이 없으니 새로운 시각으로 볼 수 있는 장점이 있었습니다. 스펀지가 물을 빨아들이듯 오픈된 상태에서 열심히 공부했죠. 성격상 좀 당돌한 구석이 있고, 궁금한 건 못 참거든요. 어떤 상황에 처해도 멘토를 찾고 도전해서 극복하려고 노력했습니다. 그러다보니 내공도 쌓이고 친구들도 생기더군요.

자동차는 단순한 제조물이 아니다. 태어난 나라의 독특한 느낌을 드러내야 한다. 그 나라의 역사와 문화, 지형 등을 충분히 알지 못하면 제대로 된 디자인을 할 수 없는 게 너무 당연하다. 필자도 경험했지만 가족과 함께 여러 나라를 옮겨 다니면 사실 정착하는 것만도 오랜 시간이 걸린다. 이 전무는 어떻게 짧은 시간에 그 나라들의 특성을 파악해서 디자인으로 표현할 수 있었을까? 이 전무가 디자인해 2009년에 출시된 6세대 카마로(Camaro)는 (우리에게는 영화 '트랜스포머'의 범블비로 잘 알려져 있다) 미국의 복고풍 디자인 머슬카(Retro-design Muscle Car)를 완벽하게 재해석했다는 격찬을 받았다.

이상엽 저보고 '범블비 아빠'라고 하는데 동의할 수 없습니다. 저 혼자 한 게 아니라 팀이 한 거니까요. 어떤 차를 맡든 그 차

영화 '트랜스포머'의 범블비로 잘 알려진 6세대 카마로

를 사랑하는 현지 동료들과 같이 호흡하고 어울려 토론하고 배웠습니다. 그 나라 사람들보다 그쪽 문화에 더 몰입해서 그 나라 식으로 살고, 먹고, 마시고 다녔죠. 해외에서 지낸 25년간 제가 한국적인 특성으로 지켜온 건 제 이름 하나였어요. 그리고 제가 맡은 브랜드에 대한 존중이 항상 먼저였어요. 그래야 동료들이 가까이 해주니까요. 외부에서 온 사람이라 그 브랜드에서 수십 년 일해 온 사람들과는 다른 시각에서 내부의 강점과 약점이 더 잘 보이더군요. 그래서 리드해나갈 수 있었습니다.

미국차에 대해 이해가 되자 이번에는 기능적이며 단순한 표현의 독일차 디자인이 배우고 싶어졌다고 한다. 익숙해진 GM을 나와 2010년 폭스바겐으로 옮겼다. 바우하우스의 기능적 디자인부터 익히며 기초를 닦았다.

이후 같은 그룹 내 벤틀리 디자인 담당이었던 루크 동커볼케(Luc Donkerwolke)의 인도로 2013년에 벤틀리 외관스타일 담당으로 옮겼다. 드디어 메이저급 카 디자이너로서 만개하기 시작한 것이다. 영국 왕실의 차로 잘 알려진 세계 최고의 고급차 브랜드 벤틀리가 약관의 한국 출신 카 디자이너에게 디자인을 맡겼다는 뉴스는 당시 업계에 일대 센세이션을 일으켰다. 이는 LPGA의 세리키즈처럼 한국의 카 디자이너들이 자신 있게 세계로 진출할 수 있는 계기가 되었다. 이 전무는 벤틀리와 함께 세계적인 카 디자이너로 이름을 날릴 수 있는 행운을 잡은 것이다.

그런데 이 전무는 벤틀리에서의 좋은 성과를 뒤로 하고 2016년에 돌연 현대차로 옮기는 결정을 내렸다. 현대차 디자인센터장으로 미리 와 있던 루크 동커볼케의 스카우트 제의를 흔쾌히 받아들인 것이다. 한국을 대표하는 세계적인 스타 카 디자이너의 탄생을 기대했던 많은 사람들이 아쉬워했다. 고급 브랜드인 벤틀리는 제품의 라이프사이클이 대중 브랜드보다 더 길어서 이 전무가 디자인한 차종들이 실제 양산되어 마켓 피드백을 충분히 받기까지 4년은 너무 짧았기 때문이다.

이상엽 벤틀리에 가보니 마침 주요 차종들을 일제히 새로 디자인하는 풀서클 프로젝트(Full Circle Project)가 시작되고 있었습니다. 그래서 운 좋게 컨티넨탈 GT, 플라잉 스퍼, 뮬산, 벤테이가 SUV 등의 디자인 작업에 참여할 수 있었어요. 고급차라는 게 어떤 존재인지 정말 많이 배웠습니다. 1919년에 시작해 100

벤틀리 컨티넨탈 GT

년 헤리티지를 갖고 있는 벤틀리의 디자인 역사를 부품 하나하
나까지 다 외워야 했습니다. 소수 고객의 취향에 맞추어 섬세하
게 디자인하고 만들어내야 하는 순수 감성의 가치도 알게 되었
고요. 대신 새롭게 모델을 디자인할 때마다 '이게 충분히 벤틀
리처럼 보이나?'라는 질문을 받게 되니 기존 틀에서 벗어나지
못하는 한계도 있었어요. 물론 벤틀리에서 더 배울 게 많이 남
아 있었습니다. 그런데 현대차에서 연락이 오자(이 전무는 이를 여
러 번 '부름'이라고 표현했다. 하늘의 부름이라는 소명(calling)의 뜻인 듯
싶다), 마치 그리스 신화의 카이로스(Kairos) 같은 운명의 시간이
왔다는 느낌이 들었어요. 현대차가 오랜 검토 끝에 시작하는 제
네시스가 탄생되는 중요한 순간에 도움이 되고 싶었습니다. 가
려면 지금 가야 한다는 어떤 다급함 같은 것이 강하게 느껴지더

군요. 눈 내리는 길을 남보다 먼저 발자국을 남기며 걷는다는 건 부담도 되지만 참 멋진 일이지 않나요? 도전이 큰 만큼 보상도 클 것이라 믿었죠.

제네시스는 1980년대 말 토요타와 닛산이 렉서스(Lexus)와 인피니티(Infiniti)로 고급차시장에 뛰어든 이래 30년 만에 등장한 새로운 프리미엄 브랜드다. 당연히 세계 자동차업계의 주목을 끌고 있다. 과거 토요타와 닛산이 고급차시장에 진출할 수 있었던 것은 그들의 엔지니어링 능력과 품질에 대해 시장 신뢰가 굳건했기 때문이다. 1980년대 중반 미국시장에 진출한 이래 현대차는 품질과 내구성 문제로 조롱의 대상이었다. 여러 TV 코미디 프로에서 단골 놀림감으로 등장할 정도였다. 2000년대 들어 품질은 많이 나아졌지만 여전히 가성비(Value for Money) 좋은 브랜드 정도로 인식되어 왔다. 2000년대 후반 YF 쏘나타로 대표되는 플루이딕 스컬프처(Fluidic Sculpture) 디자인의 성공 이후 현대 브랜드에 대한 평판이 좋아지기는 했지만 제네시스의 성공을 뒷받침할 수 있을 만큼 시장의 신뢰가 견고할까? 이 전무의 답은 거침이 없었다.

이상엽 현재 세계시장에서 현대 브랜드에 대한 시장 신뢰는 확고합니다. 이직을 결심하게 된 가장 큰 이유이기도 하고요. 제가 해외에서 카 디자인을 시작한 1990년대 중반에 가장 듣기 싫었던 말이 어떤 차의 디자인이 이상하면 꼭 '현대차 같다'라고 표현하는 것이었습니다. 한국사람으로서 자존심 상하고 언젠가 도움을 주고 싶었어요. 그런데 2000년대 중반 이후 현대차 디자

인의 위상이 급격히 올라갔습니다. GM에서 디자인할 때 벤치
마킹하는 모델이 전 차종에 걸쳐 토요타에서 현대차로 다 바뀌
었습니다. 그때 토요타에서도 회장 지시로 현대차를 벤치마킹
하기 시작했다고 하더군요. 경쟁사로서 현대차가 두렵기도 했
지만 참 자랑스러웠습니다. 생각해보면 지난 25년간 현대차는

항상 제 옆에 있었던 거죠.

대중 브랜드와 고급 브랜드는 타깃 마켓도 다르고 디자인 언어
(design language)도 다르다. 따라서 한 사람이 양쪽 브랜드를 담당하
는 것이 그다지 자연스러워 보이지 않는다. 닛산과 인피니티를 맡

앉던 나까무라 시로(Nakamura Siro)와 같은 일부 선례가 있지만 그리 성공적이지 않았다. 여러 가지 이질적인 브랜드를 동시에 맡아 어떻게 운영을 하고 있는지 궁금했다.

이상엽 사실 많은 고민을 하고 있습니다. 한국적인 느낌에 현대차의 느낌까지 넣어야 하는데 세 브랜드의 표현방식이 다 달라야 하니까요. 브랜드별로 디자인센터가 따로 있습니다. 한 센터에 들어갈 때 머리 속에서 센터 스위치를 끄고 다른 센터 스위치를 켭니다. 처음엔 좀 어색했는데 자꾸 해보니 잘 되더군요. 하지만 계속 고민 중입니다.

현대차는 1999년 기아차 합병 이후 품질경영에 집중하여 소기의 성과를 거두었다. 2000년대 중반부터는 디자인 경영의 성공으로 한층 자신감을 갖게 되었다. 따라서 2011년부터 현대 브랜드의 슬로건을 모던 프리미엄(Modern Premium)으로 정하고 감성 중심의 고급 라이프스타일 브랜드로 강력한 마케팅을 펼쳤다. 그러나 대중 브랜드의 확장은 한계가 분명했다. 해외 고급차 브랜드를 M&A 한다는 소문도 끊이지 않았다.

결국 현대차는 독자노선을 선호하는 스타일대로 2015년에 고급차 브랜드 제네시스를 출시했다. 이에 현대 브랜드는 그랜저를 제품 라인업의 정점으로 하는 앞바퀴굴림 플랫폼 브랜드로 좀 위축된 느낌이다. 오히려 기아차가 제네시스 플랫폼을 공유해 K9, 스팅어 등을 출시하면서 시장에서 현대차보다 고급이라는 이미지를 구축하기 시작했다. 제네시스의 출범이 현대 브랜드에게는 독이

된 것일까?

이상엽 모든 자동차 브랜드가 장단점을 다 가지고 있습니다. 단점을 줄이려고 파고들면 살아남을 수 없습니다. 장점을 강조하여 충실히 진화시키면 좋은 브랜드가 됩니다. 세상에 새로운 것은 없으니까요. 그것이 카 디자이너의 보람입니다. 제네시스의 출시는 현대 브랜드에 엄청난 도전이 되었지만 그래서 더 즐겁습니다. 현대차는 1990년대부터 그랜저와 쏘나타를 중심으로 여러 세대를 거치며 짧은 시간에 충분한 유산을 쌓아왔습니다. 이제 또 하나의 도전을 맞이해 그 유산을 발전시켜 나가면 됩니다. 토요타 캠리(Camry)나 혼다 어코드(Accord)처럼 현대차의 중심 차종은 쏘나타입니다. 1990년대 중반 쏘나타는 성공한 중산층의 상징으로 구매자에게 엄청난 환희를 주었습니다. 심지어 흰색 쏘나타는 강남 오렌지족의 차량이었으니까요. 지금 같으면 BMW M6 같은 느낌이었을 겁니다. 그런데 최근 들어 위상이 많이 약해졌고 젊은 사람들에게 쏘나타는 택시로 인식되고 있습니다. 그래서 젊은 카 디자이너들과 외부 사람들에게 어떻게 하면 좋을지 많이 물어봅니다. 다시 강한 캐릭터의 디자인으로 구매자에게 소유의 기쁨을 주어야 합니다. 가격이 저렴한 차도 임팩트가 있어야 하니까요. 그래야 그 브랜드가 삽니다. 미니(Mini)나 비틀(Beetle)은 자기만의 강력한 이미지와 충성고객이 있지 않습니까? 대중 브랜드에 어떻게 이런 카리스마를 갖게 하느냐가 숙제입니다. 얼마 전까지 대중 브랜드가 자기 이미지를 쉽게 알리기 위해 전 차종에 걸쳐 패밀리 룩(Family Look)을 적용하는 게 유행이었죠. 타깃 세그멘트 별로 시장 특성이 다 다르기 때문에 올바른 접근방식은 아니라고 봅니다. 앞으로 현대 브랜드는 현대차만의 고유한 디자인 틀인 현대 룩(Hyundai Look)을 기본으로 차종별 타깃 고객에 포커스된 캐릭터 있는 디자인을 할 겁니다. 마치 체스판에 있는 말들의 모양이 다 다르지만 모아놓으면 전체 체스판의 그림이 완성되는 것과 같다고 할까요?

그러면 현대차는 왜 제네시스를 시작하게 되었을까? 30여 년전 일본 자동차업체들이 고급차시장에 진입하게 된 이유는 미국 레이건 정부의 압력에 의한 대미 수출물량 규제, 1985년 9월 플라자합의에 의한 급격한 엔고(이 합의에 의해 달러화 환율은 1달러당 235엔에서 1년 뒤 120엔으로 급속 하락한다) 등의 역풍으로 물량 감소와 수익성 악화라는 곤경에 처했기 때문이다. 이들은 필사적으로 고급차의 개발과 성공에 매달렸다(혼다는 어큐라(Acura)를 내놓았고 마쓰다와 미쓰비시도 고급차 브랜드 계획을 발표했다). 그러나 제대로 시장에 안착한 건 렉서스와 인피니티 정도다. 고급 브랜드 시장은 그만큼 까다롭고 어렵다.

기아차와의 합병 이후 현대차는 20년 간 정신없이 내달리며 품질과 디자인 혁신을 통해 성공 스토리를 써 왔다. 그리고 그 성장 모멘텀을 이어가기 위해 좋은 분위기 속에서 제네시스 브랜드를 시작했다. 그래서인지 현대차의 고급차시장 진입에 진정성은 느껴지나 성공에 대한 간절함이나 절박함은 잘 느껴지지 않는다. 기존의 고급차 브랜드들은 오랜 시간에 걸쳐 형성된 독특한 헤리티지, 충성스러운 고객층, 디자인 특성 등 견고한 마켓 인프라를 가지고 있다. 이를 충실히 지켜가면서 시장 트렌드에 맞추어 차종 다양화에 나선다. 그리고 태어난 나라의 긍정적인 특성, 예를 들어 영국의 고풍스러움과 우아함, 독일의 논리적이고 치밀한 엔지니어링, 이탈리아의 열정과 화려함 등이 디자인 언어로 표현된다. 차를 보기만 해도 어느 나라 차인지 자연스레 느낄 수 있는 것이다.

그렇다면 제네시스는 어떻게 한국적 특징을 보여줄 것인가? 아니, 그 이전에 한국하면 떠오르는 이미지는 과연 무엇일까? 우리나라는 비단 자동차뿐만 아니라 상대적으로 짧은 산업화의 역사 속에서 품질과 가격으로 승부하며 급성장해왔다. 그러다보니 아쉽게도 우리가 만들어내는 제조물 중 한국적인 느낌의 세계적 명품은 아직까지 매우 제한적이다. 제네시스가 한국적인 느낌을 정확히 파악해서 구체적인 디자인으로 표현해낼 수 있을까? 만일 성공한다면 다른 산업에도 영향을 끼쳐 한국적인 느낌을 잘 살린 명품들이 여러 분야에서 쏟아져 나올 수 있는 기폭제가 될 수도 있다.

이상엽 공감합니다. 대중 브랜드도 그렇지만 고급 브랜드들은 다 그 뿌리가 있습니다. 패션 브랜드도 다 그렇죠. 그런 의미에서 제네시스는 새로 시작하면서 그 뿌리는 대한민국 서울입니다. 서울은 참 역동적이면서 재미있는 곳이에요. 도시적 모던함과 오랜 전통이 공존하고 광장과 좁은 골목들이 붙어 있습니다. 맛집도 아주 저렴한 장소부터 세계 최고급 레스토랑까지 다 있습니다. 교회와 절이 이웃해 있듯이 이질적인 것들이 천연덕스럽게 어울려 섞여 있는 묘한 곳이죠. 전 세계 대도시 중 이런 느낌을 주는 도시는 런던이 유일합니다. 영국에 가보면 그 전통과 느낌을 살린 명품들이 얼마나 많습니까? 명품이라고 해서 다 비싼 것도 아니죠. 제가 느끼는 한국의 정체성은 캐릭터가 '유난스럽다'는 겁니다. 상반된 것들이 섞이며 묘한 조화를 이루고 있어요. 다도나 종묘에서 조용하고 서정적인 여백의 미가 느껴지지만, 아주 다이내믹하고 화려한 케이 팝(K-Pop)과 아이돌 문화가 있고요. 오랜 전통의 하드웨어 공예품 장인들이 많은데 게임 같은 최첨단 디지털 소프트웨어가 끊임없이 개발되고 있는 나라예요. 마치 태극처럼 음과 양이 어우러져 돌아가는 느낌입니다. 선과 악이 섞여 있는 지킬앤하이드(Jekyll and Hyde)가 태어난 영국도 그렇습니다. 사실 한국의 느낌이 더 세죠. 이렇게 상반된 것들이 부딪치며 섞이면 긴장감이 만들어지고 디자인 스토리가 나올 수 있습니다. 디자인은 긴장이 있어야 가능해집니다.

오랫동안 고민해왔기 때문일까? 이 전무의 목소리에는 확신이 가득했고 의견은 거침이 없었다. 저렇게 형이상학적인 내용을 정확하게 표현해내는 것도 참 재주다 싶었다. 그러면 이런 특성들이 현대 브랜드에 어떻게 차별화되어 적용될 수 있을까? 이 전무의 손이 공중에서 움직이기 시작했다.

이상엽 당연히 현대 브랜드에도 이러한 특성들이 반영됩니다. 다만 대중 브랜드와 고급 브랜드는 표현하는 방식에 있어 조건이 다릅니다. 카 디자이너는 레스토랑의 셰프와 같다고 생각합니다. 고급 레스토랑에서는 손님 하나하나의 식성과 취향을 정확히 파악하는 게 우선이죠. 그 다음에 충실히 구비된 고급 식재료를 잘 다듬고 단순하게 조리해 재료 본연의 순수한 맛을 느끼게 해주는 겁니다. 깔끔하고 아름다운 세팅도 필수죠. 제네시스는 뒷바퀴굴림 플랫폼에 값비싼 기술과 부품을 쓸 수 있으니 현대 브랜드보다 기본 식재료가 좋습니다. 대중 레스토랑도 비록 원가 때문에 기본 식재료의 질이 좀 떨어진다 해도 셰프가 수완을 발휘해 양념을 더하거나 재료들을 잘 섞어서 맛난 음식을 만들어낼 수 있습니다. 이렇게 해서 현대 브랜드도 충분히 소비자에게 어필할 수 있습니다. 제네시스가 원테이블(one-table) 고급 식당이라면 현대 브랜드는 고객이 붐비는 맛집인 거죠.

지금껏 이렇듯 깔끔하게 고급 브랜드와 대중 브랜드의 차이를 설명해준 사람은 이 전무가 처음이었다. 인터뷰 시간이 많이 흘렀지만 머리가 맑아지는 느낌이었다. 말은 이렇게 쉽게 해도 큰 조직 속에서 실제로 구현해가는 작업은 정말로 어려울 것이다. 그 어려움을 짊어진 이 전무에게 연민이 느껴지려 하는데 울림이 있는 멘트가 계속 이어졌다.

이상엽 제네시스의 성공은 우리나라 산업의 패러다임 변화를 가져올 수 있는 역사적 사건이 될 수 있습니다. 국내의 명품 사업은 지금부터예요. 하루아침에 되는 게 아니니 한국적인 철학과 정체성에 대한 고민과 구체화 작업이 계속되어야 합니다. 사실 좀 힘이 들긴 하지만 한국적 느낌의 대표 브랜드로서 제네시스를 키워가는 작업이 정말 흥분됩니다. 벤틀리에 있을 때보다 더 재미있고 지금이 제 커리어의 하이라이트라고 느끼고 있습니다. 여러 이질적인 요소들을 융합할 수 있는 여유와 경험이 쌓여 50대인 제가 20대 시절보다 더 창의적이라고 느끼고 있을 정도이니까요. 물론 어떤 브랜드의 성공이 제품 하나 잘 나왔다고 다 되는 게 아니죠. 하지만 디자인으로 한국적 헤리티지를 만들어간다는 게 정말 즐겁습니다. 벤틀리에는 100년 역사의 디자인을 담은 두꺼운 책이 있어 디자인할 때 반드시 참고해야 합니다. 제네시스도 지금부터 그에 못지않은 두꺼운 백지의 책을 첫 페이지부터 써나가는 겁니다. 물론 실패도 하겠지만 그 실패를 극복하는 과정이 또 스토리가 됩니다. 그런 게 다 모여서 위대한 유산이 되는 거죠.

벤틀리에서 보장된 꽃길을 떠나 미래를 기약할 수 없는 현대차로 과감하게 옮긴 이유를 알 것 같다. 내가 역사를 처음부터 써내려간다는 열정이 이 전무의 영혼을 휘어잡은 것이다. 현대차의 부름을 받고 운명의 시간으로 느꼈던 것처럼.

제네시스는 디자인 철학으로 동적인 우아함(Athletic Elegance)을 내세웠다. 한국적인 특성들이 구체적으로 어떻게 섞여져 비슷한 디자인 철학을 갖고 있는 재규어, 마세라티와 얼마나 다르게 디자인될지 궁금하다. 그동안 대중 브랜드가 고급차를 디자인할 때 경험이 없다 보니 특정 브랜드의 디자인을 흔히 따라하곤 했다. 30년 전 렉서스가 벤츠를, 인피니티가 재규어를 벤치마킹했다. 물론 최근 수많은 중국 브랜드들이 선진국 자동차들의 디자인을 그대로 카피하는 것과 다르긴 하다.

많은 사람들이 이 전무와 디자인 총괄인 루크 동커볼케가 모두 벤틀리 출신이라 제네시스도 벤틀리의 디자인을 많이 따르리라 예상하고 있다. 그런데 고급차 브랜드도 수제작 위주로 소량 생산해내는 롤스로이스나 벤틀리 같은 럭셔리 브랜드와 컨베이어 벨트에 얹어 차종 당 수만 대씩 만들어내는 BMW, 벤츠 같은 프리미엄 브랜드로 다시 나뉜다. 분명 제네시스는 프리미엄 브랜드를 지향하고 있을 것이다. 그런데 만일 벤틀리를 벤치마킹한다면 그 과정이 매끄럽지 않을 것이 분명하다.

이상엽 충분히 동의합니다. 하지만 시장은 항상 변하죠. 이제 럭셔리는 비싼 그림이 두 장이면 한 장을 찢어버린다는 속성이 통하는 슈퍼 럭셔리로 진화하고 있습니다. 프리미엄은 기존 럭

제네시스 G70

셔리의 영역으로 들어가 프리미엄 럭셔리가 되고 있고요. 제네시스는 분명히 프리미엄 럭셔리를 지향하고 있습니다. 고급 브랜드의 디자인에 있어 가장 중요한 것은 자신감이라고 생각합니다. 과거 한국에 와서 인터뷰할 때마다 제일 듣기 싫었던 질문이 요새 한국차 디자인이 어떠냐는 것이었어요. 우리가 만들어낸 것에 대한 확실한 자신감이 없으니 제3자에게 물어본다는 느낌이 들었어요. 다들 그러하듯이 여러 브랜드를 벤치마킹하고 있지만 제네시스 특유의 좋은 재료와 레시피로 제네시스만의 특별한 디자인을 만들어낸다는 자신감을 갖고 있습니다. 절대 남의 레시피를 베끼지 않습니다.

그렇다면 이 전무는 성공적인 결과물을 만들어내기 위해 디자인센터 내 디자이너들과 어떻게 소통하고 있을까? 그는 지금까지 여러 브랜드를 옮겨 다니며 특유의 친화력과 노력으로 많은 성공을 이루어냈다. 하지만 해외 자동차업체들과는 조직문화가 많이 다른 현대차에서 조직과 융화하면서 리드하기가 쉽지 않을 것이라고 많은 사람들이 우려하고 있기 때문이다.

이상엽 정말로 많은 분들이 걱정해주셔서 감사합니다. 사실 재미있게 잘 하고 있습니다. 일단 디자이너들이 실력이 있어야 하는데 같이 일해보니 현대차 디자이너들 실력이 정말 뛰어납니다. 세계적인 수준이에요. 그리고 제가 항상 먼저 물어보고 의견을 말하게 합니다. '네, 알았습니다'를 절대 못하게 하죠. 토론을 아주 많이 합니다.

이 전무가 인터뷰 도중 여러 번 얘기했듯이 고급차 브랜드 오너들은 돈 많은 바보가 아니다. 그들 나름대로의 라이프스타일이 있고, 자신의 취향에 맞춘 새로운 경험으로 생활을 업그레이드해줄 수 있는 제품을 찾아 구매한다. 따라서 새로운 제품으로 다가가려면 그들의 생활 패턴을 연구하고 해당 제품의 사용에 의해 그들의 생활이 어떻게 달라질지를 설득해야 한다. 즉, 제품만이 아니라 타깃 소비자들의 경험을 새로 디자인해야 하는 것이다. 비슷한 시기에 시작했지만 인피니티는 유럽의 경쟁브랜드를 따라잡기 위해 자동차의 기계적 성능 향상에 치중했다. 이와 달리 렉서스는 미국 캘리포니아 벤처 부자들의 라이프스타일을 집중 연구하여 구매에서 정비, 매각까지의 전 과정에 걸쳐 새로운 소유경험을 제시하여 큰 성공을 거둔 스토리는 유명하다.

자동차 디자인에 앞서 제네시스라는 브랜드를 어떤 이미지로 시장에서 포지셔닝을 구축해나가야 할까? 애플처럼 출시 초기부터 강력한 브랜드 홍보대사를 어떻게 육성할 것인가에 대한 진지한 고민, 정교하게 조직된 브랜드 전략이 필요하다. 그런데 제네시스 모델들은 속속 출시되고 있지만 시장과의 소통을 위한 브랜드 전략은 딱히 공개된 것이 없어 의아하다.

이상엽 타당한 지적이고 공감합니다. 제품 이외 어떻게 차량 소유자의 경험을 디자인할 것인가는 매우 중요한 이슈입니다. 생각은 있지만 디자인 담당으로서 다른 쪽 분야에 코멘트를 하는 건 적절치 않습니다. 다만 기본적인 브랜드 전략은 분명히 있습니다. 2018년 7월 말 제네시스 브랜드전략본부가 독립 신설되었으니 그쪽에서 단계별로 많은 연구와 고민을 하리라 생각합니다. 향후 별도의 독립된 딜러망도 가지고 갈 것이고요. 브랜드 성공에 있어 중요한 세 가지 요소는 뿌리가 있어야 한다는 것, 글로벌해야 한다는 것, 그리고 자국시장에서 강해야 한다는 것입니다. 렉서스와 인피니티가 미국에서는 성공했지만 유럽에서는 존재가 미미하고 심지어 일본에서도 별 인기가 없습니다. 따라서 제네시스의 경쟁 타깃은 이 세 요소를 다 갖추고 있는 독일 빅3(메르세데스-벤츠, BMW, 아우디)입니다. 제네시스만의 매력적인 브랜드 스토리를 만들고 타깃 소비자들의

GV80 콘셉트

삶에 녹아들어 초기에 강력한 브랜드 멤버십을 형성해야 합니다. 당연히 제네시스의 제품디자인 이미지가 많은 영향을 끼칠 것이고요. 따라서 디자인 측면에서 타깃 소비자들의 열광을 이끌어낼 수 있는 새로운 요소들을 많이 연구하고 있습니다. 애플이 미니멀 디자인과 스티브 잡스의 독특한 철학으로 고가이지만 강력한 팬덤을 형성한 걸 보세요. 디자인은 본질적으로 비논리적이면서 감성적인 측면에서 고객에게 가치를 줍니다. 다만 시간이 좀 걸립니다. 강력한 한방을 계속 날려주어야 하니까요.

한참 이야기를 하던 이 전무가 갑자기 주머니에서 펜을 꺼내 들어 종이에 형상을 그리기 시작했다.

이상엽 예를 들어보죠. 다들 자동차의 헤드램프를 생명체의 눈이라고 생각하고 있습니다. 요새는 DRL(Daytime Running Lights) 장착이 강제화되어 멀리에서부터 헤드램프가 제일 먼저 보입니다. 따라서 확실한 캐릭터 형성을 위해 그 눈을 무섭고 강렬하게 디자인하는 추세입니다. 그런데 사실 가장 무서운 건 눈이 없는 거죠. 얼굴 없는 드론이 제일 무섭지 않나요? 따라서 기존의 큰 헤드램프와는 달리 GV80 콘셉트에서 제시한 가느다란 네 줄의 쿼드램프(Quad lamp) 같은 혁신적인 아이디어가 계속 나올 겁니다. 가장 얇고 밝은 LED 기술을 활용했습니다. 줄 모양의 헤드램프가 차 옆면으로 이어질 수도 있습니다. 남들이 따라오면 우린 더 얇게 갑니다. 유행이 되어 다들 따라한다고 해도 그 디자인의 오리진은 제네시스라고 다 알게 될 겁니다.

지난 세기 내연기관을 중심으로 진화를 거듭해온 자동차산업은 21세기 들어 ACES(Autonomous, Connected, EV & Sharing)로 요약되는 패러다임의 대전환기에 들어서고 있다. 지난 세기 진화의 방향은 속도와 힘, 크기 같은 기계적 특질에 기인한 것들이었다. 현대차는 뒤늦게 경쟁에 뛰어들어 강력한 패스트 팔로워(Fast-follower) 전략으로 이제 세계 정상권에 위치해 있다. 이제 우리가 맞이하는 새로운 패러다임은 자동차를 도로 위의 컴퓨터나 통신기기로 만들어놓고 있으며, 이런 변화는 자동차 디자인에 엄청난 영향을 미치고 있다. 카 디자이너들에게 엄청난 챌린지가 새로이 등장하고 있는 것이다.

이상엽 18세기 말 산업혁명에 의해 철도와 운하가 새로운 운송 주역으로 등장했습니다. 기존 주역이었던 말은 스포츠로 쓰임새가 바뀌어 특정장소에 가서 달리게 되었죠. 자율주행차가 나오면 사고는 거의 안 나겠지만 이동 자체는 지루해지고, 사람들은 차 안에서 여러 가지 것들을 하게 될 겁니다. 스피드가 그리운 사람들은 경주장에 가거나 레이싱 게임에 빠질 것이고요. 엔진이 없어지는 등 차 내부구조의 변화로 인해 디자인 자유도가 대폭 올라가 자동차 디자인에도 무궁무진한 변화가 올 겁니다. 아직 확실한 방향이나 답은 없습니다. 하지만 분명한 것은 자동차가 완전히 새로운 모습과 용도로 변해가니 이제 모든 자동차 브랜드들이 새로운 출발선으로 모이고 있다는 겁니다. 원하든 원치 않든 말이죠. 고급차 시장의 경우에도 오랜 역사의 고급 브랜드들이 지금까지 쌓아온 헤리티지나 시장 경험, 고객층 같은 자산들이 무의미해지는 혁명적 변화가 오고 있습니다. 제네시스 같은 신생 브랜드에게는 엄청난 기회죠. 저도 지난 25년간 쌓아왔던 지식을 다 버려야 합니다. 여기에서 남들보다 먼저 1등으로 뭘 만들어내는 건 아무 의미가 없습니다. 중요한 건 좀 늦더라도 새로운 콘셉트를 완벽하게 구현해내야 한다는 겁니다. 아이폰이 그랬던 것처럼 기존에 나와 있던 기술들을 솜씨 좋게 모아 한 방에 터뜨려야 합니다.

어떤 디자인이 좋은 디자인일까? 자동차의 경우 선행 스케치로부터 시작된 제품이 양산되어 단산될 때까지 대략 10년 정도 걸린다. 그 기간 동안 시장에서 매력을 유지해야 하니 보통 어려운 작업이 아니다. 수많은 차종들이 사라져가지만 그중 몇몇 차종은 세월을 견디며 사랑을 받아 클래식이 된다.

이상엽 업종에 관계없이 좋은 디자인은 고객에게 사랑받는 제품을 만드는 것이라 생각합니다. 디자인은 예술이 아니라 기업의 수익 향상에 기여해야 하는 경영요소임을 잊으면 안 됩니다. 모든 디자인은 다 시험대 위에 올라갑니다. 결국 좋은 디자인은 가격을 넘어서는 가치를 창조해 고객이 즐겁게 구매하도록 만드는 작업입니다. 이를 위해 강력한 스토리텔링을 통해 고객을 설득해야 하고요. 요새 차의 기능과 옵션이 많아지면서 앞쪽에 버튼이나 각종 장치가 너무 많습니다. 온종일 컴퓨터 앞에 앉아 있다가 퇴근하기 위해 차에 앉았는데 그런 것들이 반가울까요?

필요할 때는 테크놀로지가 나오더라도 평소에는 숨겨져 편안한 여백의 미를 주는 것이 더 좋지 않을까요? 이런 스토리가 고객들에게 잘 전달되어야 합니다. 현대차는 그동안 독자 모델을 갖기 위해 펼친 눈물겨운 노력 등 좋은 스토리가 많은데 설득 노력이 부족해 시장에서 충분히 인정받지 못했습니다. 클래식이 되기 위한 단 하나의 필요조건은 디자인의 특별함이죠. 하지만 강력한 스토리라는 충분조건을 갖추어야 세월을 이겨내고 클래식이 됩니다. 개인적으로는 각자의 라이프스토리가 담겨 있으면 평범한 차라도 그 사람에게는 클래식이 되는 거죠.

이렇게 생각도 많고 일도 많은 사람은 어떻게 개인 생활을 하고 있을까? 가족과 시간은 같이 하고 있을지. 과로사회인 우리나라에 와서 번아웃되고 있는 건 아닌지 우려된다. 이 전무의 표정이 갑자기 밝아졌다.

이상엽 개인적으로 잘 쉬고 있습니다. 주중에는 할 수 없이 늦게 퇴근하지만 회사를 나서면서 회사 일은 싹 잊어버리죠. 주말에는 일 스위치를 끄고 가족과 함께 여행하고 맛집 찾아다닙니다. 서울투어를 구석구석 즐기고 있어요. 젊었을 때는 24시간 디자인만 생각하기도 했지만 이젠 그러면 안 되겠더라구요.

그동안 여러 인터뷰에서 이 전무는 카 디자이너는 참 매력적인 직업이라고 강조하면서 "디자인의 시작으로 늘 좋은 펜을 갖고 다니라"고 조언해왔다. 그렇다면 참된 카 디자이너는 어떤 사람일까? 그리고 그런 디자이너가 되기 위해 어떤 노력을 해야 하는지 이 전무를 바라보는 후배 디자이너들이 많이 궁금해 할 것이다.

　　이상엽 디자이너는 순수 예술가가 아닙니다. 기업의 목적에 따라 많은 사람들과 협력하고 타협해야 하므로 절반은 엔지니어가 되어야 합니다. 머리와 가슴과 손의 조합이 중요하죠. 늘 고객을 위한 가치를 어떻게 시장 제품으로 표현해낼 수 있을지를 고민해야 합니다. 제가 존경하는 켄 오쿠야마(Ken Okuyama), 발터 드실바(Walter de'Silva), 루크 동커볼케 같은 선배들은 늘 펜을 갖고 다닙니다. 저도 따라서 그러고 있죠. 아이디어는 언제든지 튀어나올 수 있습니다. 그리고 디자이너는 언제든지 사람들에게 직접 그려가면서 자기 아이디어를 설명할 수 있어야 하니까요. 전 값도 싸고 잘 써지고 디자인 특징이 확실한 모나미 볼펜이 좋습니다. 명품이라고 생각합니다. 박카스도 명품이죠. 명품은 가격이 아니라 가치에 의해 결정됩니다. 사실 우리나라에는 너무 익숙한 나머지 우리가 미처 알지 못하는 그런 명품들이 상당히 많습니다. 명품은 열심히 일하고 사는 사람에 대한 보상이라고 생각합니다. 남에게 자랑하려고 샀다면 사치품이죠.

　　인터뷰 장소에 흰 운동화를 신고 나타난 이 전무의 패션 감각도 남달라 보였다. 어떤 패션 브랜드를 좋아하는지 물어보자 웃음이 터졌다.

이상엽 이런 말 하면 아내가 싫어할 텐데요. 기본적으로 스텔라 맥카트니(Stella McCartney), 알렉산더 맥퀸(Alexander McQueen), 폴 스미스(Paul Smith) 같은 신생 영국 디자인을 좋아합니다. 차갑고 뜨겁게 상반된 양면성이 있으면서 기대하지 않은 서프라이즈를 슬쩍 집어넣는 유머가 좋아요. 패션에서도 오랜 역사를 지닌 브랜드들이 많습니다. 하지만 신생 브랜드들이 새로운 감각과 형태로 치고 나와 영향력을 발휘하죠. 자동차라고 그런 게 왜 안 되겠어요?

좀 쉬어가려고 화제를 돌렸는데 또 일 얘기다. 아직 일 스위치를 끄지 않았으니 그런가 보다. 제네시스의 성공과 더불어 우리나라의 특색을 잘 살린 명품들이 각 분야에서 줄줄이 나오기를 기대해 본다. 그런 명품들의 성공에 의해 우리가 스스로에 대한 자신감에 충만해지면, 그동안 익숙하기에 무심히 대해오던 주위의 많은 것들도 새로운 의미로 다가오지 않을까? 아직 갈 길이 많이 남아 있다.

디자인 기술보다
디자인 철학이 중요하다!

최수신 CCS 부총장

도전과 승리(Challenge & Win)

　최수신 부총장을 오래 지켜보며 늘 필자의 머릿속에 떠오르던 말이다. 그는 어려운 가정환경으로 인해 국립 경기공업고등전문학교(고등학교 과정을 포함한 5년제로 現 서울과학기술대학교의 전신)를 졸업하고 사회에 나왔다. 그 후 40년 가까운 세월 동안 강한 의지와 긍정의 힘으로 끊임없이 변신하며 자신의 한계를 시험하고 마침내 세계 디자인업계의 거목으로 우뚝 섰다.

　선배 없이 현장에서 몸으로 때워가며 배운 사람들을 산업 1세대라고 정의한다면 최 부총장은 우리나라 자동차 디자이너 1세대 내젊은 축에 속한다고 볼 수 있다. 우리나라 자동차산업이 외국모델을 그대로 라이선스로 들여와 소규모로 생산해내던 1970년대 후

젊은 시절 최수신 부총장. 1970년대 후반 새한자동차 자동차 디자이너로 입사해 로얄 살롱 로얄 XQ 등의 부분 변경을 담당했다

반, 최 부총장은 새한자동차(現 한국GM)에 자동차 디자이너로 입사해 로얄 살롱, 로얄 XQ 등의 디자인 부분변경을 담당했다. 이후 독자모델을 디자인하고 싶은 욕심이 커진 그는 프라이드 성공 이후 독자모델 개발에 매진하던 기아차에 1986년 입사, 세피아와 스포티지의 디자인 작업을 주도했다. 공부도 계속하고 싶어서 바쁜 업무 중에 홍익대 야간 대학원에서 산업디자인 석사과정을 이수했다. 회사 지원을 받아 영국 RCA(Royal College of Art)에 일 년 간 유학도 다녀왔다.

그 후 다른 분야의 디자인이 궁금해진 최 부총장은 기아차를 나와 1995년에 퍼시스로 옮겨 개발연구소장이 되었다. 사무용 가구 디자인은 재미있었고 성공작도 여럿 만들었다. 하지만 더 큰 세상이 보고 싶었다. 그래서 40대 중반의 나이에 가진 돈 다 털어 가족 데리고 미국으로 건너가 오하이오주립대 디자인대학원에 입학하는 만용(?)을 부렸다. 일 년 수학 후에 혁신기술 벤처인 데카(DEKA)에 디자인 디렉터로 들어가 세그웨이(Segway), 아이봇(iBot)의 상업화 디자인을 주도했다. 그 뒤에는 실무 디자이너의 길을 벗어나 2003년에 신시내티 대학의 산업디자인과 교수가 되어 디자인 교육의 세계로 들어섰다. 마침내 2010년에 1000명 이상의 학생이 있는 동 대학 디자인학부장으로 취임하고 종신교수가 되어 교육자로서 확고한 입지를 다졌다.

최 부총장은 대외활동도 열심히 했다. 디자인 관련 세계 최대 규모인 미국산업디자인협회(IDSA)의 교육담당 부회장을 아시아인으로는 처음으로 맡아 2년 간 역임하였다. 또 협회 내에서 리더십과 기획력을 인정받아 2016년 IDSA(Industrial Designers Society of America) 국제회의도 아시아인으로서는 최초로 의장이 되어 성공적으로 마쳤다. 2014년에는 동협회가 엄격한 심사와 추천을 거쳐 수여하는 전미디자인교육상(2014 Educator of the Year)를 받아 세계적으로 인정받는 디자인 교육자임을 입증하였다.

본인은 아직 많은 게 부족하다고 겸손해하지만, 한국의 산업디자인 초기세대로서 영어도 서툰데 여기까지 온 것만도 정말 대단한 일이 아닐 수 없다. 그런데 현실 안주를 견디지 못하는 성격으로 인해 2014년에 또다시 디트로이트의 CCS(College for Creative Studies)의 교과과정 총괄 부총장으로 선임되는 대형 사고를 제대로 쳤다. 110여년 역사를 가진 CCS는 세계 3대 디자인학교에 속하는 최고 명문이다. 역시 아시아인 최초로 부총장이 되어 전 세계 디자인업계를 놀라게 한 것이다.

도대체 이 작은 거인의 머릿속에는 무슨 생각이 들어차 있을까?

영국 RCA 유학 시절

왜 이리도 안주하지 못하고 숨 가쁘게 계속 자신을 다그치는지 묻지 않을 수 없어, 짧은 한국출장 일정을 바쁘게 소화하고 있는 최 부총장을 호텔에서 만났다. 늘 그렇듯 영국 신사 같은 부드러운 말투와 여유로운 표정으로 맞이해주는 최 부총장은 전혀 바쁜 사람처럼 보이지 않았다.

최수신 졸업 후 새한자동차에 입사할 때는 디자이너라는 말도 생소해서 명함에 스타일리스트라고 박아주더군요. 외국 모델을 들여와 앞뒤 모습만 좀 바꾸어 생산할 때였으니까요. 본격적인 의미에서 디자인이랄 것도 없었기에 당시 GM코리아에서도 디자인이라 부르지 않고 스타일링(Styling)이라고 불렀어요. 중학교 때부터 그냥 자동차를 좋아하긴 했지요. 하지만 처음부터 자동차 디자인을 가르치는 학교가 없어서 일반적인 산업디자인을 공부했어요. 운 좋게 첫 직장이 자동차회사여서 자동차 디자이너의 길을 걷게 된 거죠.

뭔가 강력하고 재미있는 어릴 적 스토리를 기대했던 필자에게 다소 심심한 대답이 돌아왔다. 그래도 현실에 만족하지 않고 수십 년간 자기 성장을 위해 과감한 변신을 추구하였으니 남다른 고민과 좌절이 많았을 것이다. 가장 쓰라렸던 좌절의 순간을 물어보았다. 최 부총장이 가볍게 웃었다.

최수신 물론 그런 순간들도 많았지만 좌절의 기억보다는 그 과정 하나하나가 기억나고 재미있었지요. 뭐랄까요, 저는 끊임없이 자라나고 싶었거든요. 뭘 하든 더 의미 있게, 더 다른 시각으로 할 수 있지 않을까 하고 생각해왔어요. 원래 하고 싶은 걸 이루지 못하면 좌절이 오지 않나요? 저는 환경이 따라주지 못해 좌절할 만하면 별 고민 없이 새로운 걸 추구하면서 그 상황에서 벗어나려고 했습니다. 원래 스트레스 잘 안 받고 화를 잘 안 내는 성격이에요. 기아차를 떠난 것도 자동차가 싫어져서가 아니었구요. 기아차 경영이 어려워지면서 디자인에 제약이 많이 들어와 제대로 해보기 어렵다는 판단이 섰어요. 그때 자동차만큼 제대로 된 디자인이 필요한 분야가 뭘까 고민했습니다. 그게 사람들이 오랜 시간 앉아서 사용하는 사무용 가구라고 생각한 거죠. 그래서 재미있게 일했는데 임원급인 개발연구소장이 되니 실무를 떠나 관리업무를 주로 하게 되는 거예요. 아, 갑갑해서 안 되겠더군요. 그러면 미국적인 디자인 접근 방법을 공부해볼까 해서 미국으로 공부하러 간 겁니다.

직장이든 공부든 한 번 터전을 잡으면 미련과 관성에 의해 바꾸기가 정말 쉽지 않다. 그런데 세상에 이렇게 태평하게 생각대로 옮겨 다니는 사람이 있나 싶다. 극단적인 커리어 변동에 가족의 반대는 없었을까?

최수신 전혀 없었어요. 아내는 늘 제가 하고 싶은 걸 하라고 하는 사람이에요. 제가 뭘 해낼 거라고 믿는 것 같지는 않고, 성격상 마음먹은 건 꼭 해야 하니 참다가 더 큰 사고 치지 말고 그냥 알아서 하라고 내버려둔 거라고 봐요. 그래도 이런 아내의 지지가 있었기에 모든 게 가능했지요. 그런 면에서 전 참 행복한 사람입니다.

고(故) 정주영 회장이 저서『시련은 있어도 실패는 없다』에서 "아무리 어려운 일이라도 필사적으로 찾으면 길은 보인다. 내가 실패라고 생각하지 않는 한 실패란 없다. 그 시련을 성공으로 가기 위한 밑거름으로 쓰면 된다"라는 말이 떠올랐다. 최 부총장도 오랜 시간 많은 시련을 원망하지 않고 밑거름으로 쓴 것일까?

최수신 지금까지 시련은 없었어요. 시련이라는 것도 결국 뭘 얻기 위해 겪어내야 할 당연한 과정이라 생각합니다. 멋진 복근을 얻기 위해 힘든 단련의 시간을 거쳐야 하는 걸 시련이라고 말하지는 않잖아요? 원하는 걸 얻지 못하는 건 현실에 안주하기 때문입니다. 그건 현실을 유지하는 게 아니라 결국 밑으로 떨어지고 마는 것이지요. 마치 흐르는 물을 거슬러 올라가는 것과 같아요. 가만히 있으면 그대로 밑으로 떠밀려가는 거지요. 제가 좀 어린애처럼 먼 산 너머 무지개를 쫓아가는 성격이긴 해요. 한 번 시작한 건 끝장을 보자는 셀프 드라이브(Self-drive)도 강하고. 학창 시절 자전거에 미쳤어요. 제가 혼자 어디까지 갈 수 있을까 궁금하더군요. 19살짜리 혼자서 싸구려 자전거를 타고 서울, 목포, 부산 등지로 전국 일주를 한 거죠. 그런 기질 탓인지 여러 번 직장이 바뀌었지만 한 번도 디자인을 떠난 적은 없었어요. 젊어서는 디자인을 했고 교수가 되어서는 디자이너들을 디자인했습니다. 지금은 부총장이니 디자인 교육을 디자인하고 있는 거지요. 이렇게 하면 끝없이 계속 좋은 디자인 작품을 할 수 있지 않을까 하는 바람을 갖고 있어요.

항상 변화해도 늘 본질을 벗어나지 않았다는 최 부총장의 균형 감각이 남다르다. 그럼 앞으로는 또 뭘 계획하고 어디로 또 '쓱' 움직일까? 아직 얘기하기엔 이르다는 최 부총장의 표정과 답이 애매하다. 아직 계획이 완성되지 않았다는 얘기일까? 어디에서 뭘 하든 지금의 자리에서 가만히 오래 있을 사람은 아니다. [주1)]

CCS는 흔히 런던의 RCA(Royal College of Art), 캘리포니아의 ACCD(Art Center College of Design)와 함께 세계 3대 명문 디자인학교로 거명된다. 이 학교는 어떤 역사적 특징과 교육 방식으로 차별화되는 곳일까? 디트로이트에 있으니 미국 자동차의 디자인에 집중되어 있을까?

최수신 세 곳 다 훌륭한 학교입니다. 다만 성격이 다 달라서 한 곳은 콘셉트를 중시하고 다른 한 곳은 선행 디자인과정을 강조하지요. 그에 비해 CCS는 콘셉트와 선행 디자인, 양산 디자인까지를 포괄하는 상품개발의 전체 스펙트럼을 강조합니다. 제조업자들의 도시(City of Makers)라는 별명이 있을 만큼 전통적

주1) 인터뷰 도중에 앞으로의 계획에 대한 이야기가 있었다. 아니나 다를까, 이 기사가 출간된 2018년 1월에 다시 만난 최 부총장은 CCS를 떠나서 더 모두스 디자인(The Modus Design)을 설립하고 전문 디자이너들에게 디자인 혁신을 가르치는 교육 프로그램을 진행하는 일을 시작했다. 한 대학교를 위해 하던 일을 넘어서, 국경을 초월해 많은 디자이너들이 더 성장하는데 힘을 쏟고 싶다는 이야기였다.

으로 미국 제조업의 중심이 되어온 디트로이트가 아닙니까? 그리는 것보다는 만드는 것에 집중해온 게 이곳의 기본 토양이에요. 미국 빅3(Big Three) 자동차업체들의 디자인 담당 부사장들이 학교 이사회 멤버로 계속 활동하고 있는 것도 특이한 점입니다. 매년 빅 3의 기부금도 막대하지요. 그래서 전체 1500명 정도 학생 중 자동차 디자인 쪽은 120여 명에 불과한데도 자동차 디자인으로 유명해진 것입니다. 역사적으로 GM의 선행디자인 파트가 독립되어 만들어진 학교라 그 영향도 있어요. 따라서 빅3의 디자인 파트에 CCS 졸업생이 상당히 많아요. GM에 130명 정도 있고 크라이슬러는 전체 디자이너의 65%나 됩니다. 한국 학생들도 유난히 자동차 쪽에 많은데 현재 30명 정도 됩니다. 비율로 보아 상당히 많은 거지요. 실력도 좋고 다들 열심히 합니다. 물론 미국만이 아니라 일본, 독일, 중국 등의 자동차업체와도 산학협력을 많이 하고 있어요.

들러붙어 끝장을 보는 본인 성격상 실무 디자이너의 길을 계속 걸었어도 한 경지를 이루었을 것 같다. 그런데 무슨 이유로 디자인 교육 쪽으로 커리어 방향을 틀었을까? 혹 자동차 후진국 출신이라 스펙이나 경험에서 더 이상 디자이너로서 경쟁하기가 버거워서였을까? 다소 예민한 질문에도 최 부총장의 표정에는 변화가 없었다.

최수신 한국에서 활동할 때도 대학교에서 겸임교수로 자주 강의를 했기에 디자인 교육 자체가 낯설지는 않았어요. 오하이

오 주립대에서 공부를 한 후 DEKA에서 근무하고 있을 때였습니다. 오하이오 주립대의 은사께서 신시내티 대학을 소개하면서 교수직에 응모해보라고 추천해주더군요. 미국 산업디자인계의 중심인 신시내티 대학에서 인터뷰 초청을 받으니 설레고 무척 기뻤지요. 그 당시 디자이너 실무 26년째라 이제 나누어 줄 때가 되었다는 느낌이 강하게 왔어요. 컵의 물이 넘치듯이 내적 축적이 넘쳐 나왔다고나 할까요? 그래서 신청했더니 덜컥 합격한 겁니다. 연봉이 반으로 줄어들었는데 별로 신경 안 썼어요. 성장이 끝났다는 의미의 성인(grown-up)이 아니라 죽을 때까지 늘 성장하는 그로잉 업(growing-up)이 되고 싶었거든요. 새로운 걸 제대로 해 보고 싶은 욕망이 더 강했으니까요. 디자이너로서 제 자신의 한계가 어디까지인가도 궁금했습니다. 나중에 미국사람도 아니고 미국대학 학위도 없이 영어도 서툰 나를 왜 교수로 뽑았냐고 학장에게 물어봤어요. 당시 여러 후보자들과 인터뷰했던 교수나 학생들이 다 제가 제일 좋았다고 해요. 그래서 뽑았다고. 신기하고도 하고 고마운 일이었지요. 사실은 일반 산업디자인과 자동차 디자인을 다 가르칠 수 있는 사람이 필요했던 것 같아요. 제가 자동차 경력도 있고 일반 산업디자인 경력도 있으니 좋은 평가를 받은 거겠지요. 정말 인생에는 버릴 게 없다는 생각입니다.

최 부총장의 마지막 말이 가슴에 무겁게 와 닿았다. 우리는 살면서 얼마나 많은 후회를 하며 사는지. 최 부총장에게는 그런 후회나 잘못들도 더 성장하기 위한 거름에 불과할 뿐인가 보다. 본인들이 아무리 겸손해 해도 성공한, 아니 성공하고 있는 사람들은 정말 뭔가 다르다는 생각이 든다.

그러면 디자인이라는 같은 주제를 다루어도 실무 디자이너와 교육자로서 직접 겪어본 두 세계는 어떻게 다를까? 그리고 최 부총장이 학생들을 가르치며 강조하는 디자인 철학은 무엇일까? 좋은 디자인을 보면 다들 멋지다고 하는데, 과연 멋이라는 걸 어떻게 정의할 수 있을까?

최수신 두 시간짜리 강의 주제를 물어보니 한마디로 답하기가 정말 어렵군요. 멋이라는 건 디자인을 평가할 때 사용하는 여러 주요 기준들 중 하나입니다. 멋 자체의 의미가 그리 중요하지는 않아요. 현장에서 디자이너들은 흔히 제품 디자인을 멋있게 하려고 애씁니다. 그런데 정말 중요한 것은 그 디자인을 쓰는 사람과 주위가 멋져보이도록 디자인을 해야 한다는 겁니다. 자동차보다 그 차를 타고 다니는 사람이 멋져보여야 하는 게 중요합니다. 패션에서도 옷이 멋진 것보다 그 옷을 입은 사람이 멋져보여야 하는 것과 마찬가지입니다. 그렇게 하려면 그걸 쓰는 사람을 먼저 이해해야 하고 어떤 맥락에서 그 디자인 제품이 쓰이는지를 알아야 해요. 즉 디자인 기술(How)보다 디자인 철학(Why)이 더 중요한 겁니다. 저도 디자인할 때는 몰랐는데 디자인 교육을 하니까 보이더군요. 신시내티 대학에서 10년 가르치면서 디자인에 대한 시각이 완전히 바뀌었어요.

최근 들어 모든 산업에 걸쳐 제조 기술이 고도화, 보편화되면서 기존의 경쟁 요소였던 품질과 기능이 비슷해졌다. 따라서 이제 디자인이 새로운 경쟁요소로 부각되고 있다. 바야흐로 디자인의 시대가 도래한 것이다. 과연 디자인은 무엇이고, 디자인이 우리 삶의 가치를 올려줄 수 있을지, 오랜 시간 디자인을 만져온 대가에게 묻지 않을 수 없다.

최수신 이제 제조물 자체가 질적으로 많이 고도화되었어요. 25년 전 기아차가 세피아를 개발할 때 소음, 진동을 개선하는 게 최대 과제였지요. 지금은 대부분의 차들이 일정 수준으로 다 구현해내니 별 이슈가 되지 않습니다. 기아차는 10년 전부터 '디자인 기아'(Design Kia)라는 캐치프레이즈를 내걸고 피터 슈라이어를 영입하면서 좋은 결과물을 냈습니다. 이처럼 우리나라에서도 디자인 경쟁력에 대한 인식이 많이 높아졌어요. 이제는 디자인 경쟁력이 그 산업의 경쟁력이라고 확고하게 믿는 수준까지는 온 것 같아요. 결국 디자인은 그 제품이 만들어지고 사용되는 사회문화의 반영입니다. 예를 들어 자동차 대중화 초기에는 큰 차를 타고 으스대는 걸 좋아하는 사람이 많으니 큰 차 만들기에 집중했어요. 자동차문화가 성숙되면서 미니(Mini)같은 작은 차들도 멋지다고 팔리기 시작했지요. 우리나라가 지금 그 정도 발전단계에 와 있습니다. 디자인은 사람과 제품, 사회의 행동패턴, 라이프 스타일 등을 의미 있게 엮어주는 '연결고리'라고 생각합니다. 디자인에 의해 개인의 가치와 사회의 수준을 시각화(visualize)하고 강화(intensify)해서 강렬하고 간단하게 내가, 우리가 누구인지를 보여주는 거지요. 당연히 좋은 디자인은 우리 삶의 수준을 높여줍니다.

　몇 시간에 걸쳐 들어야할 내용을 짧은 시간에 이해하려 했던 게 욕심이었을까? 자신 있게 대답하는 최 부총장의 말이 너무 개념적이라 귀에서 겉돌며 귓속으로 들어오지 않는다. 이럴 때 제일 좋은 방법은 자동차 디자인에 대해 집중적으로 물어보며 전선을 좁히는 것이다. 폭넓은 산업디자인 분야 중 자동차는 제일 많은 디자이너들이 있고 가장 강력한 사회적, 경제적 영향력을 가지고 있다. 그러면 자동차 디자인은 다른 산업의 디자인과 비교해 어떤 점들이 특별할까? 긴 세월을 뛰어넘어 클래식으로 남는 자동차 디자인이 있는 반면, 좋은 헤리티지와 함께 솜씨 좋은 디자이너들이 만들었어도 세월을 못 견디거나, 심지어는 시장에 나오자마자 혹평 받는 자동차 디자인도 적지 않다. 그 차이는 어디에서 나오는 걸까?

　최수신 사실 자동차 디자인이라고 뭐 그리 다를 건 없어요. 사람이 통상적으로 살 수 있는 물건 중에 제일 비싸고, 생활의 중요한 도구이면서 자신의 개성을 잘 드러낼 수 있다 보니 다들 관심이 많은 겁니다. 그래도 차이점을 보자면 다른 산업들의 디자인은 문제를 발견해서 그것을 해결해가는 과정을 중시하지만 자동차는 조형적 요소가 강합니다. 즉, 3차원의 조각 느낌으로 아트 요소가 많이 들어가지요. 음악에서 클래식이라는 건 옛것이라는 게 아니라 오랜 시간 동안 살아남았다는 의미지요. 자동차도 디자인이 오래 살아남았다는 건 클래식 음악처럼 공감대를

"좋은 디자인은 우리 삶의 수준을 높여준다"고 말하는 최수신 부총장

형성했다는 의미가 됩니다. 모두 알다시피 포드는 모델 T를 만들어 수십 년간 시장의 열렬한 지지를 받아 자동차 대중화 시대를 열었어요. 그랬던 포드가 1950년대 말 기술 과시를 위해 회장 아들의 이름을 붙여가면서 총력 개발했던 대형 고급승용차 에드젤(Edsel)은 막대한 판촉 노력에도 불구하고 실패로 끝나고 말았지요. 반면 폭스바겐의 소형차 비틀(Beetle)은 2차대전 후 경제 회복기 독일의 평균 가정이 원했던 자동차의 콘셉트에 딱 들어맞아 대성공을 거두었습니다. 실용적이고 고장 없으며 편안하게 장거리 여행을 다녀올 수 있는 저렴한 가격의 차라는 시대의 요구와 공감대가 형성된 거지요. 그래서 대중차로 클래식 명차가 되

었습니다. 하지만 폭스바겐도 2002년에 고가의 프리미엄 모델 페이튼(Phaeton)을 과감하게 출시했다가 폭삭 말아먹기도 했어요. 결국 시장의 요구를 무시하고 자기가 하고 싶은 걸 할 때 실패하게 되고 모든 비극이 시작되는 겁니다. 공감대 형성 타깃도 현재 있는 욕구와 현재 없는 욕구의 두 가지가 있어요. 메이커는 현재 있는 욕구에 잘 대응만 해도 성공할 수 있습니다. 그러나 정말로 역사에 남을 획기적인 성공을 바란다면 현재 없는 욕구를 직관력으로 파악하고 선제적으로 대응해야 합니다. 스티브 잡스가 아이패드를 내놓기 전에 사람들은 그런 물건이 필요하다는 걸 모르고 있었어요. 실제 아이패드를 보고서야 자기들이 정말로 필요로 하던 물건임을 깨달았기에 열광적으로 반응한 겁니다. 혁신적인 기술도 별로 들어 있지 않았는데 말이죠. 스티브 잡스가 사라진 지금의 애플은 현재 있는 욕구에만 대응하고 있어 돈은 벌어도 지루한 브랜드가 되어 가고 있습니다. 장기적인 성장에는 치명적일 수밖에 없어요.

인류의 역사를 바꾸어놓은 모델 T를 만들어내기 전에 어떤 탈것이 필요한가를 알기 위해 시장조사를 했다면, 사람들은 모두 더 빠른 마차를 요구했을 거라는 자동차 왕 헨리 포드(Henry Ford)의 말이 떠올랐다. 디자인이 왜 스타일링보다 상위 개념이면서 더 중요한 주제인지 새삼스레 느껴졌다. 좋은 디자인은 세상을 바꿀 수 있으니까.

그렇다면 최근 자동차 디자인은 어떤 추세를 따르고 있을까? 현재 자동차업계는 100년 이상 번성해왔던 내연기관의 시대에서

IT기술 발달과 경제사회 구조의 변화로 인해 ACES(Autonomous, Connected, EV & Sharing)로 요약되는 대변혁의 시대를 맞이하고 있다. 이미 시작된 또 하나의 자동차 백년시대(The 2nd Automotive Century)가 향후 어떻게 전개되고, 우리의 생활을 어떤 방향으로 근본적으로 바꾸어 놓을지 누구도 정답을 내놓지 못하고 있다. 다들 마치 짙은 안개 속에서 더듬듯이 한걸음씩 나아가면서 방향을 가늠해 보고 있을 뿐이다.

디자인 측면에서는 엔진과 변속기가 사라지면 외형 디자인의 자유도가 엄청나게 높아진다. 내부는 이동 공간에서 거주 및 업무, 엔터테인먼트 공간으로 진화해가면서 내부 공간구성(Package) 싸움이 치열하게 전개될 것으로 예상된다. 과연 앞으로 디자이너들은 이런 도전 과제들을 어떻게 슬기롭게 극복해갈 수 있을까?

최수신 현재 자동차 디자인분야는 안개 속 춘추전국 시대가되어 명확한 트렌드가 보이지 않고 있어요. 그래서 실패하지 않기 위해 조심하는데다 안전과 환경 규제가 강화되다보니 아쉽게도 각 브랜드의 개성이 사라지고 있지요. 또한 자동차가 모빌리티로 바뀌어가는 과정이라 디자인이 엄청나게 달라지고 있어요. 모든 자동차 브랜드들이 다가올 큰 흐름을 발견하려고 노력하면서 서로 헤매고 있다고 보면 틀림없어요. 우리는 지금 내연기관 사용의 마지막 단계에 와 있습니다. 100여 년 전 앞에서 끄는 말 없이도 혼자 움직인다 해서 붙은 자동차(自動車 : Automobile)라는 단어가 이제는 자기가 스스로 알아서 움직인다는 새로운 의미로 해석되고 있어요. 자동차 디자이너들에게 엄청난 부담이 아닐 수 없지요. ACES의 시대에 차량공유가 큰 흐름이 되는 것은 결혼도 그렇고 집, 자동차 모두 그 소유에 따라붙는 부담을 젊은 세대가 싫어하기 때문입니다. 이렇게 우리 사회의 다양한 면들이 서로 다 연결되어 있기 때문에 디자이너들이 사회현상의 변화부터 알아야 합니다. 그런데 이제부터는 사람들이 별 욕구 없이 이동만을 위해 자동차를 탄다고 해요. 그러면 누가 어떤 용도로 자동차를 타는지 알아야 시작할 수 있는 전통적인 디자인작업 타깃이 없어지는 거예요. 디자인을 하기 너무 어려워지는 겁니다. 디자인에서 중요한 세 가지는 맥락(Context), 소비자(Consumer), 내용(Content)의 'Three C'로 요약됩니다. 그중 디자이너는 내용을 만드는 게 본업인 사람들이에요. 그걸 제대로 할 수 있게 하려고 CCS는 맥락과 소비자 보는 법을 가르칩니다. 그런 안목을 키우려고 인문학이 전체 커리큘럼의 30% 넘게 차지하고 있어요. 음악에서는 작곡과 연주가 구분되지만 자동차 디자이너는 그 두 가지를 다 해야 합니다. 참 어려운 숙제지요. 이런 혼란스러운 현실을 극복하기 위해 디자인 업계에서는 공감대를 강조해야 합니다. 현재 및 다가올 사회와 사람들의 변화를 이해하고 포용해야 하는 거지요. 동성애자가 아닌 사람들도 개인의 권리를 보호한다는 대의를 위해 동성애 합법화에 지지를 보내고 있는 강력한 사회현상을 이해해야 해요. 그래야 그 사람들이 매력을 느끼는 제대로 된 자동차 디자인이 나올 수 있어요.

인문학의 본질은 답을 알아내는 것에 있지 않다. 오히려 끝없이 질문하고 토론하며 답을 찾아 가도록 생각하는 힘을 키우고 대화하는 방법을 훈련시킨다. 인문학이 디자인의 기초가 된다면, 우리나라에서는 이런 대변혁의 시대에 맞는 디자인 교육이 제대로 이루어지고 있을까?

최수신 한국의 디자인 교육이 질과 양에서 많이 성장한 건 사실입니다. 하지만 아직 모난 돌이 정 맞는다는 동질성에의 집착, 튀는 개성을 받아들이지 않는 획일성 문화, 탑다운 방식의 교육체제가 강하게 남아 있어 새로운 시대의 요구에 잘 맞지 않는 게 문제예요. 인문학이라는 게 답을 찾기 위한 질문을 계속하도록 만드는 것인데, 한국에서 여러 강의를 해보면 아직도 질문이 없어요. 열심히 메모만 하지요. 미국으로 유학을 나온 한국 디자이너들도 처음에는 시키는 대로만 하려고 해요. 여러 가능성을 놓고 질문을 하며 길을 찾아가는 훈련이 안 되어 있는 거지요. 디자인 스킬은 훌륭한데 말입니다. 이는 디자인만이 아니라 우리나라 사회와 교육 전체의 문제이기도 해서 앞으로 시간이 꽤 걸릴 것 같아요.

한국 디자이너들의 해외 취업은 1990년대 중반 이후 급증했다. 국내 시장이 포화되었고, 유학을 많이 떠나 외국어 능력과 현지 적응이 상대적으로 용이했기 때문이다. 한국 디자이너들은 탄탄한 기본기와 근면함, 끈기, 강한 승부욕 등을 갖추어 각 부문에서 성공적으로 약진하고 있다. 지금 미국에서 활동하는 외국 디자이너들 중 가장 많은 수를 차지하고 있을 정도다. 최 부총장은 신시내티 대학에 교수로 있을 때 미국 내 한국 디자이너들의 네트워크 활성화와 정체성 확립을 위해 KDA(Korean Designers in America)를 창립했다. 이제 KDA는 800명 이상의 회원을 가진 큰 단체로 발전해 미국에서 활동하고 있는 한국 디자이너들의 구심체가 되고 있다. 최 부총장은 그들의 든든한 버팀목이자 롤 모델이면서 멘토의 역할까지 하고 있다. 보통 오지랖이 아니다. 따라서 한국 디자이너들이 해외에서 얼마나 잘 하고 있는지, 또 그들의 한계점은 무엇인지 잘 알 것이다.

최수신 현재 미국의 거의 모든 산업 분야에서 한국 디자이너들이 엄청나게 활동하고 있어요. 그리고 미국의 주요한 디자인 대학에는 다 한국인 교수들이 있지요. 자동차 디자인 분야에서도 해외 교포 포함해 150여 명이 다수의 유명한 브랜드에서 활약하고 있습니다. 아주 자랑스럽지요. 말씀처럼 다들 정말 열심히 해서 조직에서 좋아합니다. 그러나 아직 대부분이 실무선에 머물러 있고 스스로 아젠다(agenda)를 만드는 위치까지는 올라가지 못하고 있어요. 제가 KDA를 만들고 미국산업디자인협회(IDSA) 부회장에 출마했던 것도 제 개인의 성장을 위한 이유도 있지만, 한국 디자이너들에게 좀 더 높은 곳을 바라보고 자신을 단련시키라는 자극을 주기 위해서였어요. 그래야 미국 주류사회에 들어갈 수 있거든요. 제가 그만둔 뒤에 한국인 후배 교수가 IDSA 부회장을 맡아 잘하고 있어요. 아주 기쁘고 보람을 느낍니다. 다른 선진국 출신 디자이너들은 자국의 특징에 기본을 둔 자기만의 디자인을 해요. 이에 비해 한국 디자이너들은 스킬은 참 좋아도 그런 특색이 아직 보이질 않습니다. 지금껏 키우면서 '너는 누구냐?'라는 질문을 받아 고민해본 적이 없는 거죠. 그래서 자기 디자인 설명을 잘 못해요. 영어가 서투르거나 발표력이 부족한 게 아니라 설명할 만한 가치가 있는 디자인을 못한 겁니다. 스토리텔링 이전에 스토리메이킹이 안 되는 거예요. 열정을 가지고 많은 고민을 하면서 철학적 이해력, 폭넓은 시각, 유연한 협업능력, 프로세스를 통한 합리적 해결 같은 경영 감각을 키워야 리더로 성장할 수 있어요.

최근 들어 기술과 디자인의 발달, 그리고 좀 더 높은 수익을 바라는 경영진의 요구에 의해 대중 브랜드들의 고급화가 진전되고 있다. 개인의 소득 향상과 여유시간 증대에 따른 라이프스타일 업그레이드 욕구에 의해 시장도 잘 반응하고 있다. 반면 지속적인 매출 성장을 위해 보다 많은 대중 속으로 파고 들어가야 하는 럭셔리 브랜드들도 저가품을 내거나 세컨드 브랜드를 출시하고 있다. 바야흐로 대중 브랜드와 명품 브랜드 사이에 경쟁전선이 형성되고 있어 매스티지(Masstige)라는 신조어가 생길 정도다.

가장 생존경쟁이 치열한 자동차산업도 예외가 될 수 없다. 대중 브랜드들이 고가의 고급 모델들을 내놓고, 명품 브랜드들은 중저가의 소형 모델을 연이어 출시하고 있어서 과거와는 달리 거의 전 세그멘트에 걸쳐 전면전 양상을 띠고 있다. 이런 상황에서 과연 럭셔리를 어떻게 정의할 수 있을까? 대중 브랜드와 명품 브랜드의 디자인 언어는 어떤 차이가 있을까?

최수신 시장에서 누구나 럭셔리를 얘기하고 갖고 싶어 하는 시대라 재미있는 테마입니다. 제가 보기에 럭셔리는 금도금이나 크리스털 같은 소재를 얘기하는 게 아니에요. 누구나 원하면 살 수 있는 부엌칼에도 명품이 있으니 가격도 기준이 될 수 없지요. 진정한 럭셔리는 사용하는 사람이 대우받고 있다는 느낌이 들게 하는 게 아닌가 싶어요. 비행기의 퍼스트나 비즈니스 클래스는 이코노미 클래스에 비하면 고가 럭셔리라고 볼 수 있지요. 하지만 이코노미 클래스도 승객들을 짐짝 취급하지 않고 기대했던 걸 넘어서는 대우를 받고 있다는 느낌이 들도록 한다면 나름 럭셔리가 됩니다. 쉽지는 않겠지만 기업들이 엄청난 노력을 들여 이런 걸 구현해 내는 게 시장 경쟁력이 되는 거예요. 말씀대로 대중 브랜드와 명품 브랜드의 차별성이 점차 사라지고 있습니다. 이제는 기능, 성능, 품질 같은 게 아니라 누가 더 사용하는 사람들에게 특별한 느낌을 줄 수 있는지가 관건입니다. 디자이너들은 자기 디자인을 통해 어떻게 그 물품을 정확하게 사용하고 어떤 느낌을 가져야 하는지 사용자들과 커뮤니케이션을 해요. 이러한 디자인 언어를 디자이너가 실물로 잘 구현해놓으면 시각효과에 의해 사람들이 디자인 정체성을 느낍니다. 나쁜 디자인은 이런 커뮤니케이션에 실패해 사용자들이 오해하고 실수하도록 만들고 말죠.

최 부총장의 설명을 들으니 몇 년 전 필자가 했던 어처구니없는 실수가 기억났다. 컴맹에 가까운 필자는 늘 회사의 IT팀에게는 늘 공포의 대상이었다. 어느 날 아침 출근하여 컴퓨터를 켜고 마우스를 움직이는데 화면의 커서가 반대 방향으로 움직이는 걸 발견했다. 크게 놀란 필자는 컴퓨터가 바이러스에 걸렸다고 생각하고 사무실의 모든 컴퓨터들도 다 조사해보라고 긴급 지시를 내렸다. 놀라서 달려온 IT팀장도 내 컴퓨터를 만지면서 같은 현상이 나오자 당황하더니 잠시 후 조용히 필자에게 속삭이는 것이었다. '사장님, 마우스를 거꾸로 쥐셨는데요!' 이 황당한 얘기를 최 부총장에게 했더니 웃지도 않고 바로 지적했다.

최수신 그 마우스 디자인이 잘못된 거예요! 제품은 다양한 사용 환경에 놓이게 됩니다. 누구든 거꾸로 쥐었을 때 그걸 확실하게 알 수 있도록 디자인을 해야 합니다. 그걸 만든 디자이너가 커뮤니케이션에 실패한 거지요.

최 부총장의 확신에 찬 대답이 위안이 되었다. 정말로 그런 디자인의 마우스가 나에게 주어졌다면 컴맹이라고 자책하지 않고, 현 상태의 내가 존중받고 적절하게 대우받고 있다는 느낌이 확실하게 들었을 것 같다.

최수신 대중 브랜드든 명품 브랜드든 중요한 건 그것을 쓰는 사람들의 가치가 어떠한가를 판단하고 이해하는 겁니다. 그런 공감대가 모든 디자인의 출발점이에요. 실용적인지, 품위와 명예를 중시하는지, 화려함을 좋아하는지 등의 사용자 가치를 옳고 그름이나 등급을 나누지 말고 그에 맞추어 디자인을 해야 합니다. 그런 방향에 따라 소재는 물론 선 하나도 달라지게 되지요.

예를 들어 실용적인 걸 추구하면 대중품이 나오겠지만 디자인 완성도가 높다면 그걸 쓰는 사람은 대우받았다고 느끼며 만족할 겁니다. 그게 럭셔리예요. 시중에 나와 있는 브랜드들을 그냥 가격이나 소재, 매장 분위기 같은 걸로 쉽게 대중과 명품의 기준으로 구분하는 건 무의미해요. 자동차로 보면 실용적 가치를 추구하는 소형 해치백의 상징으로 군림하고 있는 폭스바겐의 골프(Golf)가 이런 기준에 맞추어 사용자들에게 럭셔리가 되고 있는 게 아닐까 싶어요.

1999년 통합 이후 품질과 가성비로 급성장한 현대차와 기아차는 2000년대 중반부터 새로운 경쟁요소로 디자인을 내세워 성공을 거두어왔다. 이런 성장세를 이어가기 위해 현대차와 기아차는 계속 해외의 유명한 디자이너들

을 영입하여 중책을 맡기고 있다. 하지만 어느 브랜드라 할지라도 확실한 색깔을 지니고 계속 성장하기 위해서는 그 나라의 역사적, 문화적 특성들이 디자인에 잘 구현되어야 한다는 것이 정설이다. 독일차를 보면 독일 느낌이 나듯이 한국적인 특성들을 디자인으로 완성도 있게 잘 구현해야 한다. 그리고 그런 디자인이 자신의 라이프스타일에 맞는다고 계속 충성스럽게 구매해주는 소비자들이 늘어나야 하는 것이다. 현대차와 기아차가 계속 해외 디자이너들에 의지한다면 좋은 디자인은 나올지 몰라도 한국적 특성을 기대하기는 어렵지 않을까? 현재 나와 있는 현대차와 기아차의 디자인은 어떻게 평가할 수 있을까?

최수신 최근 현대차와 기아차의 모델들을 보면 목표 디자인이 구현된 정도를 의미하는 디자인 품질이 많이 좋아져 세계적 수준입니다. 다만 디자인을 통해 만들어가고자 하는 브랜드의 정체성이 아직 과정 중이라 미흡해요. 어떤 정체성을 지향하는지도 아직 모호하고. 최근 기아차를 보면 독일 디자이너들이 만져서 그런지 독일 냄새가 납니다. 그러면 소비자들이 독일차에서 느끼는 품질이나 성능 측면의 이미지를 기아차에서 느끼게 돼요. 나쁘지 않다고 봅니다. 시장에서 성공했으니까요. 사실 한국적 느낌이라는 게 그리 중요하지는 않아요. 글로벌 시장에서 보다 다양하고 많은 소비자들과 공감하는 게 더 중요하기 때문이죠. 해외 디자이너들이 영입되어 글로벌 시각을 주는 건 좋다고 봅니다. 하지만 그보다는 외국인이 디자인 총책이 아니어도 현대차와 기아차의 디자인실 전체 분위기가 글로벌화되는 게 필요합니다. 영입한 해외 디자이너들은 언제든지 떠날 수 있으니까요.

최 부총장의 말처럼 시장에서의 성공을 위해 자동차 디자인에 있어 국적과 관계없이 글로벌 공감대를 얻는 것은 중요하다. 그래도 명품 브랜드들은 태어난 나라의 전통적 이미지를 디자인에 구현하고 강력한 스토리의 헤리티지와 개성 있는 라이프스타일을 마케팅에도 적극적으로 활용하고 있다. 잘 만들어진 기계의 성능을 느끼고 싶어 BMW를 사는 사람도 있지만, 그런 것보다 우아하고 세련된 여유를 좋아해서 재규어를 선호하는 사람이 있듯이 말이다. 성공적인 명품들은 단순히 이미지뿐만 아니라 그런 감각을 실제 느낄 수 있는 디자인 요소들이 자동차 안팎으로 잘 구현되어 있다. 현대차가 제네시스를 출범시켰고 기아도 명품 브랜드 출시를 내부 검토하고 있을 정도로 국산 명품 브랜드는 한동안 우리나라 자동차업계의 화두가 될 것이다. 그러면 국산 명품 브랜드가 구현해야 할 한국적인 느낌은 어떤 것일까? 아쉽게도 우리의 산업화 역사가 짧다보니 우리가 만들어내는 제조물 중에 한국적인 느낌으로 세계에서 잘 알려진 명품은 매우 제한적이다. 현대의 제네시스가 성공한다면 그 리더 역할을 할 수도 있지 않을까?

최수신 옳은 지적인데 답하기가 쉽지 않군요. 한국적 느낌이라는 게 솔직히 잘 떠오르지 않아요. 한국적 느낌을 정의할 수 없다면 당연히 한국적 디자인을 할 수 없지요. 우리 사회 전체가 찾아가는 중이라 생각해요. 한국적 특성들이 한국 사람들이 공통적으로 원하는 가치라고 한다면, 지금까지는 경제성장, 민주화, 통일 같은 것들이 떠오르는데 이런 게 디자인의 재료가 되기는 좀 어렵지요. 일본의 정밀지향 가치 같은 경우는 수백 년의 전통이 있어요. 최근 한류 바람을 타고 한국음식이 세계적으로 인기몰이를 하고 있습니다. 외국 사람들이 한국음식을 이해하고 좋아한다는 것은 한국의 정서에 공감한다는 것이니 하나의 단서가 될 수 있지 않을까요? 한국음식들이 주로 맵고 화끈하니 이게 한국적 디자인 정체성의 싹수가 될 수도 있겠지요. 얼마 전 잘 아는 일본 디자이너에게 한국적 특성이 뭐냐고 물어보았어요. 한국 디자이너들은 늘 과장하고 강하게 표현한다고 조금도 주저함 없이 말하더군요. 그래서 현대차의 플루이딕 스컬프쳐(Fluidic Sculpture)가 나왔다고 하면서요. 이게 맞다면 걱정이 되는 게, 중국 디자이너들이 바로 이런 방향으로 디자인을 하고 있다는 사실이에요. 크고 과장되게 표현하는 건 오히려 중국이 한 수 위라 우리나라가 어떻게 차별화할 수 있을까요? 제네시스의 디자인 완성도는 상당히 높아요. 성능이나 디자인 측면에서 명품 브랜드가 갖추어야 할 건 다 갖고 있지요. 현대차나 경쟁 브랜드들과의 차별화도 잘 되어 있구요. 다만 아우디와 느낌이 좀 유사하지 않나요. 아직은 주장하는 게 한 방에 느껴지지는 않습니다. 그들 중 하나(One of Them)로는 성공했지만 이제 고유한 하나(One of A Kind)로 가는 험난한 과정을 거쳐야 합니다. 첫술에 배부를 수는 없으니 앞으로 제네시스가 타깃으로 하는 소비자 계층과 그들의 가치에 대해 더 공부하고, 어떻게 공감대를 강하게 끌어내야 할지 더 노력해야 한다고 봅니다.

우리가 문화적으로는 아직 명품 자동차 브랜드를 내놓는 게 좀 이르다는 조언으로 느껴졌다. 얼마 전 우리나라에 특파원으로 나와 있던 영국 기자가 한국이 선진 이미지로 해외에 제대로 알려지기 시작한 것이 1988년 서울올림픽이 아니라 2002년 월드컵 개최 이후라고 쓴 글을 보았다. 이제 시작이라는 것이니 새로운 길을 열기 위한 과감한 시도는 계속해야 하지만, 만족스러운 결과물을 보기까지는 시간이 더 필요해 보인다.

최수신 사회 전반적으로 기술이 빠른 속도로 발전하고 있어요. 축적의 효과로 인해 발전의 속도는 점점 더 빨라지면서, 기술은 영화에서나 보던 미래를 늘 우리 예상보다 빨리 현실 속에 구현해가고 있지요.

이렇듯 무서운 속도로 달리며 빨리 변해가는 산업 현장에서 디자이너들은 어떤 생각과 자세를 가져야 할까? 좋은 디자이너는 어떤 사람일까? 최 부총장이 드디어 시계를 들여다보기 시작해서 급한 마음에 후배 디자이너들을 위한 조언을 부탁했다. 갑자기 최 부총장의 말문이 폭포수처럼 터지기 시작했다.

최수신 디자이너들은 늘 많은 시간을 들여 자신의 작품에 기술적 진보를 많이 담고 싶어 해요. 이런 기술적 진보를 통제하거나 막을 수는 없어요. 하지만 AI 같은 놀라운 기술의 진전이 생겨날수록 인간적 가치가 급속히 줄어듦에 유의해야 합니다. 스마트폰을 많이 쓸수록 우리는 더 바보가 되는 것처럼 느끼지 않나요? 스스로 운전하지 않아도 되는 시대에 어떻게 자동차를 타는 사람에게 즐거움이나 보람 같은 걸 느끼게 할 수 있을까요? 차를 타면서 차를 잊어도 된다면 어떻게 해야 이전처럼 차, 그리고 동승자와 감성교류를 할 수 있도록 만들 수 있을까요? 자동차 디자이너는 이런 기술이 인간적 가치에 맞게 쓰이도록 자동차를 만들어 인간적 가치를 보장하는 사람이 되어야 합니다. 이를 위해 사람에 대한 따뜻한 배려가 꼭 필요해요. 기술적 진보의 목적 내지 당위성으로 내세우는 주제들 중 하나가 편의성입니다. 사람 편하자고 기술을 경쟁적으로 개발하는 것이기 때문이죠. 사실 이게 인간 생활의 많은 재미들을 앗아갑니다. 기계세차가 유행하니 자기 차를 손으로 닦던 즐거움이 없어진 것처럼 말이죠. 직장인의 월급이 자동이체되니 적더라도 가족에게 현금으로 건네며 으스대던 재미도 없어졌어요. 그러니 가장의 권위도 떨어졌지요. 이래서 이혼율이 올라간 부분도 있다고 생각합니다. 기술 이슈 외 우리 사회도 근본적으로 바뀌고 있어요. 요새 미국에서는 남자와 여자 사이의 다양한 성정체성을 주장하는 그룹들이 형성되고 있어요. 남자도 아니고 여자도 아닌 다른 그 무엇인 거지요. 심지어 그들은 자신들을 그(He)와 그녀(She) 대신 그들(They)라고 표현합니다. 이렇게 기존의 가치들이 무너지는 혼란스러운 시대에 새로운 가치를 주장하는 사람들에게 팔리려면 도대체 자동차를 어떻게 디자인해야 할까요? 앞서 언급했듯 디자이너들은 끊임없이 질문하고 토론해야 합니다. 10년 전쯤 이제 자동차 디자인이라는 건 할 거 다 해보고 끝에 도달했다고 공감대가 형성된 시기가 있었어요. 그때 LED 램프가 나와 디자인 자유도를 높여주며 한동안 돌파구가 되었죠. 이제 자동차 디자인은 더 큰 숙제를 안고 있습니다. 사실 어디서부터 시작해야 할 지 막막합니다. 그래도 디자이너들은 좌절하지 말고 높이 날아 우아하게 착륙(Flying high & Landing gracely)하는데 주력해야 합니다. 멀리 넓게 보기 위해서는 높이 날아야죠. 그러기 위해서는 강한 호기심, 굳센 용기, 그리고 체력이나 스킬 같은 피지컬이 필요합니다. 우아하게 착륙하기 위해서는 완성도 있는 디자인을 구현해내고 그 디자인의 가치를 사람들에게 설명할 수 있어야 합니다. 그래서 좋은 디자이너는 다른 것을 만드는 사람입니다. 남들과는 다른 것을 해야 하니 겁이 날 수밖에요. 누구나 다 그렇습니다. 현재 전 세계 자동차업체들의 디자이너들이 겁이 나서 다들 실패하지 않는 비슷비슷한 디자인만 만들어내고 있어요. 문제가 심각합니다. 이렇게 수

이스즈 비크로스

비만 해서는 회사도 개인도 성공할 수 없습니다. 다들 스티브 잡스의 직관을 칭송하죠. 하지만 그에 못지않게 중요한 건 그가 겁대가리 없는 '돌직구 닥공'(닥치고 공격)이었다는 거예요.

끝으로 최 부총장에게 아직도 이스즈(Isuzu)의 비크로스(Vehi-cross)를 타고 다니는지 물어보았다. 1997년 출시 당시 콘셉트카처럼 희한하게 생긴 획기적인 디자인으로 유명했지만 3년 간 불과 수천대만 만들어지고 단종된 비운의 자동차이다. 최 부총장이 처음으로 크게 껄껄 웃었다.

최수신 그럼요. 잘 정비해서 살살 타고 다니고 있습니다. 이 차를 통해 학생들에게 독창적인 콘셉트와 합리적인 결과물 사이의 큰 괴리로 인해 실패한 좋은 샘플을 보여줄 수 있으니까요.

최 부총장은 18년간 미국을 중심으로 한 세계무대에서 한국 디자인과 디자이너들의 위상을 높인 공로를 인정받아 2018년 11월 디자인 대상 산업포장을 수상하였다.

엔지니어는 어떤 일이든 끝까지 판다

문대흥 한국자동차공학회(KSAE) 회장

30년 넘게 한눈 팔지 않은 전문가

현대차가 해외차종 조립생산의 서러움을 견디며 각고의 노력 끝에 1975년 출시한 포니는 최초의 국산 고유모델로 국내 자동차산업의 기술자립과 도약의 시발점이 되었다. 당시 기술수준으로는 어쩔 수 없이 일본 미쓰비시(Mitsubishi) 소형차의 기본 섀시와 엔진을 들여와 만들었지만, 이로 인해 '우리도 할 수 있다'는 자신감과 함께 국내 자동차업체간의 치열한 독자기술 경쟁이 촉발된 것이다.

이를 뒷받침하기 위해 1978년 국내 자동차공학 분야의 유일한 학회인 한국자동차공학회(KSAE)가 산학연 연합체로 설립되었다. 그후 40년간 한국자동차공학회(이하 공학회)는 기술정보의 연구 발표와 교류, 기술표준 제정, 전문정보지 발행, 전문엔지니어 양성, 기술전시회 등을 통해 우리나라 자동차산업 발전을 위한 기본 토대가 되어왔다. 3만 명의 개인회원과 650여개 단체회원의 회비로 운영되는 공학회는 비영리기관으로서 강한 결속력과 학문적 중립성을 자랑

현대 포니(사진 제공: 삼성화재교통박물관)

스레 유지하고 있다. 또한 학계와 업계가 번갈아 회장을 맡아 이론과 실제의 조화를 꾀하는 운영구조를 가진 것도 독특하다.

향후 4차 산업혁명의 다양한 결과물들이 총체적으로 집약되어 만들어질 자동차는 우리 경제의 새로운 기회이자 도전과제로 다시금 떠오르는 중이다. 국내 자동차관련 기술의 최전선에 있는 공학회의 역할과 그 역량에 자연스럽게 많은 관심이 쏠리는 이유다. 공학회가 답할 수 있는 수준이 국내 자동차산업의 현주소인 까닭이다.

2018년 1월 공학회의 새로운 선장으로 취임한 문대흥 회장을 만나러 충남 서산으로 내려가면서 필자의 머릿속은 그동안 궁금했던 수많은 질문들로 복잡했다. 문 회장은 30년 넘게 한눈 팔지 않고 독자엔진과 변속기 개발에 매진해온 국내 최고의 동력전달장치(power train) 전문가다. 2017년 말 자동변속기 전문계열사인 현대파워텍 대표로 옮기기 전까지 현대차그룹의 친환경차 개발도 총괄했다. 지난 100여 년 동안 번성했던 내연기관을 대체하는 신기술 개발경쟁이 뜨거운 시대에 공학회가 균형 잡힌 시각과 올바른 방향을 제시하기 위한 적임자를 골랐다는 생각이 든다.

문 회장이 달변은 아니었지만 인터뷰 내내 전문가다운 식견과 자부심이 묻어나는 답변은 거침이 없었다. 잘 알지 못하는 부분은 확실하게 인정하는 겸손함과 함께. 역시 산업이나 개인이나 키워드는 균형이다. 문 회장의 자동차와의 오랜 인연은 어떻게 시작되었을까?

문대흥 뭐 특별한 건 없습니다. 제가 어릴 적 시골에서 자라면서 연이나 썰매 같은 걸 만들어 노는 걸 좋아했어요. 그래서 계속 뭘 만들어보려고 공대 기계과에 들어갔죠. 졸업할 당시 국내 자동차업체들은 엔진을 아직 국산화하지 못했어요. 때마침 현대차가 독자엔진 개발을 위한 별도 조직을 운영한다고 해서 1984년에 현대차에 들어갔죠. 참 어려웠지만 팀 멤버들이 열정을 가지고 달려들어 1991년 국내 최초의 국산엔진이자 당시 최신 기술이었던 멀티밸브와 인젝션 장치에 터보까지 갖춘 알파엔진을 만들어냈습니다. 그때부터 30년 넘게 엔진과 변속기 개발을 계속하게 된 겁니다.

본인은 특별한 것 없이 주어진 월급쟁이 생활을 해왔다고 털털하게 얘기한다. 하지만 무에서 유를 만들어내야 하는 독자개발의 험난하고도 지루한 길을 수십 년간 성공적으로 꾸준히 해왔다는 사실 자체가 대단하다. 내친 김에 현대차그룹의 독자엔진 개발역사를 물어보니 자부심 가득한 표정으로 설명을 이어갔다.

문대흥 현대차 독자엔진 1세대는 주철소재 블록의 알파와 베타 시리즈입니다. 2세대는 알루미늄 블록을 쓴 세타와 감마 시리즈고요. 2세대 엔진을 대폭 개량해서 만들어낸 게 지금의 3세대 엔진입니다. 일본 마쓰다(Mazda)의 스카이액티브(SKY ACTIV)처럼 현대차에서 변속기를 포함해 스마트스트림(Smart Stream)이라는 별도 상품명도 붙었습니다. 현대차가 동력전달장치 시리즈에 별도 이름을 붙인 건 처음이었죠. 무게와 연비, 친환경성 등에서 획기적인 진전을 이루었으니까요. 첫 작품이 최근 기아차가 출시한 K3에 들어갔습니다. 시장반응이 좋아서 다행입니다. 향후 2~3년에 걸쳐 승용차와 소형 상용차에 쓰기 위해 배기량별 시리즈 개발이 완료될 겁니다. 이렇게 엔진개발의 기본 뼈대부터 시작해 높은 수준의 독자개발을 담당해온 것이라 자랑스럽습니다. 사실 많은 동료들이 분야별로 힘을 합쳤기에 제가 주도했다고 할 수는 없지요. 그래도 여러 세대를 거치는 힘들고 긴 여정에 제가 다 관여했다는 것에 보람을 느낍니다. 스마트스트림 시리즈 개발을 다 끝내고 나왔어야 하는데 지금도 현장에서 고생하고 있을 동료들에게 미안하죠.

열정에 가득 찬 엔진개발 스토리가 끝없이 이어질 것 같아 얼른 화제를 공학회 쪽으로 돌렸다. 그동안의 많은 공헌에도 불구하고 공학회의 존재나 활동 결과는 일반 대중에게 잘 알려져 있지 않다. 새로운 리더의 중책을 맡은 문 회장은 어떤 비전과 실행계획을 가지고 있을까?

문대흥 세계 어느 나라나 공학회 같은 조직은 내연기관을 연구하는 모임에서 시작되었습니다. 자동차에서 가장 중요한 엔진과 변속기의 개발 위주로 운영되어온 거죠. 우리 공학회도 그런 식으로 조직되어 있습니다. 하지만 벌써 자동차는 동력전달장치 이외 섀시나 전자장치, 대체에너지, 안전, 친환경 등 다양한 분야로 나뉘어져 급속히 진화하고 있습니다. 따라서 학회의 조직 구성이나 운영 측면도 시대의 흐름에 맞추어 변화가 있어야 합니다. 다양한 주제와 인적 구성을 통해 자동차를 종합적으로 이야기하자는 거죠. 제가 동력전달장치 쪽 출신이라 오히려 앞장서서 이런 변화를 추구할 수 있다고 봅니다. 그리고 지금까지 학회가 많은 활동을 해왔는데 활발한 사회참여나 결과물의 대중 홍보에 별로 신경 쓰지 않다 보니 일반 사람들이 잘 몰라요. 엔지니어들이 원래 좀 그렇죠. 앞으로는 사회적으로 중요한 이슈에 대해 학회가 적극적으로 의견을 내고 정부의 정책 수립에도 더 많은 기여를 할 계획입니다. 2018년 3월에 정부와 언론사들을 초청해서 '자동차기술 및 정책개발 로드맵 발표회'를 가졌는데 예상외로 반응이 좋았어요. 앞으로 매년 할 생각입니다.

공학회 활동 중에 통상적인 학회로서는 특이하게 자동차기술의 표준 제정과 운영이 포함되어 있다. 모든 산업이 그렇지만 특히 사람의 생명을 다루고 환경이슈에 민감한 자동차산업에서 국제적으로 통용되는 기술표준의 선점이나 원활한 채용은 경쟁력 향상에 매우 중요하다. 이제 자동차강국으로 도약한 우리나라도 국제기술표준의 제정과 운영에 상당한 영향력을 갖게 되었다. 국내 자동차 관련 기술을 선도하고 있는 공학회는 국제기술표준을 주도하는 국제표준화기구(ISO)나 미국 자동차기술자협회(SAE) 같은 해외 기관들, 그리고 국내기술표준을 주관하는 국가기술표준원(KATS)과는 어떻게 교류하고 있는지 궁금해졌다.

문대흥 미국과 유럽에선 국가표준 제정이나 관리, 대응을 정부가 하지 않고 주로 민간에서 담당하고 있습니다. 그러나 우리나라나 일본, 중국 등에서는 선진국의 기술개발을 빨리 따라가기 위해 국가중심으로 표준업무를 해왔죠. 그러나 표준내용이 확대되고 산업이 다양하게 발전할수록 국가 대응에는 한계가 있습니다. 우리 정부도 지난 2008년부터 표준을 관리하는 국가기술표준원에서 표준개발협력기관(COSD) 제도를 만들어서 표준의 제정과 관리를 해당분야 민간 전문가그룹에 맡기는 시도를 해오고 있습니다. 2009년에 학회로서는 유일하게 공학회가 자동차표준분야 담당기관으로 선정되어 국가표준업무의 일부를 맡아 진행하고 있고요. 현재 한국공업규격(KS)에 관해 법규상 5년마다 도래하는 표준의 연장과 폐지, 개선 등의 업무와 국제표준화기구 자동차분야에 대한 대응을 주로 하고 있습니다. 그리고 국가기술표준원과 산업체 간의 연결고리 역할도 중요합니다. 산업체가 필요로 하는 국내표준의 개발이나 국제표준의 동향을 두루 알리고 있어요. 국제표준 선정에 대한 투표도 회원사를 중심으로 전문가들의 의견을 받아 국가기술표준원에 전달합니다. 우리나라 자동차산업의 국제적 위상에 맞게 좀 더 열심히 해야죠.

공학회 조직을 보면 자동차의 주요 분야별 연구 조직 이외에 철도차량이나 개인이동수단(personal mobility), 군용차량, 건설차량 등 다양한 주제에 대한 연구모임들이 있는 게 흥미롭다. 공학회가 관장하는 자동차의 의미가 통상적인 승용차의 범위를 넘어 다양한 '탈것'까지 포함하는 것일까?

문대흥 잘 보셨네요. 저희 학회활동은 동력전달장치, 전기전자, 차체 및 안전, 생산 및 재료 등 자동차의 주요 8개 부문을 중심으로 이루어집니다. 하지만 실생활에서 자동차분야가 너무 크고 광범위해서 전체를 다 아우를 수가 없습니다. 그래서 세분화되어 실제 용도가 제한되고 연구 인력이 많지 않지만 특색 있는 6개 분야에 대해 연구회 활동을 장려하고 지원해주고 있습니다. 각 부문이나 연구회 모두 일 년에 1~3번의 워크숍이나 심포지엄을 개최하고 있습니다. 공학회의 봄, 가을 정기 학술대회에서도 해당분야에 대한 내용을 발표합니다. 서로 필요한 기술과 정보는 같이 연구해서 그 결과를 공유하고 있고요. 상대적으로 작은 분야 하나라도 국가경쟁력 강화와 자동차산업 발전을 위해 꼭 필요하다고 믿기 때문이죠.

IT와 통신기술의 급속한 발달로 인해 자동차는 향후 10년간 콘셉트와 디자인, 용도 등에서 과거 100년간의 변화를 넘어서는 대변혁을 겪을 것으로 예측되고 있다. 현재 자동차산업의 가장 큰 두 가지 화두는 친환경과 자율주행기술의 개발이다. 친환경차의 개발에 있어 모터가 내연기관을 대체하고 수소 같은 대체에너지가 석유를 밀어낼 것이라는 주장도 시기에 있어 의견이 갈릴 뿐 방향에 대해서는 이견이 없다. 국내 최고의 파워트레인 및 친환경차 전문가인 문 회장의 의견은 어떨까? 문 회장의 말이 빨라지기 시작했다.

문대흥 지금 동력전달장치 개발의 세계적인 트렌드는 친환경과 전동화입니다. 그래서 순수전기차나 수소연료전지차 같은 친환경차와 배터리, 모터 등에 대한 개발이 활발히 진행되고 있습니다. 말씀하신 것처럼 방향에는 다들 이견이 없어요. 다만 그런 것들이 시장에서 의미 있는 존재로 등장하는 시기에 대해서는 아직 의견이 분분합니다. 전기차를 옹호하는 전문가들

문 회장은 100년 넘게 기술을 축적하고 우리 경제와 생활에 깊숙이 박혀 있는 내연기관차들이 그렇게 빨리 사라질 수 없다고 말한다

은 멀지 않아 전기차가 내연기관 차량들을 대체할 것이라 주장하고 있죠. 그러나 100년 넘게 기술을 축적하고 우리 경제와 생활에 깊숙이 박혀 있는 내연기관차들이 그렇게 빨리 사라질 수가 없습니다. 최근 글로벌 시장조사기관들이 전망한 자료를 보면 2025년 전 세계 전기차 판매비중을 IHS는 4.2%, 딜로이트는 2.0%로 예상하고 있습니다. 물론 현재 공표된 미래의 배출가스와 연비 규제치를 내연기관 차량만으로 맞추는 것은 향후 내연기관의 기술발전을 고려한다 해도 불가능합니다. 그래서 규제를 맞추기 위해 순수전기차나 수소연료전지차 같은 대체에너지 차량을 개발해 같이 팔아야 하죠. 순수전기차는 가격이나 충전시간, 전기 생성부터 전기차 소멸까지 이산화탄소 총 배출량

을 따져보는 라이프사이클 CO_2(Life cycle CO_2), 배터리 후처리, 중고차 가격 하락 등 풀어야 할 과제가 산적해 있습니다. 이를 기술적, 사회적, 경제적으로 풀지 못하면 시장을 주도하기 어려울 겁니다. 수소연료전지차는 순수전기차에 비하면 상대적으로 친환경적이라 할 수 있죠. 그래도 수소의 생산, 유통 및 충전 인프라 등 순수전기차 못지않은 과제들이 많아 아직 갈 길이 멉니다. 결국 앞으로 상당기간 자동차업체들은 기존 내연기관의 연비효율과 배기가스 감축을 위한 개발과 친환경차의 개발을 동시에 진행할 수밖에 없습니다. 향후 정부규제와 시장상황을 보면서 어떤 판매 콤비네이션으로 규제를 맞추어갈지 고민하게 될 겁니다. 정책을 입안하고 규제를 만들어 앞서가는 정부와 이를 따라가야 하는 자동차업계 사이에 분명히 큰 갭이 존재합니다. 결코 쉽지 않은 도전이죠. 하지만 친환경차가 가까운 미래에 시장에서 내연기관차량을 다 밀어내고 지구환경을 지킬 수 있다는 환상은 버려야 합니다.

이야기는 결국 기존 내연기관의 미래에 대한 문 회장의 열변으로 이어졌다. 국내 최고의 전문가답게 내연기관이 최근 겪고 있는 도전과 향후 과제에 대해 상세한 설명이 쏟아졌다. 업계 내부의 뒷이야기는 덤이었다.

문대흥 내연기관도 향후 기술개발에 의해 상당히 친환경적으로 될 수 있습니다. 현재 동력전달장치의 열효율은 35~40% 정도입니다. 이걸 50%까지 올려 연비효율과 배출가스 절감률을 대폭 향상할 수 있는 연구개발을 선진국에서 하고 있습니다. 배출가스를 걸러내는 촉매개발도 더 하고 있고요. 현대차그룹도 기존 내연기관의 효율향상에 계속 집중하고 있습니다. 최근 디젤엔진이 환경오염의 주범으로 여론의 뭇매를 맞고 선진국의 여러 도시에서 퇴출당할 위기를 맞고 있죠. 전 세계적으로 판매도 급감하고 있습니다. 폭스바겐이 클린디젤을 내세우며 시장의 기대를 과도하게 높였다가 소프트웨어 조작으로 디젤게이트를 일으킨 게 충격이 컸습니다. 벤츠와 BMW도 유사한 문제를 일으켰죠. 자동차기술 선진국업체들이 디젤엔진의 이미지를 크게 저하시키고 말았어요. 역설적으로 독일이 디젤엔진 기술에서 가장 앞서 있는데 말이죠. 너무 거창한 목표를 내세우지 말고 제대로 설계해서 개량해가면 될 텐데요. 사실 디젤엔진은 우수한 연비에다 탄소와 수소를 거의 배출하지 않는 청정엔진입니다. 미세먼지를 발생시키는 미립자와 질소화합물은 후처리장치를 대폭 보강하면 됩니다. 원가와 무게가 좀 늘어나겠지만 충분히 시장에서 설득력이 있을 겁니다. 사실 가솔린엔진도 디젤엔진처럼 직접분사로 가면서 미립자 배출이 많아져 따로 필터를 붙이고 있거든요. 우리는 수요가 큰 선진국의 엄격한 환경규제 추세를 보며 내연기관의 종말을 이야기하고 있습니다. 그러나 전 세계 개발도상국과 저개발국들의 향후 가성비 수요를 생각해보세요. 상당한 미래까지도 선진국 수요의 몇 퍼센트 정도만 친환경차로 채워지면서 내연기관의 생명은 굉장히 길 겁니다.

그렇다면 이런 사정을 모를 리 없는 선진국 자동차 메이커들은 왜 최근 들어 순수전기차 개발과 생산에 집중하고 있는 것일까? 그동안 전기차에 관심이 없었던 폭스바겐그룹도 최근 2025년까지 순수전기차 50종을 출시하고 하이브리드 차량 30종과 함께 연 300만 대를 팔겠다고 선언했다. 문 회장의 열정 가득한 설명이 끊임없이 이어진다. 과묵한 사람이 한번 말문이 터지면 이렇게 된다.

문대흥 디젤게이트가 결국 독일 자동차업체들이 전기차로 전환하는 계기가 된 겁니다. 그냥 반성하고 지금부터 좀 더 디젤엔진을 잘 만들겠다고 선언하면 좋았을 텐데 말이죠. 제조업체 입장에서는 충전시간 단축과 배터리수명 연장이라는 두 가지에만 집중하고 있는 겁니다. 앞서 말씀드린 순수전기차의 많은 과제들을 어떻게 해결할지는 철저하게 생각하지 않고요. 고속으로 충전할수록 버려지는 전기 낭비가 급증하는데, 이는 사실 배터리 교환으로 해결해야죠. 그리고 배터리 수명을 아무리 늘려도 결국 사용 후 처리 문제와 중고차가격 하락의 문제가 발생합니다. 정부도 국민의 세금으로 그렇게 많은 순수전기차에게 보조금을 계속 지급할 순 없을 겁니다. 원가의 반 이상을 차지하는 배터리의 가격이 높기 때문에 순수전기차 가격이 비싼 건 잘 아실 겁니다. 하지만 대량생산을 한다 해도 코발트 같은 핵심 원료의 공급부족과 정치적 이슈로 배터리 가격이 그리 많이 내려가지 못할 겁니다. 그런데 자동차기술을 선도하는 독일 자동차업체들이 순수전기차로 몰려가니까 순수전기차를 안 하면 미래기술이 없거나 환경에 관심이 없다고 보는 여론이 형성되고 있습니다. 프리우스 같은 하이브리드 차량의 선두주자로 수십 년간 친환경 이미지를 쌓아온 토요타도 견디지 못하고 최근에 순수전기차 진출을 선언했을 정도니까요. 현대차그룹도 마찬가지입니다. 결국 순수전기차의 개발과 생산은 기술의 문제가 아니라 상품전략에 따른 선택의 문제였던 거죠. 시장의 잘못된 인식에 의해 친환경차 개발의 방향이 왜곡되고 있는 것 같아 우려가 됩니다. 순수전기차가 정말로 친환경적인가를 제대로 논의하려면 막연한 느낌이 아니라 관련 이슈들을 수치화한 정량적 분석결과를 놓고 이야기해야 합니다. 사실 순수전기차는 가장 만들기 쉬운 차종입니다. 배터리 이외의 특별한 기술이 필요 없어서 누구나 만들 수 있죠. 배터리는 다 외주로 해결하고 있고요. 자동차메이커들이 눈치 봐가면서 순수전기차 열심히 한다고 하지만 속으로는 수익성과 배터리 후처리 문제로 고민이 많을 겁니다.

그렇다면 순수전기차 이외에 친환경차로 분류되는 하이브리드차(HEV), 플러그인하이브리드차(PHEV), 수소연료전지차, 수소연료차의 미래는 어떨지 궁금해졌다. 이들은 순수전기차와 내연기관을 대체하기 위한 경쟁관계에 있을까, 아니면 향후 서로의 특성에 따라 시장에서 공존할 수 있을까? 토요타는 순수전기차에 진출하면서 친환경차를 용도와 거리에 따라 구분해 같이 개발하겠다고 발표했다. 도심 내 단거리 운행은 소형 순수전기차, 도시간 운행은 하이브리드차, 대형 상용과 장거리 운행은 수소연료전지차로 구분한다는 것이다. 공존이 가능하다는 주장이다.

기아 K3. 연비, 친환경성에서 획기적인 진전을 이룬 차세대 파워트레인 '스마트스트림'이 처음 들어갔다

문대흥 개발 초기에 순수전기차와 수소연료전지차의 특성과 과제가 달랐지만 친환경차 리더로 서로 경쟁관계에 있었죠. 그런데 개발을 진행하면서 각기 기술적 과제들을 해결하기가 매우 어렵다는 걸 깨닫게 된 겁니다. 예를 들어 순수전기차도 수소연료전지차 못지않게 주행거리를 늘릴 수 있지만 배터리가 커져 가격이 올라가고 충전시간이 늘어나게 되죠. 수소는 폭발성이 강해 주유소처럼 도심과 주거지에 설치하기가 쉽지 않습니다. 막대한 선투자가 필요한 인프라가 필요하고 사회적으로 민감한 이슈라 자동차메이커들이 해결할 수 있는 것도 아니죠. 그래서 지금은 각자의 특성과 과제에 따라 공존하는 방향으로 가고 있습니다. 말씀처럼 순수전기차는 작고 싸게 만들어 배달 오토바이처럼 주로 도심 내 단거리 운행용으로 사용하면 좋죠. 앞으로 전기차에 대한 정부보조가 없어지거나 대폭 줄어들 테니까요. 수소연료전지차는 고속도로를 달리는 장거리 운행이나

버스, 트럭처럼 대형 상용차에 쓰기에 적합합니다. 수소가 가볍고 충전이 빠르니까요. 엘피지(LPG)처럼 내연기관에 수소를 넣어 태우는 수소연료차는 많은 장점에도 불구하고 아직 연소효율이 낮아 흐름을 타지 못하고 있는 것 같아요. 여러 성분의 배출가스도 나오고요. 결국 수소 충전을 위한 인프라 건설이 제일 중요합니다. 일반 대중들이 손쉽게 사용할 수 있는 대규모 충전 네트워크는 아무래도 정부가 나서거나 민간사업자들이 SOC사업 컨소시엄을 만들어 마련할 수밖에 없습니다. 저희 공학회도 안전기준 같은 학술적 분야에서 도움을 줄 수 있다고 봅니다.

우리나라는 이미 자율주행차의 핵심 요소기술인 센싱과 이미지처리, 제어, 통신, 디스플레이 등에서 세계적인 경쟁력을 가지고 있다. 앞으로 우리나라가 자율주행 완성차분야를 리드하기 위해서는 어떤 과제가 있을까? 자동차메이커와 공학회가 리더십을 확보하기 위한 기술 로드맵을 가지고 있을지 궁금해졌다. 문 회장이 처음으로 크게 웃었다. 의외였다.

문대흥 저는 '기계쟁이'라 그쪽은 잘 모르는데요. 지금 추세는 지금껏 자동차 개발을 주도해 왔던 기계부문을 누르기 위한 전자부문의 반격이 아닐까요(웃음)? 자율주행차는 모두 전기차라고 사람들이 오해를 많이 하죠. 사실 자율주행기술은 말 그대로 자동차의 주행기술과 주체에 대한 겁니다. 기존 내연기관 자동차에도 얼마든지 적용할 수 있죠. 다만 순수전기차는 내부공간을 더 넓게 쓸 수 있어 자율주행의 장점을 더 쉽게 잘 구현할 수 있긴 합니다. 이제 사람들이 점점 운전을 피곤해하고 운전하면서 휴대폰 조작 같은 다른 행위들도 하니 사고 위험도 높아지죠. 따라서 안전하고 편리한 이동을 위해 자율주행기술 개발의 방향은 옳다고 봅니다. 역시 문제는 시기와 가격입니다. 현재 기술개발 수준은 운전자가 있는 상태에서 많은 부분을 차가 스스로 조작하는 자율주행 3단계까지 와 있습니다. 가까운 장래에 실용화되겠죠. 그런데 이런 자율주행차량의 가격들이 올라가면 당연히 사람들은 그만한 가성비가 있는가를 고민하게 될 겁니다. 여기서 운전자가 전혀 개입하지 않거나 아예 무인차량이 등장하는 자율주행 4, 5단계가 되면 고민이 더 깊어질 겁니다. 장애인이나 고령자 같은 특수 용도를 제외하면 우리에게 그런 차량들이 꼭 필요할까요? 그리고 가격과 용도 측면에서 시장경쟁력을 가질지 생각해봐야 합니다. 운전 재미도 없어지고요. 사람들의 인식과 행동패턴은 그리 쉽게 변하지 않습니다. 정말로 사람들이 모든 걸 차에 맡기고 달리는 차 안에서 마음 편히 쉬거나 다른 일들을 할 수 있을까요? 그밖에 자율주행 차량들이 다니기 위한 도로 인프라와 법규, 빅데이터의 처리 속도와 정확성, 해킹 위험성 등 앞으로 해결해야 할 숙제도 너무 많습니다. 가장 중요한 게 타고 가는 사람들의 안전문제죠. 어떤 원인에 의한 것이든 주행 중 갑자기 문제를 일으켜도 최소한의 탑승자 안전을 지킬 수 있도록 만들어야 합니다. 현대차그룹도 해킹을 포함해 일어날 수 있는 모든 위험 가능성에 대비하면서 개발하고 있습니다. 자율주행은 분명 멋진 기술이고 나아가야 할 방향입니다. 하지만 많은 것들이 금방 이루어질 것처럼 이야기하는 건 바람직하지 않습니다. 많이 알수록 조심스럽고 겸손하게 접근해야 합니다.

영화 속 장면이나 사람들의 생각을 실제 기술로 구현해내는 엔지니어들은 어려운 과제들을 알기에 늘 신중하다. 뒤를 보고 살 수는 없다. 미래에 대한 희망을 안고 도전해가는 것은 아름답고 언제나 옳다. 하지만 주가 상승이나 마케팅 목적으로 과장되게 자사 기술을 홍보하는 업체가 너무 많다. 이를 받들어 자율주행시대가 곧 펼쳐질 것처럼 호들갑을 떠는 미디어들은 어떨까? 셀 수 없이 많은 멋진 아이디어들이 실험실에서 성공한 후 실제 임상실험에서 탈락되는 의약업계를 생각해 보면 쉽게 알 수 있다. 문 회장의 진지한 고민들이 경박한 세상에 대한 경고로 들렸다.

언제나 그렇듯 인터뷰의 마지막 순서는 후배들에 대한 것이다. 엔지니어는 과학자와 어떻게 다른지, 그리고 엔지니어의 바른 자세는 무엇인지 물었다. 인터뷰의 긴장이 풀어지는지 문 회장의 눈매가 부드러워졌다.

문대흥 과학자는 학교나 연구소에서 이론적인 학술연구를 하죠. 엔지니어는 그런 연구 결과나 이론을 실제 현장에 적용하는 사람들이라 상대적으로 시장에 더 가깝습니다. 따라서 언제나 소비자의 관점에서 개발목표를 세우고 품질과 가성비를 좋게 만들어내야 합니다. 늘 기본기를 단단하게 갖추고 치밀하게 검토하면서 끝까지 가봐야 하고요. 그래야 옳은 결과를 낼 수 있습니다. 그리고 아무리 잘나도 혼자서는 절대 할 수 없습니다. 항상 팀의 일원으로 다른 부문과 잘 협력해야 뭐라도 이룰 수 있습니다. 우리나라 자동차산업의 수준이 많이 올라왔지만 아직 선진국 경쟁업체들에 비하면 연구개발 인력의 양과 질, 개발 인프라, 관련 산업의 수준이 평균적으로 떨어지는 게 사실입니다. 그러니 사명감을 가지고 끝장을 보기 위해 같이 더 열심히 하는 수밖에 없어요. 아, 그리고 일 벌어지기 전에 미리 예방적 조치들을 기획하고 조치해 놓는 게 중요하다는 것도 꼭 얘기해주고 싶네요. 개발 프로젝트를 진행하다보면 꼭 문제가 계속 터지거든요(웃음).

사람은 생각하고 엔지니어는 만든다. 태초에 신들이 이 세상을 만들었다면 그들은 틀림없이 뛰어난 엔지니어였을 것이다. 막대한 자본투자와 축적효과에 의해 기술개발이 현기증이 날 정도로 가속화되는 이 시기에, 우리는 첨단기술들이 구현해줄 보다 즐겁고 행복한 미래를 꿈꾼다. 그러나 우리의 기술이 뜻하지 않게 자연환경을 파괴하고 이웃 동물들을 사라지게 하고 있다. 사람의 죽음도 자연현상이 아닌 기술적 이슈로 보고 그 난제를 풀어 영생을 가능케 하겠단다. 인간은 이미 신의 영역에 들어가고 있다.

인간은 기술을 앞세워 어디까지 갈 수 있을까? 앞만 보고 뛰어가는 인간의 오만에 대한 경고는 여러 종교의 경전 속에 이미 나와 있는데 말이다. 엔지니어들에게 부탁해서 노아의 방주라도 미리 만들어놓아야 하지 않을까? 상세한 설명을 많이 들었지만 인터뷰를 끝내니 머릿속이 더 복잡해졌다.

2장
직업으로서의 자동차, 일에 미치다

정재희 포드코리아 대표

백정현 재규어랜드로버코리아 대표

김영식 캐딜락코리아 대표

정우영 혼다코리아 대표

이윤모 볼보코리아 대표

파블로 로쏘 FCA코리아 대표

최지선 케이씨모터스 대표

멀리 가기 위해서는
기본을 더 단단하게 해야 한다

정재희 포드코리아 대표

© 이준희

한 우물을 파내려가는 꾸준함

'시종일관'(始終一貫). 원래 자기관리에 철저한 사람이지만, 30년 넘게 지켜본 정재희 대표의 놀라운 점은 늘 변치 않는 슬림한 몸매와 꼿꼿한 자세, 그리고 한 우물을 열심히 파내려가는 꾸준함이다. 쉬운 것 같지만 세월을 겪어보면 가장 어려운 일 중 하나다.

정재희 대표는 국내 대기업 자동차부품회사에 다니다 더 큰 세상을 보고 싶어 미국 피츠버그대학 경영학석사(MBA) 과정에 들어갔다. 졸업 후 포드에 한국시장 담당으로 입사하여 3년 뒤인 1995년에 포드코리아(Ford Korea) 설립을 주도했으며, 마침내 2001년에 포드코리아 대표가 되었다. 국내 수입차업계의 초창기 세대이자 몇 안 되는 현직 장수 CEO다. 2012년부터는 한국수입차협회(KAIDA)의 회장을 3회째 연임하고 있다.(편집자주. 2019 현재 임기 종료) 바쁜 일정에 다소 무리하게 잡힌 인터뷰 당일 아침, 사무실에서 반갑게 맞이해주는 환한 미소와 깨끗한 인상도 변함이 없다. 대화는 자연스레 수입차시장과 수입차협회 이야기로 시작되었다.

많은 논란과 우려 속에 1987년 1월 국내 수입차 문호가 개방된 지 30년이 흘렀다. 첫 해 10대가 공식 판매되었던 수입차시장은 배타적인 여론에도 불구하고 꾸준히 성장하여 1996년에는 1만 대 판매를 달성하였다. 1997년 외환위기로 침체기를 겪으며 브랜드 파워가 약한 피아트, 캐딜락 등 여러 브랜드가 떨어져 나갔다. 그러나 1999년 일본차를 포함한 2차 자유화를 계기로 수입차시장은 다시 성장, 2002년에 국내 승용차시장 점유율 1%를 돌파하는 폭발적인 수요증가를 보였다. 드디어 소비자들의 마음이 열린 것이다.

수출주도의 우리나라 경제가 계속 성장하기 위해서는 수입을 늘려야 한다는 인식이 강화되며 여론도 우호적으로 돌아섰다. 국내시장을 독점하고 있는 현대차그룹에 식상하거나 실망한 일반 대중들도 수입차 매장을 들락거리기 시작했다. 2010년에 10만 대를 돌파하고 2016년에는 22만5000대를 판매하여 국내 승용차시장의 약 15%를 점유하는 가파른 성장세를 보여주고 있는 중이다. 이런 격변의 시장 추세를 모두 겪어내며 쭉 지켜본 정 회장의 느낌은 어떠할까? 그의 말이 담담하게 이어진다.

정재희 격세지감이라는 말이 생각나네요. 처음에는 정말 어려웠죠. 수입차가 부유한 소수 특권층의 과시용이자 외화 유출의 주범이라는 부정적 인식이 너무 강했거든요. 지나가는 수입차에 돌을 던지거나 주차 중에 못으로 긁는 일도 다반사였습니다. 실제로 수입차 오너들이 세무조사의 대상이 되기도 했고요. 외환위기나 카드대란, 한미 FTA, 독도와 위안부 이슈 같은 시장 외적인 요인들도 견뎌내기 힘들었어요. 그런 세월을 거쳐 수입차가 양적으로 많이 성장했어요. 중저가 소형 모델을 중심으로 대중화도 진전되어 이제 수입차는 우리 사회에 안착되었다는 느낌입니다. 보람도 있고 참 다행이죠. 처음부터 현장을 뛰어다닌 사람으로서 여러 가지 서운한 감회도 있지만 좋은 기억만 가지고 가야죠.

한국수입차협회(KAIDA, 이후 수입차협회)는 1995년 설립된 후 수입 브랜드가 늘어나면서 현재는 22개 브랜드를 판매하는 14개 회원사로 이루어져 있다. 국내 자동차시장에서 수입차가 차지하는 비중이 작지 않음에도 불구하고 수입차협회의 존재가 일반 소비자들에게는 잘 알려져 있지 않은 건 의외다.

정재희 사실 수입차협회는 특정한 정책목표 없이 회원사들의 친목단체로 출발했습니다. 각 회원사들이 시장에서 경쟁을 통해 원활하게 사업을 진행할 수 있도록 사업 환경을 조성하고 개선하는 게 주목적이죠. 각 회원사들의 자체 이슈나 서로 간의 이해관계 조정에는 관여하지 않습니다. 다만 공통된 정책적, 법률적 이슈들에 관해 내부 의견을 조율하고 해당 공공기관들에게 의견을 전달하고 협의합니다. 협회 자체의 이익을 위해서 활동하지 않고 광고도 하지 않으니 일반 소비자들이 잘 모를 수 있다고 봅니다. 그래도 협회가 주도해서 이공계 대학 장학사업, 채용박람회, 14개 기술대학과의 산학협력 등 사회적 책임을 다하려 노력하고 있어요. 각종 학술세미나도 계속 개최하면서 수입차에 대한 긍정적인 이미지를 쌓아가고 있고요. 물론 각 회원사들도 자체적인 사회봉사 활동을 열심히 하고 있죠. 한국이 수입차 브랜드들의 주요 시장으로 떠오르면서 회원 수도 증가하고 있습니다. 지금도 상용차 5개 브랜드가 가입신청을 밟고 있죠. 앞으로 어느 나라 어느 브랜드라도 한국 시장에서 본격적으로 사업을 영위하고자 하면 언제든 환영입니다.

최근 10년간 급성장한 국내 수입차시장은 앞으로 얼마나 더 성장할 수 있을까? 1966년에 수입차 문호를 개방했던 일본의 경우, 부침은 있었으나 수입차시장은 계속 성장했고 1999년에는 일본 내 승용차시장 점유율 10.6%로 정점을 찍었다. 이후 내수 경기의 침체로 계속 하락하여 현재 6% 정도에 불과하다. 우리나라가 일본보다 좀 더 해외문물에 대해 개방적이지만 그래도 지금의 15%는 과열된 것이 아닐까?

정재희 우리나라가 많은 면에서 일본의 선례를 따라가고 있기는 합니다. 하지만 우리나라의 경우 주요 수입차 브랜드 고가 모델 판매대수가 일본보다 많아요. 시장구조와 구매행태가 일본과는 많이 다른 거죠. 일본 이외 자국생산 브랜드를 갖고 있는 선진국의 경우 자국시장 내 수입 브랜드 비중은 상당히 높습니다. 이탈리아가 70%, 미국과 독일이 40% 정도 되죠. 오히려 일본이 예외적인 경우라고 봅니다. 이제 수입차에 대한 거부감이 사라지면서 자기 취향에 집중하는 20, 30대 젊은 소비자들이 수입차에 많은 관심을 보이고 있어요. 게다가 주요 브랜드의 판매량이 증가하면서 가격정책에 여유가 생기고 있죠. 대도시 중심의 수입차 판매가 지방 중소도시로 확산되면서 정비 인프라도 착실히 정비되고 있고요. 이제 본격적인 수입차의 대중화가 시작되고 있는 것으로 보입니다. 지금까지는 프리미엄 브랜드의 승용차와 SUV 위주로 수입차시장이 성장해왔는데요. 앞으로는 상용차를 포함한 중저가 브랜드의 진입이 활발해져 전체 수입차시장은 계속 성장할 걸로 예상됩니다. 특히 자국시장에서 엄청난 경쟁을 통해 단련되고 있는 중국 브랜드들의 기술과 품질은 상당한 수준에 와 있습니다. 이미 중국 브랜드의 중소형 버스, 트럭 같은 상용차가 국내에서 연간 2000대 규모로 판매되

“
수입차는 개방 이후 과연 국내
경제와 자동차시장에 얼마나 도움이
되었을까요?
”

66

국내 시장과 고객들이 자동차에 대한
지식과 안목을 높이는데 기여했다고
봐주면 좋겠습니다

99

고 있죠. 최근에는 켄보(Kenbo) 600 같은 SUV도 수입되어 완판되었고요. 글로벌 1위 전기차 제조업체인 비야디(BYD)도 작년에 판매 법인을 설립했으니 곧 매력 있는 전기차를 내놓을 겁니다. 중국 브랜드가 가격도 저렴하니 국내 로우엔드(low-end) 시장에서 충분히 경쟁할 수 있다고 봅니다. 중국이나 멕시코 등에서 만들어 원가 경쟁력을 갖춘 선진국 브랜드의 모델들도 활발히 들어오지 않을까요? 여전히 국내 수입차시장은 추가 성장여력이 충분하다고 봅니다.

이런 수입차는 개방 이후 과연 국내 경제와 자동차시장에 얼마나 도움이 되었을까? 개방경제의 특징이 그러하듯 수입차는 지난 30년간 국내 자동차산업과 시장에 많은 긍정적 충격을 준 게 사실이다. 개방 이후 1990년대 중반까지의 개척기에는 국산차와는 현격히 다른 수준의 품질과 고객서비스, 마케팅 기법들을 보여주었다. 외환위기 이후 2000년대 초부터 시작된 회복기에는 기아차를 인수한 현대차그룹의 독주로 국내 경쟁이 감소했다. 이 시기에 수입차는 제한된 국내 모델을 택할 수밖에 없던 소비자들에게 다양한 비교와 선택의 즐거움을 선사했다. 2000년대 중반 이후 도약기에는 한층 다양해진 모델들과 풍성해진 마케팅 활동으로 국내 소비자들의 라이프스타일 업그레이드와 자동차문화 발달에 기여하고 있다.

최근 한미FTA 재협상에서 자동차가 핵심이었듯, 자동차 수출은 높은 부가가치와 파급효과로 인해 그 나라 산업에 지대한 영향을 미친다. 따라서 국내시장에서 수입차 판매 증대는 해당 수출국가와의 통상마찰을 해소하는데 크게 기여해온 것 또한 사실이다. 이제 성숙기에 접어든 국내 자동차시장은 승용, 상용 합쳐 연간 180만 대 내외에서 정체가 예상되고 있다. 앞으로 수입차가 국내 브랜드들과의 힘겨운 제로섬 경쟁을 이겨내고 더 성장하기 위해서는 무엇을 어떻게 더 다르게 해야 할까?

정재희 지난 30년을 그렇게 세 단계로 구분해서 얘기할 수 있죠. 2017년 수입차 판매는 22만5000대로 2015년 24만4000대보다 다소 감소했습니다. 디젤게이트로 인해 폭스바겐과 아우디의 판매가 극히 저조했던 원인이 컸죠. 하지만 그 외 대다수 수입브랜드의 판매는 오히려 늘었다는 게 중요합니다. 잠시 주춤한 이 시기가 제2의 도약을 위한 조정기이자 성장통이라고 봅니다. 한 단계 더 성장하기 위해 수입차협회는 기술 포럼이나 각종 채널을 통해 세계 자동차시장 정보와 기술 트렌드를 적극적으로 소개할 계획을 갖고 있습니다. 국내시장과 고객들이 자동차에 대한 지식과 안목을 높이는데 수입차가 기여했다고 봐주셨으면 하는 바람이죠. 그동안 제품 이외의 여러 정치적, 사회적 이슈로 인해 수입차에 대한 인식이 나빠지곤 했던 뼈아픈 경험이 앞으로는 없기를 바라기 때문입니다. 당장은 시장과 고객들의 기대수준이 많이 높아져 회원사들에게 부담이 될 수도 있지만 오히려 수입차업계가 더 발전할 수 있는 좋은 자극이 될 겁니다.

수입차협회는 회원사들에게 강한 드라이브를 걸며 방향을 주도하는 조직이 아니라 회원사들의 느슨한 연대로 움직인다는 느낌이다. 그래도 회장으로서 정 회장은 회원사들이 담당해야 할 부분에 대해서 진지하게 얘기를 풀어나갔다. 각 회원사들에게 부탁하고 싶은 게 많은 듯했다.

정재희 각 브랜드가 나름대로의 여러 마케팅 활동을 통해 이미지 빌딩(image building)을 하는 것이 중요합니다. 하지만 시장의 니즈를 정확히 파악하고 그에 맞는 제품을 선별해서 경쟁력 있는 가격으로 시장에 내놓는 게 정말 중요하죠. 너무나 당연한 말이지만 이런 기본을 한층 더 단단히 하는 게 멀리 가기 위해서는 꼭 필요합니다. 그리고 기업의 사회적 책임이라는 것도 꼭 자동차업체에만 적용되는 게 아니죠. 일반적으로 기업이 돈을 벌어 적절하게 사회에 환원해야 그 나라의 경제성장, 일자리, 복지 등이 정상적으로 돌아갑니다. 다행히 상대적으로 판매 규모가 큰 회원사들이 솔선수범해서 공익재단 설립, 사회단체 지원, 장학사업 등을 활발히 진행하고 있습니다. 중소 브랜드도 규모는 작아도 여러 공익분야에서 다들 열심히 하고 있어 감사하게 생각하고 있습니다. 이렇게 각 브랜드가 제대로 준비된 제품을 내놓고 소비자들에게 자기만의 독특한 느낌과 이미지로 다가가는 선의의 경쟁을 더 열심히 해야 합니다. 그래야 전체 수입차시장도 계속 커질 수 있으니까요. 국내 브랜드들과는 뭐라도 다르게 열심히 하는 게 필요합니다.

여기서 하나 짚고 넘어가고 싶은 게 우리가 무심히 쓰고 있는 수입차라는 단어의 정의다. '어디든 최적의 장소에서 만들고 최적의 시장에서 판다'(Manufacture and Sell Anywhere Proper)라는 글로벌 개방경제의 원칙에 따라 자동차의 생산지, 판매처가 마구 뒤섞이면서 수입차의 정의가 모호해졌기 때문이다. 한국GM이 한국에서 만들어 파는 쉐보레(Chevrolet) 제품은 미국 브랜드의 국산차가 된다. 그러면 한국GM이 수입해서 판매하는 임팔라(Impala)와 볼트(Volt)는 어떨까? 르노삼성이 수입해서 자기 브랜드로 파는 QM3는 수입차가 아닐까? 현대차가 미국에서 만드는 쏘나타를 국내에 들여온다면 국산차일까?

사실 소비자 입장에서는 어디에서 만들어졌는가는 그리 중요하지 않고 차 자체의 품질과 디자인, 구매조건 등이 더 중요할 것이다. 그러나 현재 자국시장 내 국산차와 수입차의 공식 판매통계를 따로 발표하는 나라는 전 세계에서 일본과 한국뿐이다. 국산차 통계는 한국자동차산업협회(KAMA)에서 집계하고 수입차 통계는 수입차협회(KAIDA)에서 별도로 집계해 발표하기 때문이다(참고로 임팔라와 볼트, QM3는 KAMA의 통계에 속해 있다). 국내외를 엄격히 구분해서 생각하는 폐쇄경제 시절의 유물로 보인다. 이러면 통계에 따라서는 수입차 판매대수가 중복 계산되기도 하고 결국 소비자에게 부정확한 정보가 전달될 수밖에 없다. 소비자 입장에서 KAMA와 KAIDA 통계를 합쳐 하나의 통일된 수치를 발표할 수는 없는 것일까?

정재희 충분히 공감합니다. 소비자 입장에서 보면 불필요한 혼란이 있을 수 있습니다. 국내 브랜드들이 수입해서 판매하는 모델들도 당연히 법적으로는 수입차입니다. 시장에 충분한 정보를 주지 않으면 소비자들은 모를 수밖에 없죠. 어차피 국산차와 수입차가 어떻게 정의되든 국내시장에서 서로 뒤섞여 경쟁하는 트렌드는 더 강해질 겁니다. 따라서 모든 브랜드가 단일 시장통계로 소비자에게 전달되는 것이 진정한 개방경제의 시작이라 할 수 있죠. 이 문제에 대해 아직 KAMA와 얘기하고 있지는 않지만 향후 충분히 논의해야 한다고 봅니다.

이야기는 자연스레 폭스바겐과 아우디에서 시작된 디젤게이트가 국내 수입차시장에 끼친 충격과 영향으로 흘러갔다. 수입차업계에서는 1997년의 외환위기와 2008년의 금융위기, 그리고 2015년 발발한 디젤게이트를 전체시장의 구조와 지형을 바꾸어놓은 3대 사건으로 간주하고 있다. 민감한 사안이기는 하나 전체 수입차 브랜드를 대표하는 입장에서 정 대표는 어떤 생각을 하고 있을까?

정재희 정말 엄청난 충격이었죠. 앞선 두 번의 위기도 충격은 컸지만 기본적으로 수입차업계 외부의 요인에 의한 것이었으니까요. 이번 디젤게이트는 자동차 제조업체가 시장을 속이려 했다는 면에서 발생해서는 안 될 부도덕한 일이었습니다. 해당 브랜드가 모든 법적 윤리적 책임을 지고 사후처리까지 포함해서 소비자 신뢰를 회복하기 위해 끝없이 노력해야 합니다. 개별 브랜드 이슈라 협회 차원에서는 사태 해결과정에 관여하고 있지 않습니다. 이런 불행한 사태에도 불구하고 전체 수입차시장의 감소폭은 그리 크지 않았기에 다행으로 생각합니다. 그러나 이번 디젤게이트를 계기로 소비자의 선택에 큰 변화가 감지되고 있습니다. 디젤엔진의 판매 비중이 전성기의 70%에서 50% 정도로 급락했습니다. 대신 하이브리드와 다운사이징된 가솔린엔진 차량은 판매가 상승하고 있고요. 디젤엔진 차량의 가격이 오른 것도 아니고 주유소의 디젤 가격이 비싸진 것도 아닙니다. 폭스바겐과 아우디가 판매를 못했다 해도 다른 수입 브랜드들은 디젤엔진 차량들을 많이 팔고 있고요. 결론적으로 이번 사태를 계기로 디젤엔진에 대한 부정적 인식이 시장에서 높아진 때문이라 생각됩니다. 디젤엔진이 갖고 있는 많은 장점을 고려하면 안타깝습니다. 시장의 선택이니 존중하고 따를 수밖에 없긴 하죠.

어쩌면 디젤엔진의 입장에서 보면 상당히 억울할 수도 있다. 1990년대 이후 20년 가까이 지구환경의 주요 이슈는 온난화였다. 이때는 온난화의 주범으로 알려진 탄소와 수소를 많이 배출하는 가솔린엔진이 많은 비난을 받았다. 이에 비해 탄소와 수소를 거의 배출하지 않는 디젤엔진은 높은 연비와 함께 친환경 엔진으로 각광받았다(필자가 2011년에 구입한 디젤엔진 SUV의 운전석 왼편 위쪽에 친환경차 스티커가 붙어 있다. 공영주차장과 터널 통과 시 요금감면의 즐거움이 쏠쏠하다). 그러나 지구온난화 이슈가 진위 논란과 함께 잠잠해지자 최근 수년 간 미세먼지가 새로운 환경 이슈로 떠올랐다. 그러자 흔히 매연이라 부르는 미세입자 물질과 질소산화물을 많이 배출하는 디젤엔진이 갑자기 환경오염의 주범처럼 다루어지기 시작했다. 시커먼 매연이 주는 시각적 효과에 놀란 소비자와 환경단체들이 민감하게 반응했고 각국 정부들은 디젤엔진의 배기가스 규제치를 급격히 올리기 시작했다. 그동안 디젤엔진 승용차와 SUV 판매로 시장을 주도하던 독일 브랜드들이 급변하는 시장 환경을 따라가다가 기술적 한계와 원가 압력에 짓눌려 악마의 유혹에 빠졌다. 엔진성능 조작과 인증서류 위조의 부정행위로 인한 디젤게이트는 디젤엔진에 대한 부정적 인식을 더욱 가속화시키는 결과를 가져왔다. 전체 미세먼지 중에 자동차의 디젤엔진이 차지하는 비중은 지금도 논란이 되고 있다(국립환경과학원의 2012년 통계에 따르면 국내에서 배출되는 미세먼지의 65%는 제조업 현장에서 발생된다. 자동차에서 배출하는 미세먼지는 11%에 불과하다. 그리고 자동차에서 발생되는 미세먼지의 68%는 버스, 트럭 같은 디젤엔진 상용차다).

정재희 좀 더 세밀한 논의가 필요합니다. 사회 정치적인 흐름이 바뀌고 있는데 일부 브랜드의 좋지 않은 사건으로 디젤엔진이 휘말린 측면이 분명히 있습니다. 그 결과 국내 디젤엔진 인증이 시간과 비용 측면에서 상당히 어려워지고 있습니다. 배출가스 기준도 유로(Euro) 6C로 매우 엄격해지고 있어 향후 디젤엔진 차량의 가격이 올라갈 가능성이 높습니다. 사실 시장에서 디젤엔진의 효율적 연비와 강한 토크를 선호하는 수요는 여전히 강하게 남아 있죠. 미래 모빌리티의 개발 방향에 있어 전기차, 하이브리드, 수소연료전지차 등이 많이 이야기되고 있습니다. 하지만 어느 게 맞는지는 여전히 안개 속입니다. 상대적으로 전기차가 많은 관심을 받고 있고 전기차 모델들도 경쟁적으로 시장에 쏟아져 나오기는 하죠. 하지만 전기가 얼마나 환경친화적으로 만들어지고 있는가에 대해서는 관심이 덜합니다. 전기도 친환경 신재생에너지로 만들면 가격이 올라갈 수 있습니다. 현재 정부보조에 의해 전기차 가격과 충전 전기료가 인위적으로 저렴하게 유지되고 있는데요. 향후 전기차가 연 수십만 대씩 대량으로 보급되면 정부가 계속 지금같은 수준으로 보조할 수는 없을 겁니다. 특정 소비계층에 대한 특혜라는 일반 납세자의 저항이 커질 테니까요. 가솔린과 디젤 판매에 부과되는 세수도 대폭 감소할 겁니다. 이런 걸 정부가 감당해내기 어려울 겁니다. 충전설비 투자나 폐차 시 배터리의 중금속 처리도 큰 문제가 될 것이고요. 전기차가 운행거리나 충전시간 등의 기술적 난제들을 극복해간다 해도 이런 다양한 정치 사회적 이슈들로 인해 지속가능한 대안이 될 수 있을지 아직 불투명합니다. 그래서 수입차협회에서 2017년 11월 국제기술포럼을 열어 디젤엔진의 미래에 대해 심도 있게 논의했습니다. 디젤엔진의 많은 장점과 확실한 대안 부재로 인해 향후 상당기간 동안 디젤엔진 포기는 힘들다는 게 결론이었습니다. 솔직히 소비자 입장에서는 환경 측면보다는 유지비나 현장에서의 구매조건이 더 중요하지 않을까요? 향후 국내에서 디젤엔진 수입차의 판매 추이가 어떻게 될지는 좀 더 두고 봐야 합니다.

국내에서 디젤은 산업용이라는 인식이 견고하기에 오랫동안 정부는 세금정책을 통해 디젤 가격을 가솔린보다 싸게 만들어놓고 있다. 게다가 수입차업계에서는 마케팅을 위해 디젤엔진 차량 가격을 동급의 가솔린엔진 차량보다 저렴하게 책정해왔다. 디젤엔진이 좀 시끄럽기는 해도 연비까지 좋다보니 그동안 많은 인기를 끌었다. 미국과 유럽에서는 디젤엔진 차량이 동급의 가솔린엔진 차량보다 비싸고 디젤 가격도 가솔린보다 높다. 하지만 그런 선진국 시장에서 디젤엔진 차량들은 꾸준히 잘 팔리고 있다. 디젤엔진의 장점을 선호하는 시장 세그멘트가 강하게 유지되고 있는 탓이다.

국내에서도 향후 배출가스 규제치를 맞추느라 차량가격이 올라가도 디젤엔진 차량에 대한 일정수요는 견고하게 유지될 것으로 보인다. 최근 수년 사이 유럽(EU)내 각국 정부가 내연기관 퇴출에 대한 중장기 청사진을 발표하고 있다. 하지만 자국 내 자동차산업의 위축과 대량실업으로 이어질 수 있어 다분히 친환경 명분을 위한 정치적 구호로 보이며 실현 가능성은 불투명하다.

이제 수입차업계의 오랜 숙제인 애프터서비스 문제에 대해 묻지 않을 수 없다. 필자도 현장에서 겪고 있는 문제라 질문이 다소 강하게 들어갔다. 정 대표의 말이 한층 조심스러워졌다.

정재희 회원사별로 처한 상황이 다르고 여러 요인이 섞여 있어 제가 언급하는 게 적절한지 모르겠습니다. 사실 수리비와 부품값, 처리시간 등 애프터서비스의 많은 문제를 한 번에 해결할 수 있는 묘안은 없습니다. 아쉽게도 협회 차원에서 딱히 할 수 있는 게 없어요. 그래도 해결 방향을 찾자면 보유비용(Cost of ownership)의 절감과 접근 편리성(Accessibility) 향상입니다. 모든 수입차 브랜드도 이를 확실하게 숙지하고 있죠. 각 브랜드별로 프로세스 단순화, 정비망 확대, 수리비 인하 등에 경쟁적으로 나서고 있습니다. 수입차시장 초기에 막대한 고정투자의 부담을 판매물량이 커버해주지 못해 애프터서비스 비용으로 적자보전을 하던 시대는 지나고 있습니다. 이제 누적 판매대수가 충분하니 오히려 애프터서비스 비용을 낮추어 판매 증대를 유인하는 골든크로스(golden cross)의 시기가 왔다고 봅니다. 사실 지난 수년간 각 브랜드들이 애프터서비스 시설을 확충하면서도 부품값과 수리비를 경쟁적으로 계속 낮춰 왔습니다. 국내 브랜드들과는 아직 판매와 누적대수에서 큰 차이가 있어 아무래도 수리비가 더 많이 나올 수밖에 없죠. 대신 친절한 응대, 쾌적하고 고급스러운 정비시설, SNS를 통한 퍼스널 케어 등 차별화된 고객서비스의 가치를 감안해주시길 바랍니다. 국산 브랜드에 비해 수입차 타는 고객들의 기대 수준이 훨씬 높은 것도 잘 인지하고 있습니다. 모든 회원사가 이 문제 해결을 위해 같은 방향을 향하고 있습니다. 시간이 좀 더 필요하다고 봅니다.

정재희 회장의 3회 연임은 수입차업계 최초이자 앞으로도 나오기 힘든 기록이다. 포드코리아 대표와 수입차협회장을 겸임하는 게 부담이 되지는 않았을까? 또는 이해 상충의 문제로 회원사 대표들과 껄끄러워진 적은 없을까?

정재희 뭐 특별히 힘든 건 없습니다. 협회가 이익단체가 아니니 포드코리아와의 이해관계 충돌도 없고요. 회원사도 다들 잘 따라주고 열심히 도와줍니다. 선출직이기는 해도 무보수 명예직이라 솔직히 큰 부담도 없네요. 그래도 협회가 잘 운영되어야 국내 자동차산업도 그만큼 발전한다는 생각에 열심히 챙겨보고 있습니다.

농담처럼 이야기하지만 전체 수입차시장의 도약기를 이끌어오면서 지난 수년 간 포드코리아의 힘찬 성장도 함께 이루어냈다는 자신감이 느껴진다. 사실 수입차 개방 이후 1990년대 중반까지 포드는 기아 브랜드로 판매한 세이블(Sable)을 포함해 수입차업계 선두였다. 이후 일본차와 독일차에 밀리며 상당히 힘든 시기를 보냈지만, 지난 2년간 연 1만대 이상을 판매해 수입차 판매순위 5위를 유지하며 미국차를 대표하는 브랜드로 인지도가 상승하고 있다. 그러나 자동차왕 헨리 포드(Henry Ford)로 대표되는 오랜 전통과 기술적 리더십에도 불구하고 아직 포드의 뚜렷한 특징이나 이미지가 떠오르지 않는다. 포드는 과연 어떤 철학과 이미지로 국내 소비자들에게 다가가고 있을까?

정재희 최근 들어 많은 분들이 포드를 사랑해주시니 참 감사하죠. 그동안 제품 라인업과 디자인에서 미국차의 특성을 알리기 위해 많은 투자를 했습니다. 포드만의 이미지 빌딩에도 노력했고요. 다행히 시장에서 다운사이징한 에코부스트 엔진이 좋은 연비와 성능으로 인기를 얻었습니다. 업계 최초로 5년/10만 km로 보증기간을 연장한 것도 크게 도움이 되었다고 봅니다. 2012년 한미FTA를 계기로 차종 확대, 복수 딜러제 도입, 애프터서비스망 확충, 부품값 인하 등에 과감하게 선투자한 결과이기도 합니다. 당시 연 3000대밖에 팔지 못하던 상황이라 쉽지 않은 결정이었습니다. 가능성만 가지고 본사를 설득하는 것도

1925년 '자동차의 대중화'를 선언한 포드 광고 이미지
(출처: 헨리 포드 박물관 홈페이지)

쉽지 않았죠. 이제 판매대수는 많이 올라왔지만 아직 익스플로러(Explorer)와 머스탱(Mustang)에 집중된 판매믹스 등 여러 문제가 남아 있어 고민입니다.

20세기 들어 세계 자동차산업을 주도하며 지금까지 이어져 온 헨리 포드의 경영 철학은 누구나 자동차를 탈 수 있게 하겠다는 것이었습니다. 1925년 1월 새터데이 이브닝 포스트(Saturday Evening Post)에 게재한 광고에 'Opening the Highway for All Mankind'라고 적혀 있습니다. 당시로서는 획기적인 자동차의 대중화 선언이었죠. 자동차가 소수 부유층의 기호품에서 일반 대중들의 일상용품으로 바뀌는 거대한 흐름을 선도하겠다는 자부심의 표현이기도 했고요. 자동차업계 최초로 컨베이어 생산 방식을 도입하여 생산원가와 판매가격을 혁명적으로 낮추었기

링컨 컨티넨탈

에 가능했던 일이었습니다. 이렇게 포드는 창사 이래 변함없이 가성비 원칙과 고급 기능들을 저가차에도 아낌없이 집어넣어 누구나 누리게 한다는 기술의 민주화(Democracy of Technology) 원칙에 집중해왔습니다. 이런 포드의 전통과 철학을 보다 많은 사람들에게 알리기 위해 파워블로거들과의 월드 포드 투어(World Ford Tour) 등 소비자들의 감성에 호소하는 노력을 좀 더 활발히 펼쳐갈 계획입니다.

얘기가 나온 김에 최근 포드 상승세의 한 축을 담당하는 링컨(Lincoln) 브랜드에 대해서도 짚어보기로 했다. 1990년대부터 포드는 미국시장에서 일본차와 한국차에 밀리자 구조조정에 집중하면서 자신감을 상실했다. 100년 넘게 미국을 대표하는 럭셔리 브랜드였던 링컨은 구석으로 밀렸다. 적정투자가 되지 않으면서 럭셔리가 무엇인지 잊어버렸다는 언론의 비아냥까지 들어야 했다. 하지만 최근 들어 링컨이 부활하여 시장의 관심을 끌고 있기에 그동안 어떤 일이 있었는지 궁금해졌다.

정재희 링컨이 참 어려웠죠. 회사 내부에서 생존 가능성에 대해 많은 논의가 있었습니다. 그 결과 새롭게 콘셉트를 정리해서 다시 시장에 다가가기로 결정했습니다. 타깃 소비자계층의 럭셔리 라이프사이클을 따라가며 그들의 삶 속에서 고급스러운 경험을 느끼게 하는 '조용한 럭셔리'(Quiet Luxury)로 콘셉트를 정했죠. 디자인도 일신하여 2012년부터 MK시리즈를 연속 시장에 내놓았습니다. 이번에 출시한 대형 세단 컨티넨탈(Continental)이 그 콘셉트의 완결판입니다. 알파독(Alpha Dog)을 타깃으로 고성능에 치중하고 있는 캐딜락과 달리 링컨은 안락함과 편안함을 추구합니다. 주요 경쟁상대인 유럽의 럭셔리 브랜드와 비교해 가격과 연비가 메리트인 것도 빼놓을 수 없고요. 우리의 원칙인 가성비가 럭셔리 마켓에서도 통한다고 봅니다. 컨티넨탈을 출시할 때 시장반응이 상당히 좋았는데 공급 부족으로 초반 분위기를 이어가지 못한 게 참 아쉽습니다.

지난 100여 년간 자동차는 당시 최고의 기술이 집약된 첨단 제조물이었다. 이런 자동차의 기술 진보를 따라 우리 사회의 모습과 일상생활도 놀라울 정도로 바뀌어왔다. 이제 자동차의 동력원이 내연기관에서 전기모터로 바뀌어가면서 자동차는 또 다른 100년을 준비하는 커다란 변곡점에 서 있다. 이미 시작된 4차 산업혁명시대에 자동차는 제조기술과 디자인, 소비자의 사용행태, 친환경성 등에서 혁명적인 변화를 겪을 것이다. 그렇다면 포드는 향후 전개되는 자동차의 미래(ACES; Autonomous, Connected, EV & Sharing)에 어떻게 대응하고 있을까?

정재희 세계 모든 자동차업체들이 달려들어 개발하고 있는 미래의 자동차들이 아직 실용화되지는 못하고 있죠. 현재의 준비단계에서 포드는 확실히 자동차업계를 선도하고 있습니다. 2017년 4월 미국의 시장조사업체 내비간트 리서치(Navigant Research)가 전 세계 18개 자동차업체를 대상으로 조사한 결과 포드가 자율주행차량 전략 및 실행부문에서 1위를 했으니까요. 포드 스마트모빌리티(Ford Smart Mobility)라는 콘셉트 아래 포드는 2013년부터 중형 하이브리드 퓨전(Fusion)으로 자율주행 실험을 계속해오고 있습니다. 실리콘 밸리에 설치한 포드 캠퍼스(Ford Campus)를 통해 2021년에 실질적 자율주행 최고단계인 4단계 자율주행차량을 시장에 내놓을 예정입니다. 2020년에는 20개의 다양한 전기차 모델도 출시한다고 발표했고요.

어느 자동차 브랜드라도 다들 비슷하게 이 정도의 강한 주장을 하고 있다. 이제 경쟁이 막 불붙기 시작한 단계라 누가 최종 승자가 될지는 충분한 시간이 흘러야 알 수 있다. 그러나 미래의 첨단기술을 갖고 있느냐보다 그 기술이 얼마짜리인가 하는 게 훨씬 더 중요하다. 예를 들어 내가 자율주행 기술을 100원에 개발했을 때 경쟁업체가 90원에 개발했다면 내 기술은 시장에서 퇴출될 것이다. 역사적으로 수많은 예를 보더라도 제조업체들은 원가를 맞추지 못해 무너졌지 기술이 모자라 쓰러지지는 않았기 때문이다. 제조업 원가절감의 영원한 화두는 규모의 경제다. 어렵기는 해도 기술이 뛰어나다면 단기적으로 원가를 낮출 수는 있다. 그러나 기술은 곧 평준화되기 때문에 장기적으로는 판매물량 확대가 가장 중요하다. 자체 기술이 경쟁업체들보다 딱히 더 낫다고 하기도 어려운 현대차그룹은 현재 경쟁 브랜드들과 연합하지 않고 홀로서기를 고집하고 있어 우려가 된다. 포드는 어떻게 경쟁 가능한 원가구조를 유지하고 있을까?

정재희 미래 기술만이 아니라 현재의 모든 기술에도 해당되는 원칙이죠. 수익율이 좋은 럭셔리 브랜드와는 달리 포드를 비롯한 대중 브랜드들은 영업이익률이 낮아 사실 많이 힘듭니다. 내부적으로는 원 포드(One Ford) 정책에 의해 차량 플랫폼을 단순화하고 공용화해서 원가를 낮추고 있습니다. 그래도 부족해서 경쟁업체들과 서로 연합해서 공동개발을 많이 하고 있죠. 개발비용과 리스크도 나눌 수 있고 향후 규모의 경제에 의해 생산원가도 대폭 낮출 수 있으니까요. 같이 개발하며 서로 배우는 건 좋지만 사실 서로 기술이 노출되는 위험은 감수해야 합니다. 시장에서 살아남아야 하니까요.

어느덧 인터뷰가 예정된 시간을 훌쩍 넘기고 있었다. 마무리 코멘트를 부탁했다.

　　정재희 수입차협회가 이제 성년이 되었습니다. 국내 수입차시장의 성장과 함께 국내 자동차산업에서의 위상도 많이 높아졌고요. 수입차에 대한 시장의 기대 수준도 많이 높아져 고객 서비스와 함께 사회적 책임도 커졌습니다. 이제 국내시장에 안착한 수입차는 양과 질에서 한층 향상된 제2의 도약기를 준비해야 합니다. 다음 회장이 잘 하겠죠.

　　껄껄 웃으며 일어나 악수를 청하는 정 대표는 변함없이 유쾌한 사람이었다.

자동차와 함께 일하는 것이
얼마나 큰 행운인가!

백정현 재규어랜드로버코리아 대표

© 송정남

즐겁게 일하는 사람은 당할 수 없다

자동차라는 게 아주 오지랖 넓고 터프하며 변화무쌍한 주제다. 그런 자동차와 지내온 그 오랜 시간이 늘 순조롭지는 않았을 것이다. 하지만 재규어랜드로버코리아(JLR Korea)의 백정현 대표를 오랜 시간 곁에서 지켜보면서 필자가 내린 결론은 간단했다. 백 대표에게는 진정으로 자동차를 사랑하는 마음이 있었기에 숱한 고비에도 꺾이지 않았고, 힘든 일도 즐거운 놀이로 생각하며 버텨온 것이 아닐까? 사실 필자는 백 대표가 한 번도 화를 내거나 얼굴을 찡그리는 걸 본 기억이 없다. 아주 어렵고 힘든 상황에서도 선한 눈매로 웃어가며 '자, 이제 어떡하죠?'라고 말하는 사람이다. 이런 백 대표는 필자에게 늘 의문과 부러움의 대상이었다.

백 대표는 대학 졸업 후 1990년 첫 직장으로 기아차에 부품수출 담당으로 입사했다. 그 후 30년 가까운 자동차 외길 인생을 걸어오며 마침내 수입차업계 최고경영자의 자리까지 올랐다. 2015년 수입차업계 최초의 내부승진 케이스로 화제를 모으며 재규어랜드로버코리아의 CEO로 취임한 것이다. 또한 바로 그해 연간 판매 1만 대를 돌파해 수입차업계를 놀라게 했다. 그 이후 수입차시장의 전반적인 정체에도 불구, 2016년에 1만5000대 판매를 달성하며 재규어와 랜드로버를 단숨에 수입차업계의 다크호스로 만들어놓았다. 흔치않은 급성장을 이루어낸 백 대표의 경영비결도 '즐거운 일하기'였을까?

햇살 좋은 오후, 청계천이 내려다보이는 밝은 회의실에서 백 대표와 인터뷰를 진행했다. 변함없이 조용히 웃어가며 부드러운 말투로 인터뷰에 응하는 그를 보면서 사람의 복은 타고난 사주가 아니라 자신이 풀어가는 것이라는 선친의 가르침이 떠올랐다. 백 대표의 자동차 사랑은 언제 시작되었을까?

백정현 글쎄요. 특별한 계기는 없었고 그냥 어렸을 때부터 자동차를 좋아했고 운전도 좋아했어요. 자동차가 귀하던 초등학교 시절 집에 신진 지프가 한 대 있었죠. 참 멋있고 인상적이었어요. SUV와의 인연은 이미 그때 시작됐는지도 모르죠. 우리나라 경제가 한창 성장할 때라 대학 졸업하고 오라는 곳이 여럿 있었죠. 하지만 자동차전문 기업이라고 해서 별 고민 없이 공채로 기아차에 들어갔습니다. 부침은 있었지만 30년간 계속 성장해온 자동차업계에서 제가 좋아하는 일을 쭉 해올 수 있었으니 운이 좋았다고 봅니다. 한 번 떠났던 분들이 결국 자동차로 다시 돌아오는 걸 보면 이만큼 매력적인 산업이 없는 것 같아요. 전 다시 돌아가도 자동차를 할 겁니다.

사람도 그렇지만 일도 정말 좋아하는데 이유가 있을까? 괜한 질문을 했구나 싶다. 백 대표는 1999년 기아차가 현대차에 인수된 이후에도 능력을 인정받아 현대정공과 현대차의 해외 마케팅을 맡았다. 그렇게 잘나가던 도중 2000년에 포드코리아 내 재규어랜드로버사업부의 애프터서비스 담당으로 돌연 이직했다. 당시 국내 수입차시장은 연 4000대 규모로 전체 자동차시장의 0.4%에 불과해 존재감이 미약했다. 수입차에 대한 소비자들의 부정적인 시각과 반발도 심해서 미래도 불투명하던 시기였다. 당연히 가족을 비롯한 주위의 반대가 심했을 것이다. 어째서 백 대표는 안정적인 대기업을 나와 수입차업계에 발을 들여놓았을까? 국내 수입차시장이 오늘날처럼 크게 성장할 것이라고 예상했던 것일까? 과거가 생각 나는 듯 잠시 뜸을 들이던 백 대표가 설명을 이어갔다.

백정현 세월이 참 빠르네요. 제가 기아차에서 맡았던 업무가 포드의 각 지역 조립공장에 부품을 수출하는 일이었습니다. 당연히 포드 사람들을 많이 알게 되었죠. 2000년에 포드가 랜드로버를 인수하면서 재규어와 랜드로버의 국내 판매를 포드코리아가 맡게 되었습니다. 그래서 포드가 재규어와 랜드로버의 애프터서비스 담당으로 스카우트 제의를 해왔어요. 제가 부품을 다루어봤으니 좀 하겠다 싶었던 모양이죠. 처음에는 거절했습니다. 얼마 뒤 두 번째 제안이 들어왔고 고민 끝에 수락했어요. 당연히 주위에서는 다 말렸죠. 하지만 제가 수출업무를 하면서 해외를 많이 다녀보니, 어느 나라든 소득이 올라가면 여러 나라의 다양한 자동차 브랜드들이 들어와 팔리고 있었거든요. 그래서 우리나라도 앞으로 수입차가 많이 팔릴 것 같다는 기대감이 있었어요. 그리고 젊어서인지 많은 것들이 미비한 곳에서 가능성을 보고 새롭게 도전해보고 싶더라고요. 솔직히 이만큼 수입차시장이 커질 거라고는 상상하지 못했습니다. 그때 포드코리아 내 재규어랜드로버사업부에 딱 세 명이 있었어요. 사람은 없고 일이 많다보니 저 혼자 애프터서비스 총괄을 하게 되었죠. 처음에는 정말 많이 힘들었습니다. 낮에는 고객과 딜러 업무를 보고 밤에는 영국 본사 엔지니어들과 통화하면서 기술 자료들을 붙잡고 씨름을 하면서 하나씩 익혀나갔어요. 제가 기술적인 부분을 잘 몰랐으니까요. 출근한 날에 퇴근한 적이 별로 없었어요. 고객들의 불만이 폭주하고 대응이 잘 안 될 때는 참 막막하고 후회도 여러 번 했었죠. 그저 딱 일 년만 버티자고 자신을 다독였는데 2년 정도 되니까 길이 보이기 시작하더군요. 사실 스스로 택한 길이라 창피해서 돌아갈 수도 없어 오기를 부린 게 아닌가 싶네요. 그래도 그때 익힌 실무경험이 지금껏 큰 도움이 되고 있습니다. 힘들어도 스스로 책임을 지고 처음부터 업무개발을 해 나가는 게 즐겁기도 했어요.

재규어와 랜드로버는 1987년 수입자유화 이후 글로벌 자동차 딜러였던 인치케이프(Inchcape)를 통해 각 1992년 10대, 1993년 18대가 처음으로 공식 수입 판매되었다. 그 후 영국 본사의 빈번한 경영권 교체로 국내 판매주체가 자꾸 바뀌면서 판매는 저조했다. 2008년 인도 타타그룹이 인수해 경영권이 안정되자 연간 판매가 1000대를 넘어섰지만 성장은 더뎠다. 그러나 2015년 백 대표의 취임을 계기로 급격히 성장했고, 재규어와 랜드로버의 글로벌 판매도 2017년 총 62만 대를 기록했다. 아직 경쟁 브랜드들에 비해 작은 규모이기는 하지만 타타그룹의 인수 이후 3배나 성장한 놀라운 성적이다. 회사의 성장에 경영권의 안정과 리더십이 얼마나 중요한지를 극명하게 보여주는 사례가 될 만하다. 자동차업계의 영원한 화두인 규모의 경제에서 불리한 두 브랜드가 이렇게 급성장한 이유가 무엇인지 묻지 않을 수 없었다.

백정현 판매가 저조했던 두 브랜드를 포드코리아가 맡아서 일관된 마케팅을 시작한 2000년부터 본격적인 국내 비즈니스가 시작되었다고 봐야 합니다. 저도 그때 입사했고요. 그 후 포드 본사가 어려워지면서 제대로 된 마케팅 지원과 시설투자를 하지 못했습니다. 하지만 판매는 조금씩 계속 늘더군요. 재규어와 랜드로버의 브랜드 파워가 정말 대단하다는 걸 그때 느꼈습니다. 다행히 타타그룹이 인수한 직후 들이닥친 금융위기에도 불구하고 장기적인 비전을 제시하면서 연구개발과 시설투자에 엄청난 투자를 지속했습니다. 그 노력이 2012년부터 성과를 내기 시작한 거죠. 2015년에는 연간 판매 50만 대를 돌파했고 영국 내 최대 자동차업체가 되었습니다. 지금도 매년 4조 원 가량을 지속적으로 투자하고 있습니다. 저희 같은 소규모 자동차업체로서는 대단한 규모죠. 차종이 확대되면서 보다 많은 세그멘트에 침투해 들어갈 수 있었고요. 품질이 안정되면서 소비자들의 인식도 많이 좋아졌습니다. 타타그룹은 소유와 경영을 확실히 분리했습니다. 영국 본사의 경영에 일절 간섭하지 않고 다국적 경영진을 구성해 글로벌한 안목을 갖도록 했고요. 재규어와 랜드로버의 제품 디자인과 마케팅에서 브리티시 헤리티지(British Heritage)를 온전히 보존한 게 판매 네트워크 확대와 함께 주효했다고 봅니다.

이토록 치열한 생존노력에 최근 브렉시트(Brexit)와 전 세계적인 디젤엔진 수요감소 트렌드가 찬물을 끼얹은 것은 아닐까? 재규어와 랜드로버는 전량 영국에서 만들어진다. 당연히 수출에 어려움이 있

수입차시장의 점진적인 성장을 예측하는 재규어랜드로버코리아 백정현 대표

을 수밖에 없다. 디젤엔진이 제품 라인업의 주력인 것도 문제다.

백정현 브렉시트는 영국으로부터의 수출에 악재가 될 수 있습니다. 하지만 아직 시간이 많이 남아 있어 추이를 봐야죠. 영국 정부가 유럽연합(EU)이나 다른 주요 국가들과 무역협정을 서두르고 있어 그리 큰 영향은 없을 거라고 봅니다. 다만 SUV가 전체 판매량의 70%를 차지하고 있어 우려가 됩니다. SUV 판매에서 디젤엔진이 90% 이상이다보니 시장의 디젤엔진 수요 트렌드를 주시할 수밖에 없죠. 다행히 최근 영국에서 준공된 엔진공장이 디젤엔진과 가솔린엔진을 다 생산할 수 있어 수요변화에 탄력적으로 대응할 수 있게 됐습니다. 또한 브랜드 최초의 순수전기차 I-페이스(I-PACE)에서 보듯 고급 전기차 개발과 출시를 리드하고 있습니다. 2020년까지 모든 차종 라인업에 하이브리드 친환경모델을 추가할 예정이라 충분히 보완된다고 봅니다.

백 대표는 취임 시 다양한 신모델 출시, 서비스네트워크 강화, 고객우선 철학으로 수입차시장의 게임 체인저(Game Changer)가 되겠다는 경영목표를 발표했다. 딱히 새로울 것도 없이 어느 브랜드나 비슷하게 내세우는 목표지만 그만큼 결과물을 만들어내기도 쉽지 않은 게 현실. 이제 3년이 지난 상황에서 그 목표는 어느 정도 달성되었다고 스스로 평가하고 있을까? 어차피 시간이 많이 걸리고 고객 기대수준도 자꾸 높아지는지라 앞으로 어떤 부분에 좀 더 힘을 쏟아야 할까?

백정현 지난 3년간 신차종들을 연이어 투입하면서 빠르게 성장했죠. 그에 맞추어 내부 준비도 착실히 해왔다고 자부합니다. 더 많은 고객을 만나기 위해 딜러 네트워크를 계속 늘려왔습니다. 애프터서비스 설비에도 선행투자를 지속해서 이제 26개의 전시장과 25개의 서비스 스테이션을 갖추었고요. 내년(2019년)에는 모두 30개소로 확대할 계획입니다. 그렇게 되면 완벽하지는 않지만 판매대수 대비 고객서비스 능력이 충분히 확보된다고 봅니다. 저희를 믿고 과감하게 투자해준 딜러들께 정말 감사하죠. 덕분에 2016년 한경 수입차서비스지수에서 랜드로버가 종합 1등에 오르는 영광도 누렸고요. 게임 체인저가 되겠다는 건 독일 브랜드에 쏠려 있는 수입차시장에서 영국 브랜드의 존재감을 확실하게 키우겠다는 의미입니다. 2016년에는 랜드로버로만 1만 대 판매를 돌파하는 경사를 맞았어요. 고객들이 저희가 나아가는 방향을 받아들여주시는 것 같아 정말 기뻤습니다. 소기의 성과가 있었기에 리더로서 보람도 느꼈습니다. 회사 내부도 축제 분위기였죠. 이제 시작이니 좀 더 해보자는 희망과 의지를 다질 수 있어서 참 다행으로 생각합니다. 지적대로 아직 고객만족도나 서비스의 질에서 좀 더 노력을 해야 합니다. 전시장이나 애프터서비스 설비 같은 하드웨어는 투자하면 금방 됩니다. 하지만 고객응대 매너나 정비사들의 기술역량 같은 소프트웨어는 시간이 많이 걸리니까요. 그래도 방향을 잘 잡았고 많은 성과도 있었으니 계속 밀고나갈 겁니다.

백 대표의 답변은 겸손하지만 거침이 없었다. 취임 후 많은 성과를 만들어낸 자신감이 느껴졌다. 향후 지속적인 성장을 위해 가장 필요한 것은 고객들의 마음속에 재규어와 랜드로버의 브랜드 이미지를 견고하게 심어가는 일이 될 것이다. 지방의 아파트 분양 광고에도 유러피안 고품격이라는 문구가 빠지지 않고 등장하는 게 우리나라다. 백 대표가 강조하는 브리티시 헤리티지는 유럽의 다른 프리미엄 브랜드와는 어떻게 차별화되는 것일까? 또 이런 하이엔드 콘셉트를 카탈로그의 문구를 통해서만이 아니라 실제로 고객이 느끼도록 하기 위해 어떤 노력을 기울이고 있을까?

백정현 브리티시 헤리티지의 특징은 디자인이나 스펙에서 과장이나 과시보다 조용히 절제된 고급 감성을 드러내는 것입니다. 그래서 조용한 럭셔리(Quiet Luxury) 혹은 절제된 럭셔리(Understated Luxury)라고 표현하기도 하지요. 고객들이 현장에서 이런 특징을 느낄 수 있도록 전 세계적으로 'ARCH' CI 프로그램을 시행하고 있습니다. 고객을 대하는 모든 프로세스에서 오감만족을 주기 위한 브랜드 아이덴티티 프로그램입니다. 전시장과 서비스센터 같은 시설의 색, 음악, 향기, 직원 복장과 교육 등을 통일해서 철저히 관리하고 있습니다. 분당의 정비교육센터에서도 기술교육과 함께 영국의 역사와 문화, 영국차의 특징 등을 교육하고 있습니다. 아주 반응이 좋습니다. 이런 게 다 준비가 되어야 고객들이 재규어와 랜드로버의 특성을 잘 느끼실 수 있겠죠. 요새 국내 주요 브랜드에서 전시 매장을 고급스럽게 리노베이션하면서 저희 전시장 콘셉트를 따라하고 있더군요(웃음).

지속적인 성장을 위해 차종 확대는 반드시 필요하다. 그동안 재규어와 랜드로버는 한 지붕 두 가족처럼 같은 전시장에서 판매되어왔다. 두 브랜드의 판매 차종이 늘어나면서 상대방의 세그먼트에 들어가 판매 혼란과 함께 상대방의 몫을 가져가는 제살 깎아먹기가 발생할 위험이 있다. 지금까지 재규어는 승용차, 랜드로버는 SUV만 판매했기에 한 전시장에서 서로 보완해가며 공존할 수 있었다. 그러나 재규어가 F-페이스(F-Pace)를 시작으로 소형 SUV까지 연이어 출시할 계획이라 이미 랜드로버의 영역으로 들어왔다. 랜드로버도 승용형 이보크 컨버터블을 출시했고 2019년에는 XJ 플랫폼을 활용해 로드로버(Road Rover)라는 대형 승용차를 출시한다는 보도도 있어서 이런 우려가 현실이 되고 있다. 향후 차종이 더 늘어나면 이런 겹침 현상은 더 심해질 것으로 보인다. 시장에서 두 브랜드가 어떻게 차별화되어 공존할 수 있을까?

백정현 우리에게는 매우 중요한 이슈입니다. 랜드로버의 경우 시장에서 이미 커다란 경쟁압박에 직면하고 있습니다. SUV 세그멘트가 고속 성장하다보니 이미 많은 브랜드가 뛰어들어 경쟁자 수가 크게 늘었거든요. 재규어도 판매 증대를 위해 SUV를 계속 출시하겠지만 추가적인 경쟁압력은 그리 커지지 않을 듯합니다. 랜드로버는 확고한 정통 SUV의 리딩 이미지를 유지합니다. 반면 재규어 SUV들은 승용차와의 크로스오버적인 성격을 띠면서 온로드 퍼포먼스를 강조하는 게 다릅니다. 같은 플랫폼을 사용하지만 엔진특성이나 차 높이, 서스펜션 같은 기계적 세팅도 달리하고 있고요. 시장에서 이런 차별화 콘셉트가 정착할 때까지 시간이 좀 걸리겠지만 판매 현장에서의 혼란은 별로 없을 것으로 예상합니다. 혹 약간의 간섭이 있다고 해도 두 브랜드의 차종확대는 전체 판매물량의 증대에 크게 도움이 될 겁

백 대표는 "100년도 넘은 자동차산업이 동시대의 신기술과 사회 트렌드를 빠르게 수용하며 변화해가
는 것이 흥미롭다"고 말한다

니다. 로드로버는 아직 콘셉트 단계에 있고 앞으로 많은 논의가 필요할 것으로 봅니다.

최근 디자인능력 향상과 제조기술의 고도화에 의해 대중브랜드의 자동차들이 고급화되면서 매스티지(Masstige: Mass+Prestige)라는 신조어도 생겨났다. 이에 대응해 기존 고급브랜드의 발걸음도 빨라지고 있다. 수제품 위주로 소량 생산하는 롤스로이스나 벤틀리 같은 럭셔리 브랜드는 차종확대와 함께 고성능과 하이퀄리티를 지향하여 슈퍼 럭셔리로 진화하고 있다. 공장에서 차종별로 수만 대씩 만들어내는 벤츠나 BMW 같은 프리미엄 브랜드는 기존 럭셔리 브랜드의 영역으로 들어가 프리미엄 럭셔리로 변화 중이다. 프리미엄 브랜드에 속하는 재규어와 랜드로버는 이 같은 흐름에 어떻게 대응하고 있을까?

백정현 다른 산업들과는 달리 100년도 넘은 자동차산업이 동시대의 신기술과 사회 트렌드를 빠르게 수용해가며 계속 변화해간다는 게 정말 흥미진진합니다. 랜드로버의 상급 럭셔리 브랜드인 레인지로버는 유일한 SUV 최상위 모델로 오래 군림해왔습니다. 최근 SUV 열기를 타고 롤스로이스나 람보르기니 같은 슈퍼 럭셔리 브랜드들이 앞 다투어 고성능 모델들을 출시해 시장이 커지고 경쟁도 격화되고 있습니다. 이런 하이엔드 럭셔리 시장에서 저희는 SVO(Special Vehicle Operation) 디비전으로 대응하고 있습니다. SVO 디비전에는 최상의 럭셔리를 표방하는 SV-A(Autobiography)와 최강의 퍼포먼스를 지향하는 SV-R, 그리고 최상의 오프로드 성능을 갖춘 SV-X 세 가지 제품 라인이 있습니다. 일단 기본 모델을 출시하고 시장 수요와 이미지에 맞추어 SVO 모델을 1~2년 뒤에 출시하는 전략이죠. 미리 정해진 계획대로 만들어 팔지만 고객의 기호와 라이프스타일에 맞추어 가죽재질이나 색상 등 소량 맞춤생산을 하기도 합니다. 이렇게 하면서 레인지로버와 재규어의 기본 특성과 이미지는 지켜야 하니 사실 쉬운 일은 아닙니다. 제가 영국 본사의 신제품 발표회에 갈 때마다 레인지로버의 개발담당이 말합니다. 충성고객들이 "바꾸지 말고 그냥 더 좋게 만들어라"고 요구하는 게 늘 고통스럽다고요. 국내에서 이미 레인지로버의 SV-A를 판매하고 있는데 반응이 뜨겁습니다. 그래서 올해 벨라도 SV-A를 출시할 예정이고, 재규어 F-페이스의 SV-R도 소개할 계획입니다. 워낙 고가의 특별한 차종들이라 고객들의 특성도 많이 다릅니다. 일단 서울에서 큰 전시장 세 군데를 선정해 SVO 스페셜존을 꾸밀 계획입니다. 판매와 정비를 담당하는 SVO 스페셜리스트(Specialist)도 소수 정예로 육성할 겁니다.

자동차시장에서 고급 브랜드로 지속적으로 인정받기 위해서는 매력적인 디자인과 함께 혁신적인 기술과 트렌드 세팅의 이니셔티브가 있어야 한다. ACES(Autonomous, Connected, EV & Sharing)로 요약되는 미래 자동차산업의 흐름은 모든 자동차업체들에게 큰 도전이 되고 있다. 재규어와 랜드로버는 이런 흐름에 어떻게 대응하고 있을까? 규모의 경제를 갖지 못하는 소규모 브랜드들의 경우 원가절감을 위해 외부의 큰 부품업체들에게 의지할 수밖에 없다. 따라서 이들을 어떻게 활용할 수 있는가에 따라 시장에서 성패가 갈린다. 이런 거대한 외주협력시스템을 통합하여 이끌고 가는 재규어 랜드로버의 핵심 강점은 무엇일까?

백정현 현재 자동차 제조업체들은 물론 IT업체와 시스템업체들도 모두 자율주행기술에 뛰어들어 무한경쟁을 벌이고 있습니다. 안개가 자욱해 사실 앞이 잘 보이지 않죠. 아직 시장이 본격적으로 형성되지 않았으니 승자와 패자의 구분도 어렵습니다. 재규어도 작년에 미국의 카셰어링업체 리프트(Lyft)에 지분투자를 하고 자율주행차 시험에 참여하고 있습니다. 시간이 좀 더 지나야 자동차 제조업체들이 공용으로 쓸 수 있는 저렴하고 안정된 시스템들이 선별될 겁니다. 그 단계가 되어야 저희 차종들의 개발계획도 구체화될 것 같네요. 하지만 저희는 자동차를 IT기술로 외부와 연결시켜 안전과 편의성을 극대화하는 커넥티드카(Connected Car) 분야에서 앞서가고 있습니다. 이미 내부 컨트롤 앱을 개발해 차량에 설치하고 영국에서 출시준비를 하고 있거든요. 페이팔(PayPal)과 연계해 자동결제를 하고, 더치쉘(Dutch-Shell) 주유소와 연계해 기름값도 자동으로 내고, 향후 여러 호텔이나 식당과도 연계해 자동차가 생활의 플랫폼이 되도록 만드는 겁니다. 이 플랫폼을 무료로 개방했기 때문에 앞으로 더 다양하고 많은 서비스업체들과 연결될 수 있을 것으로 기대하고 있습니다. 전기차 분야에서는 앞서 말씀드렸듯이 프리미엄 브랜드 중 최초로, 그리고 SUV 차종 중 최초로 장거리 주행용 고급 전기차 I-페이스를 출시합니다. 2020년부터 전 차종에 전기차나 하이브리드 옵션을 추가하고요. 제가 보기에도 작은 규모의 재규어랜드로버가 이렇게 연구개발을 활발히 진행해 계속 신차종을 내고 미래 트렌드에서 앞서가는 게 참 신기합니다. 아마도 자동차기술의 역사가 깊은 영국에 위치하는 메리트가 있지 않나 싶네요. 영국에는 기반기술이 우수하면서 혁신적인 부품업체들과 시스템 개발업체들이 참 많습니다. 영국 정부도 각종 산학협력을 활발하게 지원하고 있고요. 영국의 자동차 생산대수는 이제 그리 크지 않습니다. 하지만 이런 외주업체들이 강해지면서 영국의 자동차산업이 다시 부흥기를 맞이하고 있다고 봅니다. 외주업체들과 프로젝트성 협업을 활발히 하면서 전체를 통합하고 빨리 상용화시킬 수 있는 게 재규어랜드로버의 핵심 역량이라고 생각합니다.

판매대수의 꾸준한 성장에도 불구하고 국내 수입차시장은 성숙한 선진국 시장과는 아직 많이 다르다. 여전히 독일 브랜드 편중과 중대형 고급차종 판매위주의 초기시장 특성을 유지하고 있다. 주요 브랜드들의 하이엔드 고급차종 국내 판매대수는 글로벌 톱3에 들어갈 정도로 커졌다. 당연히 본사에서 한국시장에 대해 관심을 가질 수밖에 없고, 본사의 대폭적인 지원과 판매대수의 성장은 동전의 양면처럼 선순환 구조를 가져왔다. 수입차시장을 주도해온 벤츠와 BMW가 2010년에 연 1만 대 판매를 돌파하여 천정을 깨트린 것도 독일 본사의 지원이 결정적이었다. 그 이후 한국시장의 비중이 커지면서 본사의 관심과 투자가 가속화되어 급성장할 수 있었다. 최근 수 년 간의 급성장에도 불구하고 아직 재규어와 랜드로버의 글로벌 판매에서 한국시장의 비중은 그리 크지 않을 것이다. 향후 성장을 위해 영국 본사로부터 충분한 지원을 받고 있는지 궁금해졌다. 환해진 얼굴로 백 대표가 빠르게 답을 이었다.

백정현 그럼요. 한국은 전체 글로벌 판매에서 2% 정도를 차지하면서 톱10 시장에 들었습니다. 게다가 고가의 프리미엄 모델들이 많이 팔려서 본사의 많은 관심과 지원을 받고 있습니다. 차별화된 다양한 마케팅 지원을 많이 해줍니다. 예를 들어 2018년 4월에 아시아에서는 최초로 I-페이스를 한국에서 공개했죠. 세계적으로 인기 있는 차종들도 한국에 우선 배정을 해주고요. 한국시장을 위한 사양 개발에도 적극적으로 협조해줍니다. 지금 저희 차량에서 미러링 기술로 사용하는 티맵(Tmap)을 2020년부터 영국에서 차를 만들 때 빌트인(Built-in)으로 만들 예정입니다. 주행 시 휴대폰을 사용할 필요가 없는 거죠. 본사에서 받은 만큼, 아니 그 이상으로 결과를 내야 해서 고민이 되긴 합니다.

2000년대 중반 이후 지속적으로 급속 성장한 수입차시장은 이제 월 2만 대 판매를 넘어 국내 승용차시장의 15%를 차지하며 주요한 축으로 자리매김하고 있다. 지금 수입차업계가 앞으로 얼마나 더 성장할 수 있을지 의견이 분분하다. 시장이 안정화되고 성숙해지면 고객들의 다양한 라이프스타일 욕구에 힘입어 브랜드 편중 현상이 완화될 가능성이 높아진다. 앞으로 재규어와 랜드로버 같은 니치 브랜드에게는 더 큰 성장기회가 올 수 있지 않을까?

백정현 숨 가쁘게 성장해온 수입차시장이 2015년부터 성장이 둔화되고 있습니다. 수입차 인기는 변함없지만 국내 경기침체의 영향을 분명히 받고 있다고 봅니다. 하지만 누적 판매대수가 많아지면서 튜닝 같은 관련 산업을 포함해 다양한 수입차문화가 발달할 수 있는 기반은 튼튼해졌죠. 말씀처럼 이제 성장은 끝난 것이 아닌가 하는 의구심과 함께 천장이 어디냐는 말들을 많이 하고 있습니다. 분명 과거와 같은 고속성장은 기대할 수 없겠죠. 그래도 국민소득이 3만 달러를 넘어 계속 올라간다면 수입차시장도 계속 커질 거라고 봅니다. 현재는 고가 하이

재규어 브랜드 최초의 전기 SUV I-페이스

랜드로버 70주년을 기념해 2018 제네바 모터쇼에서 선보인 레인지로버 SV 쿠페

엔드 모델이 전체시장의 60~70%를 차지하고 있습니다. 앞으로
는 개성 있는 디자인의 중저가 차종들이 더 많이 팔리지 않을까
요? 중국산 차종들도 이미 저가 상용시장에 들어와 있고 판매
가 확대될 것이라 수입차시장은 계속 성장할 거라 봅니다. 지금
기준으로 봐도 국내 승용차시장의 20% 이상 성장은 가능하지
않을까요? 사실 수입차와 국산차의 구분도 모호하죠. 중국산
도 그렇지만 한국GM과 르노삼성이 수입해서 판매하는 차종들
도 한국수입차협회(KAIDA)의 통계에 빠져 있습니다. 국내시장

에서 수입차 비중 수치에 허점이 많습니다. 이미 시장에서 수입차와 국산차가 같은 세그멘트에서 경쟁을 하고 있으니 인위적으로 구분하지 말고 그냥 브랜드별 판매 통계를 내는 게 더 의미가 있다고 봅니다. 이제 주요 수입 브랜드들의 판매대수가 상당히 커졌으니까요. 그리고 브랜드 편중 현상은 그 브랜드에 대한 충성도가 높아서가 아니라 유행을 쫓아가는 소비패턴 때문이 아닐까요? 국내시장은 수요변동이 급격하고 각 브랜드의 판촉마케팅에 대한 반응이 빨라 아주 다이내믹한 시장입니다. 고객들이 여러 브랜드를 섭렵하고 있지만 그건 결국 자기의 취향을 깨달아가는 과정이라고 봅니다. 그리고 같은 브랜드의 차량들이 도로에 너무 많아지면 사람들은 좀 다른 걸 찾게 되겠죠. 따라서 조만간 편중 현상은 많이 사라질 거라 생각합니다. 재규어와 랜드로버는 대표적인 라이프스타일 니치브랜드라 앞으로 전망이 좋다고 봅니다. 디펜더(Defender)가 2019년 말에 들어오는 등 차종이 늘어나고 SUV시장의 인기도 지속될 것 같아서 연 2만 대를 넘어 추가적인 성장도 충분히 가능하다고 생각합니다.

그렇다면 현대가 출범시킨 제네시스 브랜드에 대해서는 어떻게 보고 있는지 궁금해졌다. 재규어의 승용라인과 경쟁관계에 있다고 보고 있을까? 제네시스는 소형과 중형의 SUV도 출시할 예정이라 시장에서 랜드로버와도 경쟁하게 된다.

백정현 G70의 디자인과 성능, 사양들이 참 좋더군요. 저도 현대기아차 출신이라 정말 기쁘고 축하할 일입니다. 영국 본사에서 국내시장을 연구하기 위한 벤치마킹 대상으로 쓸 정도니까요. 하지만 수입차와의 전면경쟁 선언이 역으로 국내 소비자들을 수입차 쪽으로 이동시키는 효과도 있을 수 있다고 봅니다. 제네시스의 모델들은 훌륭하지만 지속적으로 의미 있는 성장을 위해서는 독자적인 네트워크와 프리미엄 서비스, 그리고 무엇보다 헤리티지가 있어야 합니다. 당연히 시간이 걸리고 그런 걸 만들어가는 브랜드와 마케팅 전략이 중요하겠지요.

수입차시장 성장에 따라 주요 브랜드 수입법인들의 매출과 수익도 대폭 신장되고 있는 중이다. 본사로의 과다배당 이슈에 사회적 관심이 쏠릴 정도로 실적이 좋아지고 있다. 그에 반해 많은 딜러들이 판매 증대에도 불구하고 여전히 수익성 악화를 호소하고 있다. 실제 현장에서는 딜러십의 경영권 변동이 빈번하게 일어난다. 수입법인과 딜러는 판매와 고객서비스의 양 날개와 같다. 수입법인도 애를 썼지만 딜러들의 과감한 투자와 헌신적인 노력이 있었기에 수입차시장이 급성장할 수 있었다. 하지만 브랜드별로 차이가 있다 해도 현장에서는 수입차시장 성장의 과실을 수입법인들이 다 가져간다는 불만이 여전히 크다. 재규어랜드로버의 딜러들은 수입법인과의 관계에 만족하고 있을까? 재규어랜드로버는 딜러들을 성장시키기 위해 어떤 계획을 갖고 있을까? 민감한 이슈이기 때문일까? 질문지를 미리 받았음에도 잠시 생각에 빠졌던 백 대표가 조심스레 입을 열었다.

백정현 저희가 이만큼 성장한 것은 모두 딜러들이 적극적으로 투자해주고 서비스개선 노력을 해주었기 때문입니다. 매우 감사해하고 있습니다. 우리는 딜러와의 관계를 갑과 을이 아니라 사업 파트너로 생각하고 있습니다. 그분들의 수익성을 우리의 핵심경영지표(KPI: Key Performance Index) 중 하나로 정해 자주 들여다보고 있습니다. 딜러의 수익성이 좋아야 서비스가 좋아지니까요. 특히 저희 같은 프리미엄 브랜드는 판매와 정비 현장에서 서비스의 질이 매우 중요합니다. 우리나라에서 딜러시스템은 수입차와 함께 본격적으로 시작되어 아직 역사가 짧습니다. 지금은 딜러들이 신차판매에서 주로 수익을 내고 있어요. 하지만 앞으로는 정비와 금융서비스, 중고차사업 등으로 수익모델을 다변화할 필요가 있습니다. 몇 년 전 인증중고차 사업에 강하게 드라이브를 걸었을 때 여러 딜러들이 주저했죠. 이제는 전국에 12개 사업장이 생길 정도로 좋은 비즈니스가 되고 있습니다. 새로운 지역에 전시장을 낼 때도 인근 지역의 기존 딜러에게 우선권을 주고 있습니다. 정비설비도 공유할 수 있어 원가도 절감됩니다. 이해관계가 늘 같을 수는 없기에 여러 가지 불만이 생길 수 있다는 점은 잘 이해하고 있습니다. 그래도 늘 관계를 돈독하게 유지하기 위해 애를 쓰고 있다는 점을 알아주면 좋겠습니다. 이렇게 말씀드리면 너무 염치가 없나요(웃음)?

30년의 세월을 견딘 수입차는 이제는 더 이상 아웃사이더가 아니라 생활의 친숙한 일부가 되었다. 자동차시장에서도 트렌드세터로서 상당한 영향력을 발휘하고 있다. 특히 자동차의 생산과 소비라는 산업적 틀을 벗어나 소비자를 존중하고, 자동차를 통한 삶의 즐거움과 라이프스타일의 향상이라는 자동차문화의 도입과 증진에 수입차는 지대한 공헌을 해왔다. 이제 사회의 책임 있는 리더 그룹으로 성장한 수입차업계는 지속적인 성장을 위해 훌륭한 기업 시민의 역할에 대해 진지하게 고민해야 하는 시기가 되었다. 지금 재규어랜드로버코리아는 어떤 사회봉사 활동을 하고 있으며 향후 어떤 것들을 계획하고 있을까?

백정현 많은 분들의 도움으로 이제 저희도 연 매출 1조 원 규모로 커졌습니다. 이만큼 성장할 수 있는 기반을 제공해준 한국사회에 감사하는 마음으로 뭔가 기여하고 봉사해야 한다는 걸 잘 알고 있습니다. 단 우리의 기준은 남들이 하는 걸 따라하는 게 아닙니다. 작은 거라도 우리가 잘할 수 있는 걸 꾸준히 해야 한다는 생각입니다. 예를 들어 올해 3년째 하고 있는 재규어 카 디자인 어워드(Jaguar Car Design Award)는 전 세계에서 유일하게 한국에서 열리고 있는 대학생들의 디자인 경연장입니다. 본사 디자인 총괄인 이안 컬럼(Ian Callum)이 한국에 왔을 때 제가 건의해서 만들어졌어요. 매년 재규어의 미래 디자인트렌드에 대해 대학생들의 스케치를 받아 영국 본사로 보내 심사합니다. 이안 컬럼이 서울에서 열리는 시상식에 매년 참가해서 당선작에 대해 평가하고 학생들과 디자인에 대해 의견을 나누죠. 수상자 10명에게는 장학금을 줍니다. 1위부터 3위까지는 본사 디자인센터에서 연수를 받게 해주고 영국 디자인스쿨에서의 학업도 지원해줍니다. 향후 본인이 원하면 본사 디자인센터 취업도 적극 지원할 계획입니다. 청년들이 국내에만 머물지 말고 글로벌 잡마켓으로 나가야 하니까요. 자동차 교통안전 캠페인도 꾸준히 하고 있습니다. 대한적십자사에 재난구호차량도 기증하고 있어요. 자연보호나 장애우 지원 등 추가 아이디어도 개발 중입니다. 좋은 아이디어 있으면 귀띔해주세요(웃음).

이렇게 열심히 일해온 사람들의 공통점은 일과 가정의 라이프밸런스가 상당히 기울어져 있다는 점이다. 한국경제의 고도 성장기를 지나왔기에 일 욕심 많은 사람이라면 피해가기 어려웠던 이유도 있다. 그래도 오랜 시간동안 가족의 불만이나 개인적 삶에 대한 욕구를 어떻게 처리해왔는지 묻지 않을 수 없었다.

백정현 당연히 라이프밸런스는 좋지 않죠. 바쁘게 살았지만 제 개인적으로는 자동차를 좋아하니까 별로 스트레스 없이 즐겁게 지내온 것 같아요. 일이 있으면 늦게라도 끝내고 집으로 가는 게 스트레스를 덜 받았습니다. 별다른 취미도 없어요. 가족에게는 많이 미안하죠. 해외 출장이 많아서 같이 지낸 시간도 얼마 되지 않습니다. 자잘한 가족 이벤트에도 그다지 참여하지 못했어요. 그래도 저보고 건강하게 열심히 살아왔다고 식구들이 인정해주니 고맙죠. 두 아들하고 몇 년 전에 사회인야구대회에 나가서 같이 몸을 비비고 지냈던 게 많이 친해지는 계기가 된 것 같습니다. 그나마 다행이죠. 그래서 저희 직원들의 라이프밸런스에 대해 관심이 많습니다. 하지만 회사가 워낙 급성장 중이라 내부 프로세스도 개선해야 하고 프로젝트도 많아서 다들 일이 많아요.

늘 미안하게 생각하고 있습니다. 계속 개선방안을 찾아보고 있습니다.

백 대표에게 자동차는 어떤 존재로 느껴질까? 학교를 졸업하며 자동차 관련 커리어에 관심이 있는 후배들에게는 어떤 조언을 해주고 싶을까? 백 대표가 다시 환하게 웃었다.

백정현 30년간 함께 한 자동차는 저에게 일이자 취미이고 삶 그 자체입니다. 이제는 자동차가 공산품이 아니라 하나의 생명체로 느껴져요. 항상 움직이고 변화하고 때론 말썽도 피우는 존재로 말이죠. 그래서 신차가 나올 때마다 새로운 생명을 대하듯 설레고 많은 기대와 함께 잘 커나갈지 걱정도 됩니다. 마치 자식 같다고 할까요. 자동차는 늘 옆에 있었지만 경쟁을 통해 항상 새롭게 변화해가니 참 익사이팅하고 매력적이죠. 매너리즘에 빠질 수가 없어요. 화려하고 스케일도 있으면서 사람들에게 실질적인 도움도 많이 줍니다. 그래서 직원들에게 자동차업계에서 일하는 게 얼마나 큰 행운이냐고 늘 강조합니다. 후배들에게도 망설이지 말고 자동차업계로 오라고 말합니다. 형태와 방법은 바뀔지라도 늘 성장하는 산업이니 앞으로도 많은 기회가 있을 테니까요. 글로벌로 나아갈 기회도 상대적으로 많아요. 끝으로 처음부터 다 갖춰진 곳을 찾지 말고, 고생하더라도 같이 성장하면서 성취감을 느낄 수 있는 곳에서 시작하라고 말하고 싶네요. 리스크가 있더라도 가능성을 보고 가는 삶이 더 보람이 있으니까요.

백 대표에게 자동차는 애인 같은 존재인가보다. 늘 새로운 사랑을 맞이하며 아름다운 꿈을 꾸기에 좌절의 시간도 그에게는 멋진 추억으로 남았을 것이다. 긍정의 마음이 만드는 추억의 힘(Power Of Memories). 인터뷰를 끝내며 필자의 머릿속에 떠올랐던 말이다.

캐딜락, 올드보이의 아름다운 도전

김영식 캐딜락코리아 대표

언더독 효과(Underdog Effect)

경쟁에서 약자가 상황을 역전시키기 위해 처절한 노력을 하면 사람들이 자연스레 응원하고, 약자가 강자를 이기는 모습에 감동을 받는 사회적 현상을 이르는 말이다. 캐딜락(Cadillac)의 과거와 현재 행보에 잘 어울리는 말이 아닐 수 없다.

자동차산업 초기인 1902년에 태어나 처음부터 혁신적인 디자인과 선도적인 기술로 프리미엄을 지향한 자동차 브랜드, 오랜 시간동안 자유롭고 풍요로운 미국문화의 상징으로 군림해온 브랜드가 바로 캐딜락이다. 역대 미국 대통령들의 공식 의전차량이고 국내에서도 이승만, 박정희 전 대통령이 애용하여 '대통령의 차'(Presidential Car)로 잘 알려져 있다. 특히 미국이 제2차 세계대전 이후 1960년대까지 세계 유일의 강대국으로 경제, 사회, 문화 등 모든 면에서 최고의 전성기를 누린 황금시대에, 캐딜락은 롤스로이스에 버금가는 최고의 자동차 브랜드로서 부와 명예의 상징이었다. 미국의 장례차량들이 예외 없이 캐딜락으로 바뀐 이유다. 가난한 사람들도 죽어서 땅에 묻히기 전에 평생 그리던 캐딜락을 한번 타보고 싶어 했기 때문이다.

비행기 꼬리 같은 테일 핀(tail fin)의 화려한 디자인, 큰 차체, 대배기량 엔진을 자랑하던 캐딜락은 1970년대 석유파동 이후 미국경제의 쇠락과 함께 무너졌고, 제품전략 실패와 브랜드 정체성 혼란으로 1990년대까지 '할아버지들의 바퀴 달린 소파'라는 비아냥을 들을 정도로 존폐의 위기에 몰렸다. 하지만 1999년 디트로이트 모터쇼에서 '예술과 과학(Art & Science)'이라는 주제로 과감한 디자인의 이보크(Evoq) 콘셉트카를 선보이며 놀라운 변화를 선택했다. 직

이보크 콘셉트카

선 위주의 미래지향적 디자인과 날씬하고 단단한 차체, 고성능 엔진, 예리한 핸들링 등 유럽 프리미엄 브랜드들의 특성을 지닌 젊고 다이내믹한 브랜드로 환골탈태한 것이다. 판매지역도 미국에 머무르지 않고 중국과 유럽, 중동 등 주요 시장으로 진출하여 글로벌 브랜드로 변신을 개시했고, 그 결과 전 세계 50여개 국가에서 팔리고 있다. 아직 시행착오를 겪으며 연 35만 대 정도의 판매에 머물고 있지만 새로운 콘셉트의 디자인과 전략으로 기존 프리미엄 브랜드들을 긴장시키고 있는 올드보이의 아름다운 도전은 업계와 시장의 많은 관심을 끌고 있다.

국내에서 캐딜락은 수입자유화 이후 한국 인치케이프(Inchcape Korea)를 통해 1993년 첫 해 13대가 공식 판매됐다. 이후 캐딜락은 계속적으로 판매부진에 시달렸고, 1997년 외환위기로 철수했다가 1999년 GM코리아(지금의 한국GM이 아닌 별도 수입판매법인)를 세워 재진입했다. 그러나 2000년대 들어 급성장한 수입차시장의 트렌드를 따라가지 못하고 계속 연간 300대 내외의 판매에 머물렀다. 병행 판매하던 사브(SAAB)가 철수한 2008년 이후 판매력을 집중하여 연 700~800대 수준으로 반짝 올랐지만, 새로운 모델들의 투입에도 불구하고 몇 년 후 다시 주저앉고 말았다.

그러던 캐딜락이 2016년에 1100대를 판매하더니 2017년에는 2000대를 돌파하여 무려 82%의 판매성장률을 기록했다. 이 기록은 고속성장 이후 숨 고르기에 들어갔던 국내 수입차시장에서 최고의 성장기록이다. 또한 미국을 포함한 전 세계 주요 캐딜락 판매시장 중 성장률 1위로, 한국이 순식간에 캐딜락의 글로벌 톱5 마켓으로 올라간 것이다. 아직 판매대수 자체는 전체 수입차시장의 1%에도 미치지 못하지만, 20년 가까이 구석에 밀려나 있던 군소 브랜드가 치열한 경쟁을 뚫고 두각을 나타낸 것 자체가 소수 브랜드의 승자독식 구도로 굳어진 국내 수입차시장에서 일대 사건으로 보아도 무방하다. 도대체 최근 몇 년 사이 캐딜락에 어떤 일이 일어났던 것일까?

이런 놀라운 변화는 2016년 김영식 대표가 캐딜락코리아(Cadillac Korea)(현 한국GM에 통합되었다가 수입판매법인으로 다시 분사)의 CEO로 취임하면서 시작되었다. 자동차산업은 늘 신차로 먹고 살아가는 업종이다. 2016년부터 투입된 CT6, XT5 같은 신차종의 히트는 실적 반전에 크게 도움이 되었다. 하지만 신차종을 투입하고도 반등하지 못하는 브랜드가 어디 한둘인가? 신차종과 함께 조직운영, 판매관리, 애프터서비스 등 사업 전반에 걸쳐 새로운 비전을 제시하고 실질적인 변혁을 이뤄내는 강력한 리더십의 존재는 그래서 소중하고 주목받을 가치가 충분하다. 강남 도산대로의 캐딜락하우

"좋은 사람들을 계속 만난 덕분에 30년 가까이 버틸수 있었다"고 말하는 김영식 대표

스에서 반갑게 맞아주는 김 대표에게서 성공적으로 조직을 이끌어
가는 리더의 활기와 자신감이 느껴졌다.

　김영식 대표와 자동차와의 인연은 대학 졸업 후, 1990년 첫 직장으로 현대차에 입사하면서 시작되었다. 그는 2001년 BMW코리아의 고객관리와 애프터서비스를 맡으면서 수입차시장으로 들어왔다. 그 후 2004년 벤츠코리아의 애프터서비스와 마케팅 총괄임원, 2010년 페라리와 마세라티를 수입 판매하는 FMK코리아의 업무총괄 임원, 그리고 지금의 캐딜락코리아까지 그 질긴 인연은 30년 가까이 이어지고 있다. 김 대표의 깊은 자동차 사랑은 언제 시작되었을까? 슬림하고 단단한 체구의 김 대표는 검은 뿔테안경 뒤에서 조용히 웃으면서 얘기를 시작했다.

김영식 어렸을 때부터 신기하니까 자동차를 좋아하긴 했어요. 특별한 건 없고 남자애들이 통상적으로 좋아하는 수준 정도였죠. 초등학교 6학년 때 서울에 올라왔는데, 통학길 시내버스의 제일 뒷자리에 친구들과 앉아서 당시 최초의 독자모델로 출시되어 인기를 끌었던 포니를 길에서 먼저 찾는 게임을 자주 했던 기억이 나네요. 당시 자동차는 사회인으로 성공하면 가질 수 있는 귀한 아이템이라 로망도 있어서 현대그룹 공채로 들어가 망설임 없이 자동차를 지망했습니다. 대학에서 기계공학을 전공한 탓도 있었겠죠. 자동차에 대한 지식은 거의 없었어요. 그래도 새로운 것에 대한 호기심과 함께 글로벌 시장의 큰물에서 놀고 싶은 욕심에 자동차가 가장 맞을 것 같았죠. 그래서 해외사업부를 지망했더니 울산공장의 해외부품조달부로 발령이 났어요. 엄청 실망했죠. 그래도 자동차를 배울 수 있는 기회로 여기고 내려갔습니다. 그런데 부장님이 신입인 저에게 업무를 안 해도 좋으니 자동차에 대해 뭐든 공부해서, 12주 동안 매주 토요

일마다 2시간씩 100명이 넘는 부서원들에게 강의를 하라는 겁니다. 막내가 얼마나 놀라고 떨렸겠어요? 그래도 시킨 일은 해야 하니 매주 주제를 정해놓고, 주중에는 관련 부문들을 돌면서 공부하고 정리해서 주말에 계속 발표를 했죠. 제가 울산공장에서 입사동기회 회장이었던 게 정말 큰 도움이 되었어요. 다행히 반응이 좋았고 제가 자동차에 대해 엄청나게 지식을 쌓을 수 있는 계기가 되었습니다. 나중에 생각하니 당시 고졸이 대부분이던 부서에 대학 나온 신참이, 그것도 서울에서 내려왔으니 공부도 시킬 겸 길들이기를 했던 것 같아요. 참 감사하죠. 그런 좋은 사람들을 계속 만난 덕분에 자동차가 더 좋아지고 30년 가까이 버틸 수 있었다고 봅니다. 제가 운이 좋았던 거죠.

오랜만에 옛날 얘기를 꺼내서인지 김 대표의 표정이 즐거워보였다. 자동차를 좋아하는 사람들은 자동차 얘기, 특히 옛날 얘기를 하면 다 저런 표정이 된다. 김 대표가 밝은 표정으로 말을 이었다.

김영식 자동차를 알게 되면서 업무도 즐겁게 했습니다. 그런데 공장 구내식당의 밥이 너무 맵고 짜서 속이 아파 도저히 버틸 수가 없더군요. 그래서 15개월 만에 서울 본사의 해외 애프터서비스 쪽으로 옮겼습니다. 쉽지 않았던 일인데 부장님이 많이 도와주셨습니다. 참 감사하죠. 서울 본사에 있으니 자연스레 여러 부문에 관심을 갖게 되었는데 그중 마케팅이 끌리더군요. 자동차를 아무리 잘 만들어도 고객들에게 제대로 알리지 못하면 소용이 없다는 걸 알게 된 거죠. 반대로 전혀 상대가 되지 않는 차종들을 묘하게 엮어서 마치 경쟁 차종인 것처럼 시장에 인식시킬 수도 있다는 것도 알게 되었고요. 해외 출장을 나가 현지의 멋진 프리미엄 브랜드 모델들을 보면서 현대차는 왜 저런 걸 못 만드나 하는 아쉬움이 늘 있었죠. 저렇게 앞서가는 브랜드를 공부해 언젠가는 우리도 멋진 자동차를 만들어보겠다는 욕심도 커졌고요. BMW로 옮기게 된 이유 중의 하나도 BMW를 자세히 알고 싶다는 욕심이 있었거든요.

그렇지 않아도 왜 BMW코리아로 옮기게 되었냐고 물어볼 참이었다. 국내 굴지의 대기업에서 잘나가던 월급쟁이가 많은 게 미비하고 미래가 불투명했던 수입차업계로 옮기는 건 그 당시 이례적이었기 때문이다.

김영식 말씀처럼 BMW코리아로 옮긴다고 하니 주위에서 다 반대했죠. 잘 나가는 대기업에서 그 당시 뭐 하나 제대로 갖춰진 게 없는 소규모 수입상으로 가는 거니까요. 당시 수입차시장은 월 600대 정도 팔리던 시절이라 미래가 불확실했죠. 그래도 프리미엄 브랜드 차종을 보면 범접할 수 없는 아우라가 느껴졌어요. 강한 매력을 느낀 거죠. 아까 얘기한 대로 앞서 가는 브랜드의 안에 들어가 제대로 공부하고 싶었어요. 열심히 배워서 나중에 현대차로 돌아가 멋진 차를 만들어 보고 싶다는 어린 생각도 있었고요. 결정적으로 BMW코리아로 옮기면 BMW를 한 대 준다는 말에 깜빡 넘어갔죠(웃음). 현대차에서 신입일 때는 대리 이상만 차량구매 혜택을 줬습니다. 대리가 되니까 다시 과장 이

캐딜락의 기함 CT6. 한국형 자율주행 모델의 가능성이 있다

상만 준다고 해서 상당히 의기소침해 있었거든요.

모임에 쏘나타만 타고 나가도 주목을 받던 시절이었으니 충분히 공감할 수 있었다. 필자도 그 당시 구형 스포티지를 타고 다니면서 수입차를 타고 싶은 열망을 주체하기 힘들어했던 기억이 난다. 몇몇 지인들과 소형 수입차를 사기 위한 계를 만들자고 돌아다니기도 했으니 말이다.

김 대표가 BMW코리아로 옮긴 시기는 1997년 외환위기로 무너졌던 국내 수입차시장이 서서히 회복되면서 시장의 성장 잠재력에 베팅한 BMW코리아가 공격적인 마케팅으로 업계 선두로 치고 나가던 때와 정확히 일치한다. 업무체계가 미비했으니 소위 몸으로 때우면서 급속 성장을 지지해나가는 시기라 업무량이 폭주했을 것이다. 반면 조직이 작으니 이일 저일 닥치는 대로 하면서 여러 분야의 업무들을 폭넓게 배울 수 있는 장점도 있지 않았을까?

김영식 정말 일복은 타고난 것 같았어요. 일을 배우러 갔으니 익숙한 애프터서비스보다는 새로운 분야 쪽으로 일을 많이 했습니다. 당시 급속히 늘어나는 고객들과의 원활한 소통이 큰 이슈였죠. 고객지원팀을 만들어 고객의 소리(Voice of Customer)를 가감 없이 정책에 반영하는 프로세스를 만들고 운영한 게 가장 기억에 남습니다. 수입차업계 최초였거든요. 이게 업계의 화제가 되면서 BMW를 따라잡으려고 뒤늦게 체제를 정비하던 벤츠코리아에서 스카우트 제의가 온 겁니다. 처음에는 안 간다고 했죠. 그랬더니 당시 벤츠코리아의 독일인 사장이 저와 인터뷰를 하고는 제가 하자는 대로 다 들어주겠다고 파격적인 제안을 해서 옮기게 되었습니다. 어차피 해외 프리미엄 브랜드를 배우러 수입차시장으로 왔으니 벤츠도 배우고 싶은 마음이 컸거든요. 벤츠코리아에서는 고객지원 외에도 좀 더 많은 분야를 담당해서 일을 배웠습니다. 업계 선두로 라이프스타일 마케팅을 기획해 액세서리 아이템을 다양하게 고급화하고 고객 매거진도 만들었죠. 패션과 레저 같은 다양한 분야와 협업 이벤트들도 활성화했고요. 정비센터의 고객응대 매뉴얼과 업무시스템도 새로 업그레이드했습니다. 결과적으로 고객만족도를 크게 올린 게 가장 보람이 있었어요. 물론 저 혼자 한 건 아니죠. 팀이 다 같이 힘들게 노력한 덕분입니다. 지금도 라이프스타일 마케팅에서 가장 앞서 있는 브랜드는 벤츠라고 자부합니다.

이렇게 흔치 않은 기회들을 잡아가며 일을 하기도 쉽지 않을 것 같다. 그런데 왜 김 대표는 다시 FMK로 옮겼다가 캐딜락코리아 대표로 오게 된 것인지 묻지 않을 수 없었다.

김영식 제가 수입차시장에 와서 각 브랜드의 글로벌 조직과 일을 하면서 많은 걸 겪어보니, 처음 가졌던 생각도 많이 바뀌고 새로운 욕심도 생기더군요. 제가 해보고 싶은 걸 눈치 보지 않고 글로벌 본사와 바로 협의해 결정하고 그대로 실행하고 싶었습니다. 한국에서 내부과정을 거치는 게 너무 힘들었거든요. 그래서 해외브랜드 수입법인의 대표가 되자고 제 커리어 플랜을 수정했습니다. 법인장이 되려면 모든 분야에 걸친 경험과 지식이 있어야 하니 일단 규모가 작은 FMK로 옮기게 된 겁니다. 다른 브랜드 수입법인들과는 달리 FMK는 고객을 직접 상대하는 리테일도 하고 있었거든요. 저로서는 큰 모험이었죠. 마세라티만 맡기로 하고 갔는데 결국 페라리와 마세라티 두 브랜드의 업무를 총괄했습니다. 힘은 들었지만 법인 규모도 작고 고객 수도 많지 않으니 정책을 입안하고 실행하면 그 반응이 빨라 정말 재미있었습니다.

월급쟁이 30년이면 누구나 한 권의 책을 쓸 수 있다고 한다. 시류에 떠밀리지 않고 긍정 마인드로 새로운 도전을 과감히 받아들여온 김 대표의 커리어도 만만치 않다는 생각이다. 김 대표가 꿈꾸던 법인장이 되어 이끌고 있는 캐딜락이 단기간에 놀라운 성과를 내고 있는 것이 결코 우연이 아닌 듯싶다. 오랜 시간 준비된 리더를 뽑았으니 말이다.

부평의 한국GM 내 캐딜락사업부는 2017년 7월 캐딜락이 진출한 50여 개국 중 최초로 독립하여 독자적인 이름의 캐딜락코리아가 되었다. 2008년 금융위기로 파산위기에 처했던 GM이 2013년 메리 바라(Mary Barra) CEO 취임 이후 혹독한 구조조정을 하며 산하 브랜드들을 정리했을 때도 캐딜락은 살아남았다. 2014년에는 디트로이트를 떠나 최신 유행의 발신지인 뉴욕으로 거점을 옮기면서 조직에 새로운 바람을 불어넣었다. 금융위기 당시 약 52조 원의 대규모 정부지원을 받으면서 정부자동차(Government Motors)라는 비아냥을 들을 만큼 아픈 시련을 겪고, 이제 새로운 도약을 꿈꾸고 있는 GM에게 캐딜락은 과연 무엇이며 어떤 미션을 부여받고 있을까?

김영식 금융위기 이후 GM이 변화하기 위해 애쓰고 있지만 100년 넘게 자리한 디트로이트 지역의 보수적이며 고집스러운 분위기를 벗어나기 쉽지 않습니다. 그래서 먼저 캐딜락을 럭셔리하면서 시장변화에 유연하게 대응하는 브랜드로 탈바꿈시켜 전체 GM의 변화를 이끌어내려는 거죠. 그래서 본사도 뉴욕으로 옮기고 첨단 디자인의 캐딜락하우스도 주요 지역에 오픈한 겁니다. 이제 캐딜락은 수익성 확보와 함께 장기적으로 잘할 수 있는 분야와 미래선도 기술에 집중하고 있습니다. 전기차나 자율주행차 분야에서 캐딜락으로 대표되는 GM의 기술은 이미 세계 최고수준입니다. 실용화에도 가장 앞서 있고요. 물론 너무 앞서나가 시장과 멀어지는 것도 충분히 경계하고 있습니다.

자동차뿐만 아니라 전 산업에 걸쳐 성공적인 프리미엄 브랜드는 태어난 나라의 헤리티지(Heritage)와 이미지를 끊임없이 새롭게 해석, 디자인과 제품 특성에 반영한다. 전체 시장을 상대하기보다 브랜드 정체성을 지지해주는 충성고객층을 만들어 생존해간다. 역사적으로 이주민 나라인 미국은 유럽의 귀족문화와는 달리 실용적이고 기능적인 대중문화의 나라였다. 미국에서 태어난 캐딜락이 프리미엄 브랜드로 아메리칸 럭셔리(American Luxury)를 대표한다고 하지만 그 느낌이 잘 다가오지 않는 이유다. 과연 아메리칸 럭셔리는 어떤 의미이며 캐딜락 차종들에게 어떻게 구현되고 있을까? 그리고 지방 소도시의 아파트 광고 전단지에도 '유럽식 고품격'이라는 표현이 빠지지 않고 등장할 정도로, 우아하고 세련된 유럽 귀족문화에 푹 빠져 있는 국내 소비자들에게 캐딜락은 어떻게 받아들여지고 있을까?

김영식 미국 럭셔리 문화의 역사는 상대적으로 짧습니다. 하지만 우리는 보석이나 명품가방 같은 희소가치만이 아니라 멋진 디자인과 고품질 제품의 기획부터 제조, 판매, 보유, 애프터서비스의 전 과정에서 최고의 고객만족을 줄 수 있어야 한다고 믿습니다. 비즈니스의 나라답게 모든 업무 시스템이 럭셔리를 지향해야 한다는 것이 캐딜락의 문화이고 철학입니다. 특수층만을 위한 하이 럭셔리가 아니라 합리적인 가격으로 일반사람들도 언젠가는 가질 수 있는 대중 지향적인 럭셔리가 캐딜락의 본질이고요. 캐딜락의 브랜드 인지도가 아직 낮고 디자인도 이미 익숙해진 유럽식과는 많이 달라서 고객들이 의구심을 갖거나 그냥 지나치기가 쉽습니다. 하지만 실제 타본 후의 반응은 저희도 놀랄 정도로 완전히 달랐습니다. 그래서 저희는 고객들을 무조건 태워드리려고 합니다. 자동차업계 최초로 24시간 테스트 드라이브 프로그램도 기획 중입니다. 하루 동안 고객의 모든 삶에 캐딜락이 함께하며 좋은 추억을 만드는 겁니다. 고객의 삶을 더 빛나게 해주는 멋진 도구가 되는 거죠. 프로그램 이름도 멋지게 지을 겁니다. 아직 투자단계라 제품과 전시장, 마케팅 등에서 캐딜락만의 독특한 콘텐츠가 충분하지는 않습니다. 하지만 본사가 패션과 라이프스타일의 최전선인 뉴욕으로 가면서 급속히 좋아지고 있는 중입니다.

지난 20년간 캐딜락은 그룹의 집중적인 지원을 받으며 제품 라인업을 늘리고 해외진출도 활발히 했다. 그러나 최근 판매가 정체를 보이고 미국과 중국이 전체 판매의 95%를 차지하는 등, 경쟁 프리미엄 브랜드에 비해 아직 갈 길이 멀어 보인다. SUV가 대세인 시장에 대한 예측을 제대로 하지 못해 세단에 치중하는 등 전략적 실책도 드러났다. 2018년 4월 요한 드 나이슨(Johan de Nysschen) CEO의 교체를 계기로 제품과 브랜드 전략이 새롭게 바뀌고 있는지 궁금해졌다.

김영식 제품과 브랜드 전략의 단절은 없습니다. CEO 교체도 단지 미국시장에서 판매가 정체되었기 때문이었다고 생각합니다. 다만 캐딜락이 좋은 기술들은 다 앞서서 개발해놓았지만 시장과의 커뮤니케이션이 많이 부족했다고 봅니다. GM문화가 좀 그렇거든요. 지금 자동차산업은 내연기관에서 친환경차로 넘어가는 변혁기에 있습니다. 자율주행은 차에 얹는 옵션이고 차 자체의 대세는 하이브리드가 아니라 전기차로 보입니다. 현재 전기차 분야에서 GM은 볼트로 가장 앞서 있습니다. 이제 4, 5년 후 친환경차의 리더십에 대한 주도권 싸움에 전환점이 올 겁니다. 캐딜락도 고성능 프리미엄 전기차 라인업을 충실히 준비하고 있습니다. 하이브리드도 업계를 리드할 정도는 아니지만 충실히 따라가고 있고요. 중국에서 CT6 하이브리드를 조립해서 인기리에 판매하고 있죠. 국내에서 판매할 수 있지만 중국산의 이미지가 시장에서 어떻게 받아들여질지 고민입니다. 사실 저희 내부 조사에 의하면 중국의 조립품질이 미국보다 더 좋거든요. 주요 개발은 미국에서 다 하고 중국에서 조립만 하는 경우라면 노력해서 시장을 설득해나가야 한다고 생각합니다. 그리고 자율주행에서도 캐딜락은 이미 자율주행 3단계를 구현한 CT6를 최초로 상용화해서 미국과 캐나다, 중국에서 실제 운행 중입니다. 아직 국내에서 캐딜락의 디자인과 기술 리더십을 명확히 보여줄 수 있는 차종이 없어 아쉽습니다. 하지만 한국GM 내 엔지니어링 센터에서 국내 정밀지도만 개발해 넣으면 한국형 CT6 자율주행차량을 바로 만들어 판매할 수 있습니다. 이렇게 캐딜락이 리드해 자율주행차량을 국내에서 판매하게 되면 국내에서 만드는 쉐보레 차종들도 어렵지 않게 자율주행 옵션을 내놓을 수 있죠. 큰 화제가 되면서 최근 부진해진 쉐보레 브랜드의 판매회복에도 많은 도움이 될 겁니다. 한국GM과 열심히 얘기하고 있습니다.

캐딜락은 어째서 화려한 배경에도 불구하고 과거 20년 간 한국 시장에서 뿌리를 내리지 못했을까? 민감한 부분이고 김 대표가 취임하기 훨씬 전의 일이기는 하지만 당연히 분석을 해놓았을 것이라 믿었기 때문에 물어봤다. 역시 빠른 대답이 김 대표에게서 튀어나왔다.

김영식 한국에서의 문제라기보다는 캐딜락이 미국시장에 안주해 변화에 둔감해져 있었기 때문이라고 봅니다. 글로벌 자동차 시장의 흐름을 따라가지 못한 거죠. 경쟁 브랜드들은 이미 1990년대 말부터 차체 경량화와 고효율 엔진, 전자 편의장치 등에 주력해왔는데, 캐딜락은 2000년대 중반까지 큰 차체와 대배기량 가솔린엔진 차종들이 주력이었으니까요. 2008년 금융위기 이후 디젤엔진 차종들이 국내시장을 강타할 때도 캐딜락은 전혀 대응을 못했습니다. 미국시장에 안주하며 해외진출에 관심도 없었고요. 디자인도 미국의 노년층을 겨냥하다보니 지루해졌어요. 한마디로 매력적인 모델의 부재로 한국에서 인기를 얻지 못하고 오히려 부정적 이미지만 쌓아왔다고 봅니다. 이제 시장에서 디젤엔진 인기가 하락하고 캐딜락도 주력인 CT6, XT5 외 CT4, XT4, XT6 등 라인업이 대폭 보강될 것이니 해볼 만합니다.

김 대표의 취임 이후 국내시장에서 캐딜락은 확실히 달라지고 있다. 뭔가 일을 하나 하려면 큰돈이 들어가는 자동차업계에서 매력적인 신차종의 연속 투입이라는 메이커의 선투자는 많은 것들을 변하게 하는 동력을 제공한다. 이런 변화들이 확고한 비전을 제시하고 딜러와 직원들을 설득하여 한 방향으로 달리게 만드는 리더십과 만나면 엄청난 시너지가 발생한다. 캐딜락코리아 구성원들은 그동안 겪었던 수많은 좌절과 실패로 인해 새로운 변화에 주저하거나 저항했을 것이다. 김 대표는 취임 이후 어떤 비전과 정책 계획으로 캐딜락코리아의 조직과 운영을 바꾸어온 것일까? '구슬이 서 말이라도 꿰어야 보배'라고, 큰 변화를 가능케 한 김 대표의 리더십에 주목하지 않을 수 없다.

김영식 FMK에서 5년 간 리테일을 경험한 것이 정말 큰 힘이 되었습니다. 전시장과 서비스센터를 직접 설립하고 운영하면서 영업사원 교육도 시키고 고객들도 만나면서 현장을 파악했습니다. 캐딜락코리아에 와보니 대부분의 전시장이 비용을 줄인다고 쉐보레와 같이 쓰고 있었어요. 또 딜러들이 투자를 하지 못해 정비는 센터에서 접수만 하고 거의 외주로 해결하고 있었습니다. 전국 18개 서비스센터 중 15곳이 경정비 외에는 외주처리였어요. 서비스센터의 정비인력들도 질과 양에서 턱없이 부족했습니다. 매력적인 차종이 부족해 판매가 안 되면 비용을 절감하기 위해 그렇게 흘러가기 쉽죠. 이해는 하지만 고객접점에서 서비스가 부실해 다시 판매가 안 되는 악순환을 끊어야 했습니다. 기본을 갖추고 조직의 체질을 바꾸는데 주력했죠. 우선 전시장을 전부 캐딜락 전용으로 바꾸었습니다. 센터 개수를 21곳으로 늘렸고, 그중 15곳을 골라 딜러직영 책임정비시스템을 갖추었습니다. 서울과 부산, 전주 세 곳은 판금도장이 가능한 풀서비스 정비시설을 갖추었죠. 사실 앞서 있는 경쟁 프리미엄 브랜드들의 정비 네트워크에 비하면 아직 많이 부족합니다. 하지만 신차종들과 함께 지금부터 시작이라는 심정으로 임하고 있습니다. 영업사원도 이제 120명으로 늘었습니다. 정비인력을 포함해 인천에 종합 트레이닝센터를 만들어 올해(2018년) 11월에 오픈합니다. 교육 콘텐츠도 새로 업그레이드하고 있고요. 저희 같은 서비스업은 인적자원에 투자해야 장기생존이 가능합니다. 처음에는 직원들이 좀처럼 따라오지 않았습니다. 실패해도 좋다고 했죠. 걸어가 봐야 비로소 보이는 게 있으니 일단 새로운 걸 해보자고 설득했고요. 다행히 신차종들이 시장에서 좋은 반응을 보였죠. 또한 캐딜락하우스 같은 멋진 팝업 스토어도 반응이 좋아 직원들 사기가 올라가기 시작했습니다. 일단 시작해서 작은 성공이 쌓이면 큰 변화가 만들어집니다. 아직 많이 부족하지만 조직 안에서 해볼 만하다는 긍정적인 에너지가 흘러 다니는 게 느껴집니다. 힘은 많이 들었지만 보람을 느낍니다.

그동안의 힘들었던 시간들이 떠오르는지 김 대표의 표정이 아련해졌다. 정지해 있던 비행기는 이륙해서 정상고도에 올라가기 전 5~10분 정도의 시간에 많은 에너지를 소모한다. 바닥에 처져 있는 조직을 활성화시켜 궤도에 올리는 초기 몇 년간 정말로 힘이 많이 드는 건 혁신적 리더들이 공통적으로 경험하는 사실이다. 그러면 조직의 다른 한 축인 딜러들과의 관계는 어떠했을까? 시장에서 지속적인 성장과 소비자 만족 향상을 일구어내기 위해서는 수입법인과 딜러, 나아가 딜러들 간의 원만한 협력관계가 가장 중요하다. 미래를 대비하기 위한 딜러들의 선행 투자도 필수적이다. 취임 이전 부진한 판매로 사기가 저하되고 불만도 많았을 딜러들과 김 대표는 어떻게 소통하며 지금까지 왔을까?

김영식 수입차시장에서 군소브랜드의 딜러들은 투자 대비 수익성 악화로 많이 힘듭니다. 와서 보니 캐딜락도 예외가 아니었죠. 다들 영세했고 수익을 못 내면서 캐딜락코리아에 대한 반감도 상당하더군요. 당연히 관계도 좋지 않았죠. 일단 캐딜락코리아가 시스템 업그레이드를 하고 제품 라인업을 보강하면서 먼저 움직였습니다. 매달 미팅을 하며 미래 비전을 공유하고 부탁을 많이 했습니다. 지금은 투자할 시기이니 하드웨어와 소프트웨어, 그리고 인적자원 업그레이드에 적극 투자하고 나중에 즐기자고요. 서로 간의 신뢰가 조금씩 쌓이면서 딜러들이 투자를 하기 시작했습니다. 이제는 판매가 활성화되면서 선순환의 단계에 접어들었습니다. 신규지역의 딜러들이 새로 조인하면서 이제 11개 딜러가 전국에 15개 전시장을 운영하고 있습니다. 향후 판매가 늘어나면 딜러 네트워크도 더 확장해야 하죠. 저희는 기존 딜러들에게 우선권을 줄 계획입니다. 딜러들이 빨리 사업규모를 키워야 하거든요. 잘 운영할 수 있도록 경영 컨설팅도 지원하고 있습니다. 딜러들이 내실을 다지면서 따라와야 해서 네트워크 확장도 서두르지 않습니다. 또 딜러들의 수익성 향상을 위한 추가적인 사업모델로 2019년부터 인증 중고차사업도 시작할 계획입니다. 제가 딜러들과 이야기할 때마다 늘 캐딜락코리아의 사명은 '소창다명 사아구좌'(小窓多明 使我久坐)라고 강조합니다. 추사 김정희 선생이 제주도에 유배 갔을 때 작은 방에 갇혀 지은 글이라고 합니다. '작은 창문으로 들어오는 많은 빛이 나로 하여금 오랫동안 앉아 있게 한다'는 뜻이죠. 우리가 아직 규모도 작고 많이 모자라지만, 희망의 빛이 가득하니 서두르지 말고 좋은 비즈니스를 오래 같이 하자는 저의 비전입니다. 괜찮지 않습니까?

글로벌 기업의 CEO와 얘기하다가 갑자기 한자 시구를 들으니 놀랍기도 하고 신선하게 느껴졌다. 역시 설득에 있어서 가장 중요한 키워드는 '진정성'이라는 말이 다시 떠올랐다. 이제 내부 다지기는 어느 정도 완성된 듯하다. 판매도 바닥을 치고 급성장하고 있다. 그렇다면 시장에서 이제 겨우 존재감을 드러내기 시작한 캐딜락의 중장기 성장 목표는 어디까지일까? 지속적 성장에 필수적인 글로벌 본사의 관심과 지원은 충분한지 궁금해졌다.

김영식 폭스바겐 디젤게이트와 최근 BMW 차량의 화재, 그리고 배출가스 기준 강화로 인한 차량가격 상승 등의 요인으로 인해 디젤엔진 인기가 예전 같지 않습니다. 소득 증가와 함께 고객들의 라이프스타일이 다양해지면서 저희처럼 작지만 독특한 브랜드에게 우호적인 환경이 조성되고 있습니다. 행운이라고 볼 수도 있죠. 하지만 행운을 결과로 만드는 건 실력이고, 준비된 자만이 그 행운을 타고 성공할 수 있습니다. 저희가 작년에 급성장을 했기에 올해는 연초부터 내실화를 강조하고 있습니다. 계속 급성장하면 조직이 못 따라가서 오히려 장기적으로 해가 되거든요. 현재 저희가 집중하고 있는 조치들이 현장에서 고객의 실질적인 혜택으로 연계되어야 지속으로 성장할 수 있다고 봅니다. 향후 2년 내 연 5000대를 판매해 캐딜락 글로벌 판매의 톱3이 되는 게 장기 목표입니다. 제가 BMW코리아에 조인할 당시 BMW가 연 2700대 팔렸고 바로 2년 뒤에 연 5000대 판매를 달성했습니다. 따라서 그 과정에서 뭘 단계별로 어떻게 준비해야 하는지 잘 알고 있습니다. 능력 있는 사람이 운 좋은 사람 못 이기고, 운 좋은 사람이 해본 사람 못 이긴다는 말도 있지 않습니까? 다만 아직 한국의 럭셔리브랜드 시장 잠재력에 대해 본사의 이해도가 충분치 않아 제품개발이나 인증의 우선순위에서 밀리곤 합니다. 그래서 열심히 자료도 보내면서 교육하는 중입니다. 미국에서 출시된 신차종이 국내에 2년 뒤에 들어오면 안 되거든요. 그런 게 제가 할 일이죠.

캐딜락은 특이하게 국내 최고의 레이싱대회이자 세계자동차연맹(FIA)이 유일하게 인정하는 CJ슈퍼레이스 6000클래스의 스폰서를 맡고 있다. 2013년부터 참여하여 V8 6.2L 엔진과 ATS-V 모델의 차체외형(Bodyshell)을 제공해왔다. 최근 들어 네이밍 스폰서로 계약을 강화해 아예 대회 이름을 캐딜락 6000클래스로 바꾸었다. 최근 급상승하는 모터스포츠 인기에 힘입어 미디어 노출도 많아지고 있다. 어떤 계기로 자동차 레이싱의 스폰서가 되었으며, 이를 어떻게 마케팅에 활용하고 있을까? 그리고 모터스포츠가 캐딜락의 브랜드 정체성과 어떻게 연관이 되는지 궁금했다.

김영식 선진국에서 카레이싱은 자동차문화의 큰 부분입니다. 사실 미국에서 캐딜락은 고성능 기술을 계속 개발해 여러 레이싱에 열심히 참가하고 있습니다. 그래서 카레이싱의 감동과 재미를 국내 고객들이 충분히 느낄 수 있도록 노력하면서 저평가 되어 있는 캐딜락의 고성능 이미지를 올리고자 하는 시도입니다. 실제 레이싱 전 저희 고객들이 트랙을 달릴 수 있게 해 드리거든요. 특별한 경험이라 다들 정말 좋아하세요. 그리고 캐딜락 V 시리즈는 스포츠카로서 어느 경쟁브랜드에도 뒤지지 않는 고성능을 갖추고 있습니다. 가격은 상대적으로 낮아 한국 고객들에게 충분히 어필할 수 있는 매력이 있다고 봅니다. 따라서 우리가 후원할 수 있는 제대로 된 레이스가 국내에 있다는 게 오히려 감사하죠.

2008년에 철수한 사브의 애프터서비스는 잘 되고 있는지 궁금해졌다. 김 대표가 기분 좋게 말을 받았다.

김영식 그럼요. 저희가 파악하기엔 현재 국내에서 사브가 1100대 정도 운행되고 있습니다. 저희가 끝까지 책임지고 케어할 겁니다. 실제 사브 오너 분들이 캐딜락으로 많이 바꾸고 계세요. 감사하게 생각하고 있습니다.

본인 스스로 일복이 많다고 할 정도로 30년 가까이 바쁘게 살아온 김 대표에게 일과 생활의 라이프밸런스에 대해 물어보는 게 과연 적절할까? 그래도 내친 김에 세컨드라이프(Second Life)에 대해서는 어떤 계획을 갖고 있는지 물었다.

김영식 라이프밸런스는 다 요새 얘기죠. 황 위원님도 그러셨겠지만 저희가 젊었을 때부터 일을 통한 성취감을 최고의 가치와 즐거움으로 알고 살아온 세대 아닙니까? 그래도 전 일찍부터 글로벌기업에서 일을 하게 되어 상대적으로 가족과 좀 더 많은 시간을 보낸 편이죠. 뭐 오십보 백보라고 할 수 있겠지만요. 가족의 화합을 위해 시간 날 때마다 공동으로 할 수 있는 놀이가 있으면 좋겠다고 생각해왔습니다. 저희 가족이 얼마 전에 한 팀으로 골프를 처음 쳤는데 정말 행복하더군요. 개인적으로는 대학 때부터 보디빌딩을 열심히 해왔습니다. 확실히 운동을 하면 스트레스가 풀립니다. 그래서 일주일에 2~3번 직원들과 아침 일찍 만나 한 시간씩 같이 운동을 합니다. 직원들의 몸과 마음을 건강하게 해줘야죠. 세컨드라이프에 대해서는 아직 특별하게 생각해 보진 않았는데요. 아마 은퇴 후에도 자동차와 관련된 일을 하지 않을까요? 차가 좋으니까요.

끝으로 30년 가까이 같이 해온 자동차는 김 대표에게 어떤 의미일지, 그리고 이제 자동차를 좋아하며 자동차와 함께하는 커리어를 꿈꾸고 있는 후배들에게 무어라 조언하고 싶은지 물었다. 인터뷰가 끝나서인지 아니면 주제가 마음에 들었는지 김 대표가 처음으로 크게 웃었다.

김영식 얼마 전에 어떤 조사를 보니 이제는 '100세 시대'라, 평균적으로 직업을 8번 바꾸고 4번 이혼할 거라고 하더군요. 그만큼 변화가 일상화된다는 뜻이겠죠. 하지만 외곬인생도 괜찮다고 생각합니다. 저에게 자동차는 이미 직업 이상으로 평생 친구나 애인(Soulmate) 같은 존재입니다. 자동차와 오래 시간을 보내며 제 자신도 많이 성숙해졌죠. 아시다시피 다른 산업과 달리 자동차는 상당히 분야가 넓고 복잡한 종합산업입니다. 단순 제조업을 넘어 사회 전반에 강력한 영향력을 미치는 매력적인 산업이기도 하고요. 그러니 자동차산업 내 존재하는 다양한 업무 분야 중 어떤 것이라도 택해서 인내심을 갖고 노력해 최고의 전문가가 되라고 말해주고 싶네요. 저는 적극 추천합니다. 자동차는 오감만족을 주는 정말 매력적인 존재예요.

어떤 대상과 사랑에 빠진 사람들의 표정과 코멘트는 놀랍도록 유사하다. 자동차라는 장난감에 폭 빠져 행복해하는 어린아이처럼. 김 대표도 그랬다. 그리고 한 사람의 리더는 정말 많은 것들을 바꾸어 놓을 수 있다. 진정성을 넣어 다가간다면 조직원들의 마음도 얻을 수 있다. 꼴찌 브랜드의 유쾌한 반란은 시장의 역동성을 배가한다. 시장이 힘차게 움직일 때 시장 참여자들의 흥미는 높아지고 고객들은 시장을 믿고 기꺼이 지갑을 연다. 자본주의 경제의 성장 비결이다. 향후 캐딜락의 행보가 기다려지는 즐거운 하루였다.

자동차의 어떤 걸 좋아하는지
분명히 정해야 한다

정우영 혼다코리아 대표

© 이준희

기업이든 사람이든 기본에 충실하다

'온고이지신, 가이위사의'(溫故而知新, 可以爲師矣). 지난 것을 익혀서 새 것을 알면 스승이 될 수 있다는 뜻이다. 논어(論語)의 위정(爲政)편에 나오는 이 유명한 한자성어가 요사이 필자의 머릿속에서 계속 맴돌고 있다. 우리는 지금 자동차산업의 모든 기본 규칙이 혁신적으로 변화해가는 커다란 변곡점의 시대에 살고 있기 때문이다. 자동차 자체로는 동력원이 내연기관에서 전기모터로 바뀌어가고 있고, 운전자의 반응과 관여가 최소화되는 자율주행 차가 속속 등장하고 있다. 동시에 시장에서는 구매보다 공유로 쓰임새의 흐름이 바뀌어 가고 있다.

이런 흐름이 대세가 되면 자동차산업의 사업형태가 개인장사(B to C)에서 법인장사(B to B)로 바뀌는 혁명적인 변화가 발생한다. 자동차업체가 개인 고객한테 판매하는 부분은 대폭 축소되고, 우버나 쏘카 같은 차량공유 서비스업체에게 입찰을 통해 대량판매해서 겨우 먹고 살아가야 하는 처량한 신세가 되는 것이다. 시장에서는 세단의 수요가 급감하고 SUV와 해치백의 판매가 급증하고 있다. 이는 대중이 인식하는 자동차(Car)의 기본 형태가 앞뒤 칸이 나뉘어진 세단 스타일에서 SUV나 해치백 같이 하나의 큰 공간(Mono Space) 형태로 자연스레 바뀌고 있다는 걸 의미한다. 내부 공간을 최대화하여 이동 시 다양한 활동을 가능케 하는 자율주행차량 시대가 되면 이런 인식은 더욱 확고해질 것이다.

이렇듯 우리가 자동차에 대해 오랜 기간 당연하게 받아들여왔던 것들이 최근 들어 급격히 해체되고 있다. 국내 수입차시장도 이제 전체 승용차시장의 20% 가까이를 차지할 정도로 폭발적인 성장을 보이고 있다. 벤츠가 2018년 상반기에 판매대수 기준으로 쌍용차에 이어 내수 4위에 오르는 등 불과 몇 년 전만 해도 상상할 수 없었던 일들이 벌어지고 있다. 인간의 역사에서 커다란 변화들이 항상 사회와 개개인을 더 행복하게 만드는 쪽으로만 흘러가지는 않았음을 우리는 수많은 경험을 통해 알고 있다. 따라서 이런 자동차산업의 새로운 변화들이 우리의 생활과 환경을 어떻게 바꾸어 놓을지 혼란스러워하면서도 부정적인 효과를 최소화하고자 미래 예측에 애쓰고 있는 것이다. 동시에 지난 과거의 경험과 지식을 통해 자동차산업의 본질과 특성을 더 잘 이해할 수 있다면 새롭게 시작되는 제2의 자동차시대(the 2nd Automotive Century)를 좀 더 좋은 방향으로 이끌 수 있을 것이다. 역사에는 반복되는 부분이 많기 때문이다. 하늘 아래 새로운 것은 없다는 말도 있지 않은가.

혼다코리아 정우영 대표는 국내 자동차산업의 현역 원로이자 수입차업계의 1세대 주역이다. 그는 1976년 대학 졸업 후 당시 혼다의 모터사이클을 조립 생산하던 기아산업(現 기아자동차)에 엔지니어로 입사했다. 그 후 오랜 시간 자동차 외길을 걸어 대림자동차 대표와 혼다모터사이클코리아 대표 자리에 올랐고, 2003년에 혼다코리아를 세워 지금까지 이끌고 있다. 오래 전부터 안면이 있었던 정 대표를 다시 만나고 싶어졌다. 새로운 변화로 어수선해진 국내 자동차산업과 수입차업계를 보다 깊고 정확하게 이해하기 위해 그의 오랜 경험과 지식에서 우러나오는 '한마디'를 듣고 싶은 마음이 컸기 때문이다.

2018년 4월 정 대표가 한국수입자동차협회(KAIDA)의 12대 수장으로 선임된 것을 계기로 인터뷰를 요청했다. 바쁜 일정 탓에 다

혼다코리아 정우영 대표는 2018년 4월, 한국수입자동차협회 12대 수장으로 선임됐다. 정 회장의 자동차업
계 인연은 1976년 기아산업에서 시작됐다

소 무리하게 잡힌 인터뷰 시간에도 반갑게 맞이해주는 정 대표의 환한 미소와 꼿꼿한 자세, 그리고 젠틀맨다운 인상은 변함이 없었다. 힘든 세월의 흔적이 비켜간 듯한 부드러운 표정과 말투에 강한 내공이 느껴진다. 정 대표의 자동차와의 질긴 인연은 언제 시작되었을까? 정 대표가 잠시 뜸을 들인 후 조용한 어조로 입을 열었다.

정우영 딱히 어렸을 때부터 자동차에 빠졌다거나 특별한 에피소드가 있는 건 아니고요. 대학 졸업 후 별 생각 없이 기아산업에 들어갔습니다. 주물공장으로 배치를 받아 어찌할까 고민했습니다. 때마침 혼다의 모터사이클을 조립 생산하는 기아기연이라는 계열사가 만들어졌어요. 이름에 '연'(研)이 들어갔기에 처음엔 연구조직인 줄 알고 지원했죠(웃음). 그때부터 이륜자동차와의 인연이 시작된 겁니다. 1981년 정부의 자동차산업합리화조치에 의해 회사가 대림자동차로 바뀐 뒤에도 열심히 했습니다. R&D센터장과 공장장을 거치면서 제 꿈은 일본보다 더 좋은 모터사이클을 한국에서 만들어보는 것이었어요. 사내에서 혼다와 관련된 모든 업무의 창구역할을 오래 하다보니 혼다에서 연수도 많이 받고 사람들도 많이 알게 되었죠. 그 인연으로 2001년에 대림자동차를 그만두고 좀 쉴 때 혼다에서 연락이 왔어요. 대만에 이어 1965년 두 번째 해외시장으로 한국에 진출해 오랫동안 로컬 파트너와 모터사이클 사업을 해왔지만 정작 남은 게 없다고 하더군요. 그러면서 이제 직접 진출해서 판매를 하고 싶으니 같이 해보자고 제안해왔습니다. 그래서 2001년에 혼다모터사이클코리아를 같이 세웠죠. 2년 뒤 혼다자동차도 수입이 결정되면서 회사 명칭이 혼다코리아로 바뀌었어요. 그리고 지금까지 계속해온 겁니다. 그리고 사실 1989년에 대림 그룹에서 혼다자동차를 수입해 판 적이 있었습니다. 초기라 그리 많이 팔지는 못했지만, 제가 장기계획을 세워 전시장과 정비센터들을 만들었어요. 당시 대우차가 혼다의 레전드(국내명 아카디아)를 국내에서 라이선스 생산하기로하는 바람에, 4년 만에 관련 설비들을 대우차에 넘기고 손을 털었죠. 일반 사람들은 잘 모르는 얘기일 겁니다. 이래저래 저는 혼다와의 인연을 계속 이어온 셈이죠.

특별할 것도 없다는 듯 담담하게 자신의 자동차 경력을 이야기하는 정 대표에게서 무리하지 않고 흐름에 맞추어 열심히 살아온 세월이 느껴진다. 사람의 인생에서 중요한 계기들은 늘 이렇게 얼떨결에 시작된 작은 인연들이 이어지며 시작된다. 서툴게 시작되는 그 인연들의 의미를 소중하게 생각하고 정성으로 키워나갈 때 보람과 행복이 찾아오지 않을까? 우리가 살아가는 모습들은 그렇게 많이 다르지 않다.

1987년 우리나라에서 수입차 판매가 공식적으로 허용된 이후, 30년 동안 전체 판을 요동치게 한 큰 외부변수로 3가지가 꼽힌다. 1997년 외환위기, 2008년 미국 금융위기, 그리고 2015년 디젤게이트다. 포드, 크라이슬러 같은 미국 브랜드가 주도했던 초기 수입차 시장은 1997년 외환위기 이후 크게 위축됐다. 2000년대 들어 수요가 회복되면서 미국 브랜드는 쇠퇴하고 독일 브랜드와 일본 브랜드의 양강구도가 형성되었다. 이후 2008년 미국 금융위기를 계기로 수입차시장은 독일 브랜드와 디젤엔진의 압도적인 주도로 크게 성장했다.

하지만 2015년 디젤게이트로 폭스바겐과 아우디가 시장에서 일시 퇴출되면서 독일 브랜드의 점유율과 디젤엔진의 인기는 대폭 하락했다. 소비자들의 선택도 여러 나라 브랜드와 하이브리드엔진 등으로 다변화되기 시작했다. 이제 폭스바겐과 아우디가 다시 돌아왔다. 하지만 소비의 다변화 추세로 영국, 일본 그리고 미국 브랜드가 꾸준히 성장하고 있다. 30년 간 이런 격렬한 변화와 폭발적인 성장을 직접 현장에서 겪으며 지켜본 수입차업계 1세대의 감회는 어떠할까?

정우영 결국 사업이라는 게 내부 경영을 아무리 잘 하더라도 컨트롤할 수 없는 커다란 외부 변수들의 급작스러운 등장에 의해 휘청거릴 수 있다는 걸 모두가 배운 거라 생각합니다. 더욱이 다른 나라들의 경제변동에 의해 환율과 금리가 흔들리고 국내시장이 크게 영향 받을 수 있다는 걸 사람들이 인식하게 된 거죠. 세상에 영원한 건 없습니다. 1등을 했더라도 흥분하거나 자만하면 안 됩니다. 판매가 급락해도 좌절하지 말고 다시 기회가 올 때까지 내부를 다지며 기다려야 합니다. 제 개인적으로는 많은 남자들이 로망으로 생각하고 좋아하는 모터사이클과 자동차를 오랜 시간 다룰 수 있었기에 행복하다고 느끼고 있습니다. 그것도 별 실수 없이 모양새 흐트러트리지 않고 해 왔으니까요. 자동차업계의 선배로서 뭐 그리 자랑스러운 건 없습니다.

　　오랜 시간 산전수전을 다 겪어낸 사람만이 보일 수 있는 묵직한 여운이 느껴진다. 대화의 화제를 한국수입차자동차협회(이하 수입차협회)로 돌렸다. 1995년에 설립된 수입차협회는 업계 몇몇 브랜드들의 친목단체에 불과했다. 이후 수입차시장의 성장과 브랜드 다양화에 의해 대폭 커져 이제 20개 회원사와 31개 브랜드를 대표하고 있다. 이제 친목단체의 단계는 넘어섰지만 각 회원사들의 경영에 관여할 수 있는 법적 구속력은 갖고 있지 않다. 그러나 수입차업계의 공통된 이해관계나 주요 이슈에 대해 관련 공공기관들과 적극적으로 의견교환을 하고, 소비자와 언론을 상대로 소통에 나서는 등 그 영향력이 확대되고 있다. 수입차업계 원로로서 다소 늦은 감은 있으나 수입차업계를 대표하는 자리에 앉은 정 대표는 어떤 비전으로 협회를 이끌려는 것일까?

정우영 대표는 "이제 국산차와 수입차 구별은 무의미하며 소비자 선택만 남아 있다"고 말한다

정우영 자동차의 기본인 동력원이 내연기관에서 전기차나 하이브리드로 옮겨지고 수입차의 국내시장 점유율이 20%에 육박할 정도로 커져버린 큰 변화의 시기입니다. 무거운 책임감을 느끼고 있습니다. 이제 국내 자동차시장도 많이 성숙해졌습니다. 개방된 국제화 시대이고 관세도 없어지고 있어요. 과거에는 관세부과 여부로 국산차와 수입차를 구분했지만 이젠 국산차와 수입차 구별도 무의미합니다. 소비자의 선택만 남아 있는 거죠. 국적에 관계없이 어느 브랜드라도 시장의 정확한 니즈에 맞추어 제대로 된 콘셉트의 자동차를 적절한 타이밍에 내놓으면 마켓리더가 됩니다. 전체 자동차시장 성장은 더디겠지만 해외 브랜드들이 마켓리딩에 계속 성공한다면 수입차시장은 더 커지겠

죠. 반대로 국산 브랜드들이 잘 하면 수입차시장은 줄어들 수밖에 없어요. 앞으로 수입차시장이 얼마나 더 성장할 것인가는 역동적인 시장 움직임의 결과물일 뿐입니다. 미리 예측하기가 어렵고 의미도 없습니다. 우리나라 사람들은 무엇이든 둘로 나누어 비교하는 걸 좋아하는 경향이 있어요. 국산차와 수입차, 또 수입차 내에서는 독일차와 일본차 등 주제에 따라 둘로 나누어 비교하고 분석합니다. 현재 모든 브랜드에서 수많은 콘셉트의 차종들을 정신없이 시장에 퍼붓고 있습니다. 따라서 국산차와 수입차, 가솔린엔진과 디젤엔진 등의 이분법 구도로는 전체를 담을 수 없습니다.

인터뷰를 진행하는 필자의 속이 시원해졌다. 한국과 일본은 국내시장 점유율 70% 이상을 가져가는 로컬 자동차 브랜드가 강력하게 시장을 통제하고 있다. 시장통계를 내는 협회들도 제각각 존재하다 보니 국산차와 수입차의 판매통계가 따로 발표된다. 하지만 대부분의 선진국 시장에서는 그 지역에서 판매되는 모든 브랜드를 담아 통합된 판매 통계를 내고 있다. 어차피 국제화시대에 수입차의 정의도 애매하다. 중국산 상용차와 한국GM이 수입하는 임팔라, 르노삼성이 수입하는 QM3 등은 아예 수입차협회 통계에서 빠지다보니 수입차 통계가 정확하지도 않다. 시장에서 서로 맞지 않는 수입차 통계들이 돌아다니는 이유다.

현재 수입차협회의 회원사는 그동안 시장에 들어오는 브랜드들을 순차적으로 맞이하다보니 주로 선진국의 승용브랜드 중심으로 구성되어 있다. 최근에 대형 상용브랜드 5곳을 회원사로 맞이한 것이 최초의 다변화 시도였다. 그래도 선진국 국적의 브랜드 중심의 구성은 변화가 없었다. 그래서 앞으로 중국이나 인도 국적의 자동차업체들이 회원신청을 하면 받아들여줄 것인지 궁금해졌다. 이미 우리나라에는 2019년 말이면 단종되는 다마스와 라보의 연 1만 대 시장을 노리고 저가의 중국브랜드 소형 상용차들이 꾸준히 수입되고 있다. 중국브랜드 중형버스와 SUV도 가성비를 내세워 꽤 팔리고 있는 실정이다.

정우영 수입차협회의 문은 항상 열려 있으니 어느 브랜드든 신청을 하면 이사회 결의를 거쳐 받아들입니다. 중국이나 인도라고 예외일 수 없죠. 지금처럼 작은 규모로 수입하지 않고 대량으로 지속 수입하려면 수입관련 서류작성이나 인증정보 등 협회의 도움이 반드시 필요하게 될 겁니다. 아직 우리나라에 소개되지 않은 콘셉트나 저가 상용차 분야에서는 충분히 진입기회가 있다고 봅니다. 아직 정식으로 신청한 브랜드는 없고요. 단, 선진국 모델을 그대로 베끼는 카피캣(Copycat) 메이커는 사양합니다.

외환 위기 이후 본격 성장하기 시작한 수입차시장은 2000년대 중반부터 독일차와 일본차의 양강구도가 형성되었다. 대부분의 일본 브랜드가 2000년대 후반부터 판매를 개시했으니 2004년부터 몇 년 간 고군분투한 혼다의 전투력은 정말 놀라웠다. 어코드와 CR-V의 두 차종을 중심으로 매년 성장, 2008년에는 1만2000대를 넘겨 수입차업계 최초로 연 1만 대 판매 돌파기록을 세웠다. 수입차시장 점유율도 20%로 업계 1위에 오르는 등 그야말로 돌풍이었다.

그러나 불행히도 그해 9월에 터진 미국 금융위기로 인해 혼다의 꽃날은 길지 못했다. 그 후에는 디젤엔진이 주도한 시장의 강한 성장세를 따라가지 못했다. 레전드, 크로스투어(CrossTour) 등 추가 차종들의 투입도 실패하면서 혼다의 수입차시장 점유율은 계속 떨어져 2015년에는 1.8%까지 하락했다. 2016년부터는 판매가 바닥을 치고 살아나기 시작했다. 2017년에는 다시 연 1만 대를 넘겨 시장 점유율을 4.4%까지 끌어올렸다. '혼다가 돌아왔다'는 경쟁업체들의 두려움 섞인 질시를 받고 있는 이유다.

흥미로운 것은 시장조사기관 컨슈머 인사이트(Consumer Insight)가 매년 실시하는 수입차업계 소비자만족도 조사에서 혼다는 2007년부터 판매가 바닥을 치던 2015년까지 매년 1위를 놓치지 않았다는 사실이다. 2016년에는 벤츠보다 총점에서 1점 뒤진 2위를 기록했다. 구매 편중현상이 심하고 경쟁이 극심한 국내 수입차시장에서 한 번 꺾인 브랜드가 다시 살아나는 것은 정말 어렵다. 도대체 과거 10년 동안 어떤 일들이 혼다에 일어났던 것일까? 그리고 앞으로 혼다의 경쟁력은 더 살아날 수 있을까?

정우영 혼다가 해외시장에 진출할 때 현지 판매법인에 내리는 지침은 단기간의 급성장을 이루는 것보다 꾸준히 판매량을 늘려가며 압도적인 소비자만족(CS)을 달성하라는 것 단 하나입니다. 그 시장에서 떠날 게 아니라면 제품과 서비스 측면에서 시장이 원하는 브랜드가 되라는 거죠. 실제로 판매량이 갑자기 많아지면 판매와 정비 서비스에 허점이 생겨납니다. 그래서 혼다는 언제나 세밀한 사업계획을 세워 계획생산을 합니다. 잘 팔린다고 더 만들지 않고 안 팔린다고 무리하게 시장으로 밀어내거나 딜러에게 떠넘기지 않습니다. 각 부문의 균형을 맞추어 가며 성장하는 걸 원칙으로 하죠. 당연히 한국도 초기부터 판매보다는 소비자만족에 더 집중했습니다. 다행히 우리나라의 잠재고객층에는 미국에서 유학한 사람들이 많았어요. 그들이 유학생 시절 경험했던 혼다의 품질과 서비스, 내구성 등의 이미지가 초기 판매에 많은 도움이 되었다고 봅니다. 경쟁모델 대비 가격도 합리적이었고요. 물론 2008년 미국 금융위기 이후에는 많이 어려워졌습니다. 특히 원화대비 엔화의 가치가 2배 이상 뛰어 판매모델들을 일본에서 수입하던 상황에서 채산성을 맞추기가 힘들었죠. 더구나 2009년 미국시장에서 발생한 토요타의 품질 스캔들로 일본차의 품질 이미지가 크게 훼손되었어요. 2011년에는 후쿠시마 원전사고와 태국의 대규모 홍수로 장기간 차량생산이 중단되는 사태까지 겹치면서 참 힘든 시기였습니다.

정 대표는 환희와 좌절이 교차했던 지난 시절을 별다른 감정 변화 없이 마치 남의 얘기하듯 조용히 풀어냈다. 잠시 뜸을 들이던 그는 다시 차분하게 설명을 이어갔다. 가슴 속에 하고 싶은 말들이 많은 듯했다.

정우영 2008년 금융위기 때 유로화는 상대적으로 안정세를 유지했어요. 그래서 독일 브랜드의 엄청난 판매 공세가 가능했죠.

독일 브랜드가 디젤엔진에 강점이 있었으니 자연적으로 시장에서 디젤엔진의 선호도가 높아지기 시작했습니다. 디젤엔진이 없던 일본 브랜드의 판매가 힘들어졌고요. 천국과 지옥을 오가는 힘든 상황에서 중심을 잡아주는 건 브랜드의 철학과 가치입니다. 어느 브랜드라도 살고 죽는 것은 결국 딜러가 결정하죠. 우리는 당시 딜러의 존속과 수익을 최우선 목표로 정했습니다. 판매량을 늘리기 위해 딜러 수를 늘리지 않았고 딜러 간 고통스러운 할인경쟁도 유도하지 않았어요. 오히려 딜러가 생존할 수 있는 최소수준의 판매량을 계산하고, 판매가 줄더라도 가격을 계속 올렸습니다. 어차피 공급도 한동안 어려웠으니까요. 남들은 저희를 보고 미쳤다고 했죠. 하지만 저희는 시장에서 판매대수 1, 2위를 달성하는 것보다 딜러의 사업을 정상적으로 유지시키고 소비자만족을 지켜가는 게 더 중요하다고 생각했습니다. 기업의 목표는 1등이 되는 게 아니라 '생존'입니다. 따라서 고객한테 사랑받고 시장에서 존경받는 게 정말 중요합니다. 그래서 판매가 어려워져도 압도적인 소비자만족 1위를 고수하기 위해 노력을 집중했습니다. 다행히 2015년까지 큰 점수 차로 계속 1위를 했는데 2016년에 판매량이 늘어나기 시작하니까 바로 벤츠에 밀린 겁니다. 2017년에는 차량부품의 표면방청 불량으로 품질이슈가 있었죠. 자동차의 안전과는 관계없는 외관불량 건입니다. 그래도 소비자에게 불편을 드렸으니 저희가 책임을 지고 290억 원을 들여 1만9000대 차량의 표면 방청처리를 해드리고 있습니다. 현재까지 97% 가량 진행되었습니다(인터뷰 당시 기준). 마지막 한 분까지 다 봐드릴 겁니다. 이번 이슈를 계기로 저희가 더 노력해야 한다고 느끼고 있습니다. 그러면 한 번 1등을 해봤으니 언젠가는 다시 1등이 될 수도 있지 않을까요? 혼다 본사도 같은 방침이었기에 관계가 불편해지지 않았습니다.

혼다의 이런 역발상적인 방침에 대해 딜러들의 반응은 어땠을까? 판매와 서비스를 위한 초기 투자도 많았는데 판매량이 연 1만 대에서 3000~4000대 수준으로 떨어지면 딜러들이 장기간 버텨내기가 쉽지 않기 때문이다. 그래도 소비자만족도 1위를 계속 유지해왔다는 것은 딜러들이 현장에서 정상적인 활동을 해왔다는 뜻이니 신기한 느낌이 들 정도다.

정우영 어려운 시기에 딜러들을 지키는 게 최우선이었으니까요. 딜러들과 정말 끝도 없이 대화를 하면서 이해를 구했습니다. 추가적인 투자도 요구하지 않았고요. 딜러들도 자체적인 원가절감 노력을 많이 했습니다. 그래서 저희 딜러들이 판매량이 줄어들어도 흑자를 유지할 수 있었습니다. 딜러의 경영권 변동도 상대적으로 적었어요. 오히려 그동안 시장에서 물량으로 1, 2위를 다투어왔던 브랜드의 딜러들이 과도한 투자와 할인경쟁에 내몰려 적자를 내고 오너도 많이 바뀌었죠. 딜러들이 행복하지 않은 겁니다. 그러면 소비자들도 만족할 수 없죠. 지금도 저희 딜러들은 모두 흑자경영입니다. 혼다 본사의 방침은 항상 딜러와 문제가 생기면 딜러 중심으로, 고객과 문제가 생기면 고객 중심으로 생각하고 결정하라는 겁니다. 이런 방침을 딜러의 경영진과 중간관리자, 현장의 영업과 정비인력까지 늘 철저하게 교육하고 공유해왔습니다. 이런 강한 공감대가 있었기에 그 어려운 시절을 잘 극복해온 것 같아요.

어려운 시기에 딜러들의 투자를 요구하지 않고 판매망을 지키며 잘 견뎌온 것은 다행이다. 그러나 다시 판매가 확대되기 시작하면 더 많은 지역의 고객들을 만나기 위해 딜러 네트워크를 늘리지 않을 수 없다. 현재 10개의 전시장과 13곳의 서비스센터 규모는 이미 전국적으로 확대된 수입차시장을 커버하기에는 턱없이 부족하다. 혼다의 누적 판매대수가 늘어나면서 서비스센터의 위치나 수리시간 등 오너들의 불평이 나오고 있는 현실에 어떻게 대응해야 할까?

정우영 그동안 같이 고생했으니 앞으로도 딜러 수를 늘리지 않겠다고 할 수는 없습니다. 압도적인 소비자만족을 위해 새로운 인프라 투자가 새롭게 필요해지는 시기가 옵니다. 몸집이 커지는 것이니까요. 하지만 새로운 지역에 딜러를 추가할 때 기존 딜러들에게 우선권을 주지 않을 겁니다. 우리의 선정기준은 그 지역에서 가장 잘 운영할 수 있는 딜러를 뽑는 겁니다. 기존 딜러들도 신청할 수는 있어요. 하지만 자기가 뿌리를 내리고 있는 지역이 아니라면 그 지역에서의 경쟁력을 입증하기가 쉽지 않을 걸로 봅니다. 계약을 친분관계로 하면 안 됩니다. 비즈니스는 인간적인 요소를 배제하고 냉정하게 판단해야 하니까요.

부드러운 미소를 띤 아담한 체구 속에 의외로 강한 뚝심이 들어 있었다. 낮지만 단호한 톤으로 이야기하는 정 대표가 갑자기 무섭다는 생각마저 들었다.

자동차산업은 대표적인 성숙산업이다. 대부분의 부품을 공급하는 외부 부품업체들의 품질과 기술은 이미 상향평준화되어 있다. 하드웨어적으로 시장에서 차별화될 게 별로 없다는 얘기다. 따라서 주요 브랜드들은 디자인과 브랜드 이미지, 소비자만족 등 소프트한 부문에서 차별화하기 위해 힘겹게 경쟁하고 있다. 현재 국내 수입차시장에서 혼다의 브랜드 이미지는 진출 초기에 가졌던 품질 좋고 편안하며 서비스 좋다는 실용적인 수준에 계속 머물러 있다는 느낌이다.

사실 필자가 기아자동차에서 자동차생활을 시작했던 1980년대 후반 혼다는 전 세계 자동차 엔지니어들에게 영감과 용기를 주는 최고의 인기 브랜드였다. 혼다는 일본의 자동차업체 중 가장 막내다. 하지만 뛰어난 엔진과 차체 기술로 독특한 차종들을 개발하고 포뮬러원(F1)에도 과감히 참가하는 '기술의 혼다', 모터사이클, 자동차, 선박엔진에 아시모(Asimo) 로봇과 비행기까지 육해공을 아우르는 '혁신적 모빌리티의 혼다'의 이미지는 당시 독자기술에 목말라 있던 국내 자동차산업의 롤 모델 같은 존재였다. 그 무렵 도쿄 모터쇼에 가면 제일 먼저 혼다의 전시장으로 달려가 정신없이 만져보고 사진 찍던 기억이 새롭다.

창사 이래 혼다의 캐치프레이즈는 '꿈의 힘'(The Power of Dreams)이었다. 이렇게 꿈을 이루기 위해 아름다운 도전을 멈추지 않는다는 혼다의 기업문화가 국내 소비자들에게 잘 알려져 있지 않은 것은 의외다. 향후 국내에서도 미국처럼 강력한 혼다 팬그룹이 형성될 수 있을까? 혼다코리아의 장기적인 성공을 가늠할 수 있는 핵심요소다.

정우영 진정한 모빌리티의 의미는 엔진 달린 것 이외에는 하는 게 없다는 거죠. 혼다의 모토는 전 세계 시장에 합리적인 가격으로 질 좋은 제품을 공급하는 겁니다. 인간의 움직임을 자유롭게 하고 인간의 생활을 여유롭게 만드는 편리한 생활도구를 만드는 거죠. 이것저것 다 하면서 자동차도 하나 한다고 해서 모빌리티 회사라고 부를 수 없습니다. 혼다는 연간 자동차 500만 대, 모터사이클 2000만 대, 원동기 제품(Power Products) 500만 대 등 연 3000만 개 이상의 엔진 제품을 만들어 고객과 만나고 있습니다. 전 세계에서 유일하죠. 그만큼 '잘 달리고 잘 돌고 잘 선다'는 기본 기능과 품질에 집중합니다. 다양한 옵션이나 화려한 면은 좀 떨어지죠. 대신 품질과 내구성에서는 최고라고 자부합니다. 그동안 북미시장과 인도, 동남아 같은 신흥시장에 주력하다보니 국내에 좀 덜 알려진 부분이 있습니다. 그래도 혼다 오너들은 재구매율이 높습니다. 혼다차는 내가 영업사원보다 더 잘 안다고 주장하시는 고객분들도 많습니다. 앞으로 우리가 더 노력해야 할 부분입니다.

'기술의 혼다' 이미지를 높이기 위해서는 소비자의 관심을 집중시킬 수 있는 이미지 리딩(image-leading) 모델이 필요하다. 고성능 스포츠카나 독특한 콘셉트의 차종 1~2개를 개발해 홍보용으로 앞

세우고, 그 이미지를 이용해 평범하고 실용적인 차종들을 대량으로 판매하는 건 자동차업계의 오랜 관행이다. 혼다는 1990년대 일본의 레저용 차량(RV) 붐을 선도하면서 독특하며 매력적인 모델들을 다양하게 선보여 다른 일본 브랜드들을 압도했다. 이제 그런 재기발랄한 모델들보다는 볼륨시장을 타깃으로 대중적인 기호에 맞춘 차종들이 주로 생산되고 있어 아쉬움을 주고 있다. 연간 생산 규모가 경쟁상대인 토요타나 폭스바겐의 절반에도 못 미쳐 규모의 경제에서 밀리는 혼다로서는 차종 라인업을 단순하게 유지할 수밖에 없을 것이다.

정우영 장기적인 브랜드 이미지를 위해 혼다만의 독특하고 매력적인 모델들이 필요한 건 잘 알고 있습니다. 일본 내수시장의

혼다 NSX

장기 침체로 인해 혼다의 매력적인 레저용 차량들이 많이 사라진 건 저도 아쉽습니다. 주력 제품인 어코드와 시빅(Civic)도 북미시장과 신흥국 위주로 만들다보니 재미없는 패밀리 세단이 되어버린 측면이 있습니다. 다행히 이번 10세대 어코드는 과거의 독특하고 스포티한 면이 많이 강조되어 기대가 큽니다. 하이엔드 스포츠카 NSX의 국내 출시를 놓고 고민이 많았습니다. 예상 판매대수에 비해 선행투자가 많이 필요해 결국 포기했어요. 경(輕) 스포츠카인 S660도 좋지만 국내 경차규정과 다르고 왼쪽 핸들 사양이 없어서 접었습니다. 고급 고성능 브랜드인 어큐라 (Acura)의 시장 가능성은 충분하다고 생각합니다. 많은 고객들이 계속 문의하고 있거든요. 새로운 브랜드라 사전 준비와 투자계획을 시간을 충분히 가지고 철저히 준비해야 합니다. 시장 측면에서 적절한 출시시점을 살피고 있는 중입니다. 그래도 지금은 혼다 브랜드의 정체성을 안정화하는 게 급선무라고 판단하고 있습니다.

시장에서 가치 있는 브랜드로 인정받기 위해서는 혁신적인 기술과 트렌드의 이니셔티브가 필요하다. 혼다는 미래 친환경차의 주류로 떠오르고 있는 수소연료전지차 분야에서 토요타, 현대 등과 치열한 선두다툼을 벌이고 있다. 하지만 하이브리드 시장은 아쉬움이 크다. 현재 토요타가 프리우스를 중심으로 20년 가까이 전 세계 리더로 군림하고 있지만, 사실 혼다는 프리우스보다 먼저 인사이트(Insight)라는 하이브리드 모델을 세계 최초로 1999년에 출시했다. 기술제휴나 M&A보다 독자개발을 선호하는 '기술의 혼다'에 걸맞는 선도적인 역작이었다. 하지만 그 이후로 혼다는 친환경차 분야에서 그리 두각을 나타내지 못했다.

정우영 친환경차 기술에서 앞서가던 혼다가 잠시 주춤했었죠. 여러 가지 새로운 시도를 했지만 시장 반응이 시원치 않으니 옳은 방향인가 회의가 있었던 게 아닌가 싶네요. 시장이 형성되기 전에 너무 앞서갔다고 할 수도 있겠죠. 다행히 요새 나오는 혼다 하이브리드 모델들의 완성도가 높아 기존 모델보다 더 인기가 있을 걸로 생각합니다. 하지만 하이브리드가 미래 친환경차의 주력이 될지는 아직 의문입니다. 혼다는 기술 완성도를 높이고 원가를 낮추기 위해 GM과 협력해 전기차와 수소연료전지차의 공동개발을 하고 있습니다. 이제 새로운 문이 열렸으니 각 브

혼다 2018 슈퍼커브

랜드에서 경쟁적으로 다양한 친환경차를 출시하고, 자기 방식을 업계의 표준으로 삼고자 치열하게 경쟁할 겁니다. 기술과 원가 측면에서 현실성이 있어야 성공할 테니 각 브랜드들의 합종연횡이 분야별로 더욱 활발해질 것으로 예상됩니다. 혼자 잘 하기에는 자동차산업이 너무 복잡해졌어요.

혼다는 1948년 모터사이클 제조업체로 시작했다. 1958년에 내놓은 도심형 근거리용 슈퍼커브(Super Cub)가 대히트를 치면서 그 다음해에 바로 세계 최대규모의 모터사이클 제조업체가 되었고, 그 후 60년간 전 세계 주요 지역의 모터사이클 시장을 주도해 오고 있다. 그런데 1990년대 중반 연 30만 대 규모로 성장했던 국내 모터사이클시장은 이제 연 9만 대 시장으로 위축됐다. 왜 국내에서는 모터사이클시장이 성장하지 못했을까?

그래도 혼다는 국내에서 2002년 정식으로 수입판매를 개시한 이래 15년 연속 국내 모터사이클 브랜드파워 1위를 유지해왔다. 작년에는 누적 판매 10만 대를 달성했고, 올 상반기에는 최단기간 1만 대 판매라는 대기록도 세웠다. 다양한 모델 라인업으로 250cc 이상 대형시장부터 125cc 이하 생활밀착형 소형시장에서 이르기까지 다양한 경쟁모델들을 밀어내고 있는 형국이다. 전체 시장규모가 줄어들었다고 하지만 국내시장에는 해외 주요 브랜드들이 거의 다 들어와 있다. 여기서 혼다만 독야청청하고 있는 비결 또한 무엇인지 궁금해졌다.

정우영 1960년대 외국 브랜드 모델의 단순조립으로 시작한 국내 모터사이클업계도 그동안 많이 변했습니다. 결론적으로 모터사이클산업은 국산 브랜드들도 모두 해외에서 수입판매하고 있을 정도로 국내 기반이 다 무너졌어요. 비슷한 시기에 출발한 자동차산업은 우리나라의 중추 기간산업이 되었는데 말이죠. 사실 연 10만 대도 안 되는 시장규모로는 독립적인 산업이 될 수가 없죠. 이는 산업화 초기부터 정부지원과 사회제도가 자동차 위주로 실행되었기 때문이라고 생각합니다. 도로나 주차장 같은 교통 인프라부터 도로교통법 같은 법규에 묶여서 모터사이클산업은 도심 배달업무 이외 자체적인 사용문화를 형성하기가 어려웠죠. 저소득 신흥국이 먼저 모터사이클로 모빌리티를 경험하다가 소득이 증대되면 자동차로 옮겨가는 게 일반 트렌드입니다. 그런데 우리나라는 모터사이클을 거치지 않고 바로 자동차로 들어가버린 겁니다. 정부도 시장규모가 작다보니 하나의 산업으로 육성하는데 무관심했죠. 고속도로나 자동차 전용도로 진입금지가 대표적인 차별입니다. 게다가 날치기나 소음, 폭주족 같은 부정적 이미지가 강해지다 보니 모터사이클 오너들이 당당하게 즐길 수 있는 문화가 없어요. 많이 아쉽지만 이런 시장상황을 받아들여야겠죠. 그래도 국내시장에서 혼다의 모터사이클은 높은 품질과 안전성으로 트러블 없이 즐겁게 탈 수 있다는 인식이 확고하게 심어져 있습니다.

일본은 사실 자동차보다 모터사이클의 사용문화가 먼저 활성화되었고 지금도 활발하게 자체 성장하고 있다. 지금부터라도 관련 단체들과 동호회를 중심으로 건전하고 긍정적인 모터사이클 문화를 키워나갈 수 있지 않을까? 아울러 마켓리더로서 혼다가 이런 문화형성에 많은 기여를 할 수 있지 않을까?

정우영 지금도 관련 협회나 각 브랜드의 동호회를 중심으로 나름 열심히 활동하고 있습니다. 아직은 미약하지만 소득수준 향상과 라이프스타일 다양화로 점차 나아지리라 기대합니다. 다행히 전체 시장은 줄었어도 대형 모터사이클시장은 연 2만 5000대 규모에서 계속 성장 중입니다. 몇 대 더 파는 것보다는 아웃도어 레저로 모터사이클 문화가 발전하고 정착하는 선도적 역할을 하겠다는 게 혼다의 명확한 정책방향입니다. 전 세계 시장점유율 43%의 최대 제조업체로서 혼다가 모범을 보여야 한다는 생각이죠. 그래서 운전과 기본 룰의 교육에 힘쓰고 있습니다. 결국 문화를 키워야 시장이 커지니까요.

국내 산업화 초기부터 현장에서 업을 일구어온 세대에게는 적절하지 않은 질문일 것이다. 그래도 요새 화제가 되고 있는 일과 가정의 라이프밸런스와 세컨드 라이프에 대해 물어보았다.

정우영 평생 라이프밸런스라는 건 별로 생각해 보지 않았습니다. 그저 개인적으로 헬스클럽 간다는 마음으로 주말에 시간 나면 등산이나 아웃도어 활동을 하면서 지냈죠. 계속 이 일을 할 수 있으니 세컨드 라이프도 진지하게 생각해본 적이 없고요. 언젠가 현직에서 물러나면 특별히 취미나 봉사활동을 하지 않고 그냥 아무 생각없이 자연에 묻혀 살고 싶네요. 지금까지 군복무, 육아, 회사생활, 세금납부 등 이 사회에 오랫동안 충분히 봉사하고 살아왔잖아요? 그러니 때가 오면 사회를 벗어나 나 개인을 돌아보는 생활을 하고 싶은 거죠.

자동차업계의 대선배인 정 대표는 자동차를 좋아하며 자동차와 함께하는 커리어를 꿈꾸고 있는 젊은 후배들에게 어떤 조언을 해주고 싶을까? 부드러운 마무리를 기대했던 필자의 기대와는 달리 정 대표의 표정이 진지해지면서 갑자기 말에 힘이 들어가기 시작했다.

정우영 막연히 자동차를 좋아한다고 하지 말고 구체적으로 자동차의 어떤 부분을 좋아하는지 분명히 정해야 합니다. 제가 신입사원 인터뷰에서 왜 혼다코리아를 지원했냐고 물어보면 대부분 자동차를 좋아해서 왔다고 답을 합니다. 구체적으로 자동차의 어떤 면을 좋아하냐고 다시 물어보면 답을 잘 못해요. 자동차를 만드는 걸 좋아하면 상품기획이나 연구개발로 가야 하고, 타는 걸 좋아하면 시승 쪽으로 가야 합니다. 파는 걸 좋아하면 영업으로 가야 하고요. 저도 어찌하다보니 내연기관이 제 인생의 모든 것이 되었습니다. 초기에는 모터사이클 제조현장에서 만드는 걸 좋아했죠. 지금은 판매회사 사장으로 차를 파는 걸 좋아하고 있습니다. 황 위원님도 자동차를 좋아하실 텐데 어떤 면을 좋아하시나요?

급작스러운 질문에 당황했다. 갑자기 허를 찔린 것 같은 기분이다. 오랜 기간 자동차를 좋아해온 건 맞는데 막상 대답하려 하니 혼다코리아에 지원한 젊은 청년들과 별반 다르지 않았기 때문이다. 선승의 일갈에 정신이 혼미해진 불자의 마음이 이럴까? 그래도 기업이든 사람이든 기본에 충실해야 한다는 대선배의 한마디가 무겁게 마음에 남았다.

비전(Vision)은 세우는 것보다
파는 것이 더 중요하다

이윤모 볼보코리아 대표

검은 백조(Black Swan)

예측이나 통제가 불가하고 과거의 경험으로도 확인할 수 없어 현실에서 일어나지 않을 것으로 기대했던 일이 실제 발생했을 경우를 이르는 말이다. 1987년 수입자유화 이후 부침을 겪으며 성장해 이제 성숙기에 접어든 국내 수입차시장에서 최근 많은 사람들을 놀라게 하고 있는 볼보가 이런 존재가 아닐까? 단순히 신차 투입에 의한 판매대수의 증가만이 아니다. 안전의 대명사로서 투박하지만 튼튼하고 실용적인 패밀리카(family car)에서 절제되고 세련된 디자인의 프리미엄 브랜드로 정체성을 바꾸어가고 있는 성공적인 노력이 더 놀랍다. 볼보의 상징 컬러를 따라 파란 백조라 불러야 할까?

이런 놀라운 변화는 2014년에 이윤모 대표가 볼보코리아의 CEO로 취임하면서 시작되었다. 볼보 웨이(Volvo Way)로 축약되는 볼보코리아 내부의 담대한 변화는 목표를 향해 현재 진행형이다. 어디까지가 목표이고 그 이후에는 어떤 계획이 있을까? 욕심 많은 사람에게 만족은 없으니까. 별 특별할 것 없다는 듯 담담한 표정으로 차분히 설명하는 이 대표의 목소리는 조용하지만 힘이 있었다.

이윤모 아시다시피 볼보는 원래 대량판매 브랜드가 아니죠. 10년 전에 연 30만 대 생산 규모였고 현재도 연 50만 대에 불과합니다. 올해(2018년) 말에 준공되는 미국 공장을 합쳐도 연 80만 대 정도 됩니다. 소규모로 시장경쟁에서 살아남아야 하니 볼보는 설립 초기부터 고가의 프리미엄 브랜드를 지향해왔습니다. 1990년대 들어 판매 부진을 겪고 타업체에 인수합병 되면

볼보 XC Range

서 많이 어려웠습니다. 브랜드 정체성 혼란도 겪었고요. 사실 프리미엄 브랜드라고 하기에는 제품이나 마케팅 측면에서 그동안 부족한 점들이 많았죠. 하지만 2010년 중국 지리(Geely)에 인수된 이후 대규모 투자가 이어지면서 엄청난 변화가 진행 중입니다. 경쟁 프리미엄 브랜드와 차별화된 스칸디나비아 럭셔리(Scandinavian Luxury)로 볼보의 브랜드 정체성도 신속히 정립되어가고 있습니다. 그 중심에는 90시리즈(S90, XC90, V90 크로스컨트리)가 있습니다. 대형 승용모델이 없는 볼보의 플래그십(flagship) 모델인 XC90 SUV를 주력으로 90시리즈가 성공적으로 시장에 안착했습니다. 이후 60시리즈도 성공하면서 올해(2018년) 출시되는 40시리즈로 기본 라인업 구성이 일단락됩니다. 이런 볼보의 글로벌 제품전략 방향이 고가의 중대형 모델 판매위주인 국내 수입차시장에 딱 들어맞게 전개되면서 성공을 거두고 있다고 봅니다. 전 직원들이 열심히 노력한 결과지만 운도 좋았다고 볼 수 있죠.

물이 들어와도 합심해서 노를 제대로 저어야 배가 의도한 방향으로 나아가는 법이다. 변화를 이끌어낸 선장의 경영 철학과 리더십이 궁금하지 않을 수 없다. 그동안 볼보코리아 내 어떤 일들이 있었던 것일까?

이윤모 시장에서 모든 브랜드들이 자기만의 독특한 경영철학과 방식을 얘기합니다. 볼보가 다른 브랜드와 확실히 다른 점은 1927년 설립 이후 변함없이 사람중심(Human-centric)이라는 점입니다. 차를 개발할 때도 퍼포먼스보다 사람을 먼저 얘기하죠. 우리가 어떻게 해야 사람들이 볼보를 타면서 만족하고 행복해질 수 있는가를 연구합니다. 그들이 왜 차를 타는지 이해하고 보호하면서 볼보를 타는 특별함을 느끼게 하는 게 중요하니까요. 그래서 '안전'이라는 키워드가 나온 겁니다. 기술 혁신도 사람들의 삶을 개선하고 덜 복잡하게 만드는 방향으로 진행합니다. 요새 덴마크의 휘게(Hygge), 스웨덴의 피카(Fika)같은 스칸디나비안 라이프가 유행입니다. 이건 결국 개인과 가족의 단순하고 따뜻하며 안락한 행복을 의미하는 거죠. 사람들이 볼보를 타면서 이런 삶의 가치를 느끼게 하는 게 저희 브랜드의 모토입니다. 아울러 직원들과 딜러들도 한 가족처럼 같이 만족하고 행복을 느껴야 합니다. 제가 취임할 당시 볼보는 국내에서 전체 시장의 성장과는 동떨어져 연간 2000대 정도를 팔고 있는 정체된 브랜드였습니다. 성장보다는 안주하는 분위기가 팽배해 있었죠. 이런 조직문화로는 신차가 계속 들어와도 안 된다는 위기의식을 강하게 느꼈습니다. 그래도 실망하기보다는 이래서 새로운 리더가 필요하다고 생각했습니다. 오히려 무언가 해 볼 수 있는 기회라고 본 거죠. 취임 이후 끊임없이 직원들과 대화한 주제는 '왜 볼보인가'(Why Volvo)?라는 단순한 질문이었습니다. 왜 우리는 볼보에서 일하며, 왜 딜러들은 볼보를 팔며, 왜 우리 고객들은 볼보를 타는가 하는 아주 기본적인 질문들을 공유했어요. 침체된 조직 분위기를 끌어올려야 했으니까요. 딜러들을 포함한 전체 조직의 문화를 바꾸는 일이라 시간은 꽤 걸릴 걸로 예상했죠. 처음에 연 1만 대를 팔자고 자꾸 얘기하고 다녔더니 사내에서 좀 이상한 사람 취급을 하더군요(웃음). 다행히 신차들이 좋은 시장반응을 얻으면서 조직 내 변화의 흐름이 가속화되었습니다. '한번 해보자!'라는 강한 긍정의 분위기가 형성될 수 있었죠. 이제 자신감도 생기고 시장의 인식도 많이 좋아졌다고 봅니다. 프리미엄 브랜드로의 지속적인 성장에 대한 조직 내 의구심은 이제 없어졌다고 확신합니다. 아직 승용차 부문이 상대적으로 약하지만 SUV 부문의 성공에 의해 앞으로 많이 좋아지리라 봅니다. 딜러들도 자신감을 가지고 투자해주고 있어 감사할 뿐입니다. 차는 그 분들이 팔아주시는 거니까. 가끔은 너무 과감하게 투자해서 저를 많이 힘들게 하기도 하세요. 저보고 더 잘하라는 무언의 압력이니까요.

그동안 숨 가쁘게 성장해온 국내 수입차시장은 이제 전체 자동차시장의 15%를 넘을 정도로 커졌다. 향후 국내 수입차시장은 얼마나 더 성장할 수 있을까? 2016년 수입차시장은 연 22만5000대로 외환위기 이후 최초로 전년 대비 7% 감소했다. 2017년 상반기도 작년 대비 불과 1.2% 성장하여 이런 우려를 뒷받침하고 있다. 하지만 담담하게 설명을 이어가는 이 대표의 표정은 여유로웠다.

이윤모 최근 수입차시장이 잠시 정체되고 있는 건 사실입니다. 하지만 국내 총 160만 대 승용시장을 놓고 보면 수입차가 추가로 성장할 수 있는 여지는 많다고 봅니다. 사실 수입차와 국산차의 구분도 모호하죠. 이제는 소비자들이 국적에 관계없이 본인들의 라이프스타일과 예산에 맞추어 브랜드와 제품만 보고 산다고 생각합니다. 국내에서 수입차 비중이 몇 퍼센트라고 얘기하는 게 의미가 없어진다는 얘기죠. 선진국시장들은 다 그렇지 않나요? 스웨덴 본사 사람들이 한국에 와서는 거리에 보이는 자동차의 브랜드와 차종, 색깔 등에서 다양성이 부족해 놀라곤 합니다. 향후 소득 증대와 개성을 추구하는 라이프스타일 추세에 의해 소비자의 니즈는 더 다양화되겠죠. 볼보처럼 개성 있고 세련된 브랜드에게는 기회가 온다고 봅니다. 그리고 국내 자동차시장은 더 성장하기 어려울 겁니다. 그런 의미에서 궁극적으로 수입차와 국산차 비율이 반반 정도 되지 않을까요? 현대차와 기아차에게는 결코 유쾌하지 않은 전망일 겁니다. 어차피 그들 판매규모에서 국내시장은 15% 정도에 불과합니다. 훨씬 넓은 해외시장에 주력해서 더 팔아야 하지 않을까요? 국내에서 수입차와 경쟁하며 차량 품질이나 고객서비스 측면에서 그들의 글로벌 경쟁력도 많이 높아졌지 않습니까?

대단한 자신감이 아닐 수 없다. 아직 볼보의 절대적인 판매대수는 많지 않다. 그러나 2013년 2000대에서 2016년에는 5200대를 판매하고 2017년에는 6500대 판매를 자신하고 있는 강한 기세가 느껴졌다. 내부적으로 2019년 1만 대 판매를 목표로 하고 있다고 한다. 이 어려운 타깃을 달성하기 위해 볼보는 어떤 제품과 마케팅 전략을 가지고 있을까?

이윤모 연 1만 대 판매를 달성하기 위해 볼보는 경쟁 브랜드, 특히 독일 프리미엄 브랜드와 확실하게 차별화된 프리미엄 브랜드로 자리매김하지 않으면 안 됩니다. 2016년 여름 XC90을 출시할 때 경쟁 모델인 BMW X5, 아우디 Q7에 버금가는 높은 가격으로 내부와 시장의 반발이 만만치 않았습니다. 그런데 타본 사람들의 입소문이 퍼지면서 시장 반응이 확 좋아졌어요. 이번 XC60도 유사한 가격정책을 썼는데 잘 팔리면서 시장의 반발이 전혀 없었어요. 시장에서 볼보가 프리미엄 브랜드로 자리를 잡아간다는 느낌입니다. 특별히 할인도 하지 않았거든요. 솔직히 그전에는 할인판매 많이 하는 대중브랜드 취급을 받았었죠. 현재 볼보의 제품전략상 가장 중요한 차종은 XC60입니다. 시장 규모도 제일 크면서 급성장하고 있는 중형 SUV 세그먼트의 핵심차종이죠. 볼보 내 생산볼륨도 가장 큽니다. 한국인 디자이너 이정협 씨가 외관 디자인을 맡아 국내에서 더 인기가 있는 것 같기도 하구요. 아직 소량판매 브랜드라 마케팅 측면에서 대대적인 이벤트는 못하고 있습니다. 하지만 볼보가 추구하는 스칸디나비아 럭셔리, 즉 크고 화려하지 않아도 간결하고, 세련되고, 따뜻하면서 자연 친화적인 콘셉트를 고객이 현장에서 느낄 수 있도록 노력하는 중입니다. 모든 전시장은 VRE(Volvo Retail Experience) 정책에 의해 차량과 소품, 향기, 사운드, 드레스 코드의 5가지를 갖추어 고객을 응대하고 있습니다. 정비사업소에서는 VPS(Volvo Personal Service)라는 정비 주치의 제도를 도입했고요. 한 명의 정비기술자가 담당 고객의 응대부터 정비의 전 과정을 운영하도록 해 고객 만족도를 높이고 있습니다. 처음엔 정비 업무에 바쁘고 고객 응대를 어려워하는 현장 기술자들의 반발이 상당했죠. 지속적인 설득과 교육을 거쳐 이제 정착되어가고 있습니다. 이제 볼보 내 모범사례로 알려져 일본과 중국에서 벤치마킹을 하고 있습니다. 현장에서 잘 따라준 딜러들 덕분이죠. 늘 감사하고 있습니다.

수입차를 해외에서 가져오는 수입법인들은 예외 없이 딜러의 중요성을 강조한다. 그런데 이 대표는 유달리 딜러들에게 감사한다는 말을 여러 번 반복하는 것이 신기했다. 흔히 말하는 갑과 을의 관계인데도 말이다. 갑자기 이 대표의 목소리 톤이 높아졌다.

이윤모 저는 취임 후 늘 직원들에게 우리는 수입법인이라 시장에서 차 한 대도 팔지 않고 수리도 하지 않는다고 강조했어요. 임포터가 하는 건 차량의 수입통관과 브랜드 마케팅밖에 없

"딜러가 만족하고 행복해야 고객도 행복해지고 판매도 잘된다"고 말하는 이윤모 대표

으니까요. 실제 고객을 상대하면서 고객만족에 영향을 주는 주요 행위들이 딜러 현장에서 일어납니다. 딜러가 만족하고 행복해야 고객도 행복해지고 판매도 잘 됩니다.

너무나 당연해서 그 중요성을 잊고 있는 것일까? 시장에서 잘 나가는 브랜드의 경우 수입법인은 돈을 잘 벌어도 딜러들은 그렇지 못한 경우가 그동안 너무 많았다. 치열한 경쟁을 거쳐 딜러에 선정되었다는 기쁨은 잠시에 불과하다. 전시장과 정비사업소 설립, 영업과 정비 인력의 고용과 교육 등 초기에 막대한 투자를 해야 한다. 그러나 적절한 투자 회수는 당초 계획대로 되지 않기가 십상이다. 영업 초기부터 목표 판매대수를 달성하기 위한 수입법인의 강력한 현장 할인정책이 몰아치면 눈치를 보며 동참하지 않을 수 없다. 영업이 잘되어도 수입법인이 새로운 딜러들을 추가로 선정해 투입하는 탓에 같은 브랜드의 딜러들 사이에 판매 경쟁도 심해져 적정수익을 내기가 어려운 경우도 많았다. 시장을 주도하는 몇몇 브랜드 주요 딜러들의 경영권 손바뀜이 심했던 것은 업계의 공공연한 비밀이다. 이런 상황을 이 대표는 너무 잘 알고 있을 것이다.

이윤모 딜러가 돈 벌 수 있으면 수입법인과의 관계는 좋아집니다. 볼보의 딜러들도 과거에 고생이 참 많았죠. 현재 7개 딜러가 전국에 22개 전시장을 운영하고 있습니다. 최근 들어 판매가 살아나고 할인을 별로 하지 않으니 새로 선정된 딜러들을 포함해서 수익성이 대폭 개선되고 있는 중입니다. 아직 갈 길이 멀기는 하죠. 판매 대수와 지역을 늘리기 위해 네트워크를 계속 확장해야 하니 긴장관계가 만들어질 수 있습니다. 그러나 저희는 기존 딜러들에게 먼저 기회를 주어 선택하도록 합니다. 딜러가 커지고 강해져야 볼보가 사니까요. 사실 딜러들이 선투자를 해야 하니 저희보다 더 공부하고 더 고민하고 있습니다. 오히려 제가 많이 배우고 있죠.

현재 수입차 시장을 주도하고 있는 벤츠나 BMW는 2010년에 연 1만 대 판매를 돌파했다. 독일 본사의 제품개발과 마케팅 지원이 결정적 도움을 주었음은 물론이다. 이후 두 브랜드는 한국시장 판매 비중이 커지면서 본사의 관심과 투자가 가속화되어 급성장할 수 있었다. 아직 전 세계 볼보 판매에서 한국시장의 비중은 작은 편이다. 과연 스웨덴 본사는 볼보코리아를 충분히 지원하고 있을까?

이윤모 2017년 한국에서의 판매물량은 볼보 글로벌 판매의 1% 정도에 불과합니다. 지금 국내에서 잘나가는 경쟁 브랜드들은 한국시장 비중이 2~3% 정도죠. 하지만 대수 이전에 한국시장은 엄청난 성장 잠재력을 가진 주요 시장이라고 스웨덴 본사 경영진은 확신하고 있습니다. 무엇보다 국내 수입차시장이 고가 프리미엄 모델 위주라 볼보의 성장 전략과 딱 들어맞거든요. SUV 인기도 상승세라 SUV를 주력으로 하는 볼보의 제품전략과도 일치하고요. 게다가 한국이 트렌드세터(trend setter)로서 아시아시장, 특히 중국에 미치는 영향력이 상당합니다. 한마디로 한국에서 성공하면 전체 아시아에서 성공할 수 있다고 믿습니다. 지금은 시작에 불과합니다. 일본에서 볼보는 연 1만5000대 정도 팔리고 있는데 저가의 40시리즈가 60~70% 정도 차지합니다. 반면 한국에서는 고가의 90시리즈가 50% 정도이고 60시리즈까지 합하면 70%에 육박합니다. 본사가 주목할 수밖에 없죠. 볼보코리아가 목소리를 충분히 낼 수 있는 상황입니다. 따라서 가격이나 제품사양의 현지화 등에서 단기적으로는 손해를 보더라도 적극적으로 도와주고 있습니다. 그래서 경쟁차종 대비 성능이나 사양에서 뒤떨어지지 않으면서 XC90과 XC60의 가격을 낮출 수 있었죠. 출시 후 판매가 잘 되어 선순환이 이루어지고 있어 다행입니다.

이야기가 의욕적으로 너무 앞서 나간 느낌이 있어 잠시 현실 진단을 해보기로 했다. 수입차시장에서 연 1만 대 클럽에 가입한다는 게 과연 무슨 의미가 있을까? 또한 직원이나 딜러에게는 어떤 좋은 점이 있을까? 그 어떤 멋진 비전과 목표도 조직 구성원들에게 실질적인 가치를 줄 수 있다는 공감대를 형성하지 못하면 강력한 추진력을 갖기 어렵다. 그리고 연 1만 대 달성 이후에도 계속 성장할 수 있을까? 볼보의 제한된 라인업과 생산능력을 감안할 때 쉽지 않아 보인다.

이윤모 연 1만 대 판매는 프리미엄 브랜드가 자생적으로 지속 성장하기 위해 필요한 최소한의 물량입니다. 최근의 고속 성장은 본사의 막대한 지원이 있었기에 가능했죠. 대당 판매비용을 따져보면 볼보가 수입차업계 최고 수준이거든요. 한국시장의 총 판매비용이 중국보다 많다고 본사에서 놀라고 있을 정도입니다. 시장에서 브랜드를 만들어가려면 시간과 돈이 많이 들어가니 본사의 선투자를 받지 못하면 안 됩니다. 현재 계획 중인 신차 투입과 마케팅 선투자를 감안하면 연 1만 대 달성은 쉽지 않지만 가능하다고 봅니다. 그 이후에도 계속 꾸준하게 성장해야 하고요. 그래야 딜러들도 안심하고 장기 투자에 나설 수 있습니다. 직원들도 자부심과 비전을 가지고 자기 업무에 더욱 매진할 수 있죠. 고객들의 충성도 또한 더 강해집니다. 결국 지속적인 성장 없이는 전체 조직에 만족을 줄 수 없습니다. 장기적으로 경쟁 브랜드들처럼 한국시장 비중을 2%까지 올리면 연 2만 대 정도가 되지 않을까요? 그것도 고가모델 위주로요. 볼보 내에서 대단한 존재가 될 겁니다.

혹 떼려다가 혹 붙인다는 게 이런 경우를 얘기하나보다. 낮은 목소리로 차분하게 설명하는 이 대표에게 볼보 브랜드에 대한 강한 확신이 느껴졌다. 볼보가 그동안 프리미엄 브랜드를 지향해왔다고 하지만 글로벌시장에서는 3S(Safety, Space & Speed)로 요약되는 독특한 개성을 지닌 실용적인 브랜드로 인식되어왔다. 사브(SAAB)나 뷰익(Buick)처럼 시장에서 대중 브랜드와 프리미엄 브랜드 사이 정도에 위치해왔다고 볼 수 있다.

볼보는 1999년 포드에 인수된 후 재규어와 랜드로버, 애스턴 마틴, 링컨과 함께 PAG(Premier Automotive Group)에 속해 본격적인 프리미엄 브랜드로 도약할 기회를 얻었다. 하지만 포드의 경영 실책과 부족한 투자로 제대로 성장하지 못하고 2010년 중국 지리(Geely)에 다시 매각되고 말았다. 이것이 새옹지마(塞翁之馬)였을까? 사실상 볼보 브랜드의 프리미엄화는 이때부터 시작되었다. 프리미엄 브랜드로 인정받기 위해서는 혁신적인 기술, 개성 있고 매력적인 디자인, 그리고 강력한 브랜드 파워가 있어야 한다. 최근 볼보의 성공에는 간결하고 섬세하며 세련된 스칸디나비아 특징을 잘 살린 디자인이 결정적으로 기여했다. 폭스바겐 디자인 디렉터였던 토마스 잉겐라트(Thomas Ingenlath)가 디자인 총괄로 취임해서 만들어낸 결과다.

기술적인 측면에서는 아직 더 발전해야 할 여지가 있지만 내부적인 제약도 만만치 않다. 볼보는 원가 절감을 위해 전 차종의 플랫폼을 SPA(Scalable Product Architecture) 하나로 단일화했다. 엔진도 배기량 2.0L 시리즈 하나로 단순화하면서 제품 라인업의 다양화에 제한이 가해지고 있다. 게다가 우수한 승차감과 핸들링을 위해 대부분의 프리미엄 브랜드들은 뒷바퀴굴림 플랫폼을 적용한다. 이에 반해 볼보는 앞바퀴굴림 플랫폼이라 시장에서 경쟁하기에는 좀 버거운 측면이 있다. 결국 기본기술인 플랫폼과 엔진에서 원가를 줄여 소규모 메이커로서는 갖기 어려운 고급 내장재와 디자인 디테일에 투자한 셈이다.

미래기술을 선도한다는 경영방침에 의해 2020년까지 신형 볼보차로 인한 교통사고 사망자와 중상자를 제로로 만들겠다는 '볼보 비전(Volvo Vision) 2020'을 발표하는 등 자율주행차 개발을 리드하는 모습도 보여주고 있다. 그러나 수많은 센서와 소프트웨어로 구성된 자율주행시스템은 구글이나 애플 같은 IT기업이나 통신업체들이 주로 개발하고 있으며, 관련 부품모듈 개발은 컨티넨탈(Continental)이나 오토리브(Autoliv) 같은 대형 글로벌 부품업체들이 주도하고 있다. 사실 자동차 제조업체 역할은 마지막 조립단계와 마케팅에 집중되고 있는 추세라 개발 단계에서 인풋(Input)이나 존재감은 높지 않다. 결국 볼보는 어떤 느낌의 프리미엄 브랜드로 어떻게 고객에게 어필하고자 하는 것일까?

이윤모 우리가 추구하는 프리미엄 럭셔리의 콘셉트는 경쟁 브랜드와 다릅니다. 보통 럭셔리라 하면 다른 사람보다 더 고급 물건을 쓰면서 주위에 과시하고 멋있게 보이고 싶은 마음이 크다고 봅니다. 볼보는 차를 타는 내가 만족하며 같이 하는 가족이 행복해지는가를 기준으로 삼습니다. 즉, 차를 샀을 때보다 타고 다니면서 편안하고 즐거워야 한다는 겁니다. 디자인이나 기술은 목적이나 세일즈 포인트가 아니라 이러한 가치를 서포트하는 도구일 뿐이죠. 말씀처럼 볼보가 기술적인 면에서 남들이 따라오기 어려운 특별한 노하우를 갖고 있지는 않습니다. 하지만 기술 평준화시대에 다른 브랜드들도 마찬가지 아닐까요? 대부분 외주업체의 기술과 부품을 쓰고 있으니까요. 다만 그 기술을 적용하는 철학과 방식에서 차이가 납니다. 예를 들어 다른 브랜드에서는 고가 모델로 올라가며 차별적으로 채택되는 안전 관련 시스템이나 사양들이 볼보에는 전 차종에 기본으로 장착됩니다. 저가 모델을 타는 사람들도 안전하고 행복한 삶을 누릴 권리가 있다고 믿으니까요. 물론 그만큼 대당 수익성이 나빠질 수 있지만 대신 시장에서 볼보는 안전하다는 믿음을 얻습니다. 물론 뒷바퀴굴림이 상대적으로 성능이나 승차감 같은 주행품질이 좋다는 건 부인할 수 없죠. 하지만 각종 보조기술의 발달로 그 차이는 대폭 줄어들고 있어 사실 전문가가 아니면 잘 느끼기 어렵다고 봅니다. 요사이 승용차의 부드럽고 매끄러운 주행 특성을 가미한 네바퀴굴림 SUV가 대세가 된 것처럼 그런 구동방식 차이는 시장에서 과거만큼 그리 중요하지 않다고 생각합니다. 유사한 기술들을 서로 쓰다보니 최근 들어 각 프리미엄 브랜드의 승차감이 대중이 원하는 방향으로 수렴하면서 닮아간다는 느낌입니다. 판매대수를 계속 늘려야 하니 기존 마니아층 요구특성에 머무를 수 없는 거죠. 볼보 엔진도 터보 같은 관련 기술을 활용하여 높은 마력 수요에 충분히 대응하고 있습니다. 친환경 목적을 위한 엔진 다운사이징 추세에도 맞고요.

달변은 아니지만 도무지 대답에 막힘이 없다. 사실 세상에 완벽한 자동차는 없다. 그동안 볼보의 부족한 점들을 긍정적인 방향으로 개선하기 위해 얼마나 치열하게 고민해왔는지 알 것 같다. 친환경 얘기가 나온 김에 얼마 전 볼보가 2019년 이후 나오는 신차는 모두 하이브리드나 전기차가 될 것이라는 발표에 대해 묻지 않을 수 없었다. 기존 차종들은 그대로 내연기관 엔진을 쓰면서 신개발 차종에 국한된 얘기이기는 하다. 허나 아직 친환경차시장은 각국 정부의 보조금에 의지하는 초기 상태로 전 세계 자동차시장의 4~5% 수준의 판매에 머물러 있다. 볼보가 2019년 1만 대 판매 달성 이후 계속 성장하려면 매력적인 신차들이 계속 더해져야 한다. 이런 과감한 친환경차 정책이 방해가 되지는 않을까? 혹 마케팅을 위한 선언적 의미에 그치는 건 아닐까? 다시 이 대표의 목소리가 높아지기 시작했다.

이윤모 그 발표는 시장에서 볼보의 주도적 위치를 확보하기에 적절했다고 봅니다. 아무래도 판매규모 측면에서 전기차보다는 하이브리드 자동차가 친환경시장의 중심이 될 겁니다. 하지만 아직 하이브리드 자동차시장도 제대로 이륙하지 못하고 있습니다. 이 세상은 우리 생각보다 더 빨리 변하고 있습니다. 파리가 자국 자동차업계의 반발에도 불구하고 디젤차의 시내 진입을 금지시킨 것처럼 보수적인 유럽도 빠르게 바뀌고 있습니다. 따라서 별 움직임 없다가 어떤 계기에 의해 폭발적으로 변화하는 국내시장의 특성상 하이브리드 자동차시장도 머지않아 대폭 성장할 걸로 예상합니다. 국내 관련기술도 충분히 개발되어 있고 고객들도 많이 익숙해져 있죠. 현대차와 기아차도 유럽시장에서 하이브리드를 많이 팔아야 하니 잘 준비해서 국내시장을 키우지 않을까 싶네요. 결론적으로 다양한 하이브리드 모델이 더해지면서 볼보의 지속적인 판매 성장에 별 문제는 없을 것으로 봅니다.

이렇게 자신만만한 볼보는 실제로 시장에서 어떤 브랜드들을 타깃으로 하고 있을까? 이제 발돋움하고 있는 신규 프리미엄 브랜드로서 아무래도 벤츠나 BMW, 재규어 같은 전통의 강자보다는 개성과 실용성을 중시하면서 스타일리시한 삶을 추구하는 젊은 고객층을 타깃으로 인피니티와 아우디, 캐딜락같은 소위 니어 럭셔리(Near Luxury) 브랜드와 경쟁하지 않을까?

이윤모 그렇지 않습니다. 우리 고객들은 구매 결정 시 주로 BMW나 벤츠의 경쟁차종과 비교하고 있습니다. 기본모델 판매 가격이 벤츠나 BMW 차종보다 10% 정도 저렴하게 책정되어 다들 볼보가 그들 아래쪽 브랜드들과 경쟁한다고 생각합니다. 하지만 실제로 고객들이 구매하는 모델의 가격은 벤츠, BMW의 경쟁차종보다 비싸서 저희도 놀라고 있습니다. XC90의 판매에서 최고급 인스크립션(Inscription) 모델의 비율이 80%를 넘거든요. 최근 출시한 XC60의 경우 인스크립션 비중이 95%에 달합니다. 고객들이 가격이 저렴해서가 아니라 품질과 브랜드를 보고 볼보를 구매하고 있음을 보여줍니다. 고객들의 재산이나 학력 수준도 경쟁 브랜드보다 높다는 내부조사 결과도 있습니다. 사실 저희가 판단하기 전에 시장에서 이미 볼보 브랜드의 위치를 정해주고 있다고 봅니다. 본사에서도 놀라면서 이 점을 주목하고 있습니다.

그러면 현대차가 출범시킨 제네시스 브랜드에 대해서는 어떻게 생각하고 있을까? 시장에서 경쟁할 수 있는 브랜드로 생각하는지 궁금해졌다. 이 대표가 웃으면서 뜻밖의 대답을 했다.

이윤모 이제 시장에서 국산차와 수입차 구별이 무의미해지고 있다고 말씀드렸습니다. 재미있는 건 수입차시장에서 프리미엄 브랜드 판매급증의 일등공신이 현대차가 2008년에 출시한 제네시스BH라는 사실입니다. 그 당시만 해도 시장에서 수입차와 국산차는 가격 면에서 완전히 분리되어 있었습니다. 국산차 중 오너 드라이버들이 통상적으로 살 수 있는 제일 비싼 차는 3000만 원대 그랜저였죠. 그런데 현대차가 오너드라이버용 제네시스 BH를 실구입가 5000~6000만 원대로 내놓았어요. 오너드라이버들 선택 시야에 비슷한 가격대의 BMW 5시리즈와 벤츠 E-

클래스가 들어온 겁니다. 그 후 몇 년간 5시리즈와 E-클래스가 얼마나 잘 팔렸는지 모릅니다. 최근에 추가된 G70은 잘 만들었다고 생각합니다. 디자인도 좋고 품질도 훌륭해요. 그런데 이게 다시 국내시장에서 고급 소형 스포츠 세단의 수요를 불러일으키지 않을까요? 오히려 BMW 3시리즈나 벤츠 C-클래스 같은 수입차들이 더 팔릴지도 모르겠네요. 다들 현대차에 감사한 마음일 겁니다. 현대차가 한층 높아진 시장기준에 의해 제네시스 브랜드를 만들었으니 세계 시장에서 좋은 반응이 있을 것으로 봅니다. 다만 제품만 좋다고 고객들이 막 사지는 않겠죠. 프리미엄 브랜드는 결국 높은 수준의 소유경험과 라이프스타일을 파는 것이니까요.

내친 김에 디젤게이트 이후 본격적인 컴백 프로세스를 진행 중인 폭스바겐과 아우디에 대해 묻지 않을 수 없었다. 디젤게이트 이전 수입차 시장에서 부동의 3, 4위를 지켜 온 강자였기 때문이다. 차종도 다 겹치는데 볼보의 성장세에 악영향을 주지 않을까?

이윤모 그렇지 않을 겁니다. 국내시장에서 볼보의 판매는 다른 브랜드의 부침에 그리 영향 받지 않습니다. 수입차업계에서는 보통 수입차시장 연 25만 대에 프리미엄시장은 15만 대라고 계산합니다. 하지만 고객들은 이미 국산차, 수입차 관계없이 국내 총 160만 대 시장에서 본인들의 라이프스타일, 예산, 니즈에 따라 상당히 폭넓게 선택을 하고 있습니다. 더욱이 아직 볼보의 판매 물량은 전체 시장규모로 보면 그리 크지 않습니다. 시장 트렌드에 맞는 브랜드 특성과 디자인도 갖고 있고요. 우리 직원들과 딜러들이 열심히 하면 그만큼 계속 성장할 수 있다고 봅니다.

볼보의 긍정적인 변화에도 불구하고 아직 시장에서는 중고차 가격의 과도한 하락과 높은 수리비 문제로 볼보 오너들의 불만이 상당하다. 과거 볼보가 어려웠던 시절의 쓰라린 유산이기도 하다. 이런 시장의 불만과 부정적 인식을 해결하지 않고 볼보가 지속적으로 성장하기는 어려울 것이다. 이런 심각한 이슈에 대해 이 대표는 어떤 생각을 갖고 있을까?

이윤모 시장의 그런 정서를 잘 알고 있습니다. 문제 해결을 위해 최선을 다하고 있지만 솔직히 시간이 좀 필요하네요. 하지만 자신 있게 얘기할 수 있는 건 XC시리즈 신차부터 자동차 구매 이후 들어가는 수리비와 기름값, 중고차 감가 같은 보유 비용(ownership cost)이 업계 최저수준이라는 점입니다. 5년/10만km 무상보증수리(warranty)에 유지비 무료 패키지를 제공하기 때문입니다. 게다가 연비도 좋습니다. 신차 판매 시 무리한 할인도 하지 않아 XC90과 XC60의 경우 일정기간 후 잔존가치(residual value)도 업계 최고수준입니다. 그리고 보험심사평가원의 보험등급에서 과거 볼보 차종들의 보험등급이 낮아 수리비가 비싼 점도 잘 알고 있습니다. 수입판매 초기에 볼보의 보험등급이 낮았습니다. 보험심사평가원이 자체 심사기준에 따라 연 3000대 판매 이하 차종들은 개별 등급을 주지 않고 브랜드 전체로 등급을 주는 바람에 볼보 전 차종의 등급이 내려간 거죠. 이 등급을 올리려면 판매가격을 올리거나 개별 차종에 대한 평가를 따로 받아야 하는데 이게 쉽지 않습니다. 그래도 XC90 신형부터 따로 받아 등급이 2에서 10으로 급상승했습니다. 게다가 전 차종에 기본 장착된 시티세이프티 패키지(City Safety Package) 덕분에 보험사고 통계에 의하면 추돌사고가 30% 감소했습니다. 차종별로 아직 등급이 좀 나쁘다 해도 사고가 덜 나니 총 수리비용은 그만큼 덜 들어간다고 볼 수 있죠. 사실 사고가 줄어들어 정비매출이 감소한다고 저희 딜러들이 걱정할 정도입니다.

다른 제조업종과는 달리 자동차 업종은 제품에서 강한 브랜드 특징을 그대로 드러내는 특성이 있다. 자동차업계에서 인수 합병된 브랜드는 새로운 오너 브랜드의 과도한 영향력에 의해 자신의 브랜드 아이덴티티를 잃거나 정체성에 혼란을 겪기 쉽다. 그런 결과가 자동차 디자인에 그대로 드러난다. 1999년 현대차에 합병된 이후 피터 슈라이어가 2006년에 디자인 총괄이 되기 이전까지 디자인 혼란을 겪었던 기아차가 좋은 예다. 1990년대 이후 전 세계 자동차업계에서 발생한 수많은 인수 합병 케이스 중에 이런 통념을 벗어나 합병 이후 자신의 브랜드 아이덴티티를 더욱 발전시켜 성공한 경우는 드물다. 인도 타타그룹에 인수된 재규어와 랜드로버, 중국 지리그룹에 인수된 볼보의 두 경우가 예외적으로 회자되는 정도다. 약 2조 원의 거액을 들여 볼보를 인수한 지리는 과연 볼보를 어떻게 경영해 왔을까?

이윤모 볼보 인수 후 첫 이사회에서 지리그룹 리슈푸(Li Shufu) 회장은 '호랑이를 우리에 넣지 않겠다'고 말했습니다. 볼보의 역사와 아이덴티티를 지켜주면서 독립경영을 보장하겠다는 뜻이었죠. 실제 중국에서 볼보 본사에 파견된 경영진은 한 명도 없습니다. 단지 이사회에 의장과 한두 명 있을 뿐이죠. 인수 후에도 품질 개선과 신차 개발을 위해 매년 거액을 투자해야 했으니 지리 쪽 주주들의 반발도 만만치 않았을 겁니다. 볼보를 순수한 스웨덴 회사로 유지하는 쉽지 않은 길을 가고 있는 거죠. 볼보를 잘하게 내버려두고 그런 볼보를 활용하여 보다 덩치가 큰 지리 자동차그룹을 변화시키려는 경영방침으로 보입니다. 볼보에겐 천만다행이죠. 이미 중국에서 양사 조인트로 별도 회사인 링크앤코(Lynk & Co)를 설립하여 신차 개발과 생산을 진행 중입니다. 전기차 부문은 오히려 볼보가 지리에게서 배우고 있습니다.

링크앤코(Lynk & Co)

현재 수입차시장의 리더인 BMW코리아와 벤츠코리아의 연 매출은 2016년에 이미 3조 원을 넘어 웬만한 국내 대기업 수준으로 커졌다. 이는 수입차업계가 한국 경제의 주요한 축으로 성장했다는 의미이며 사회적으로도 영향력이 큰 존재가 되었음을 알리는 척도다. 이는 지속적인 성장을 위해 주위를 돌아보며 같이 성장해나가는 사회적 기업으로서의 책임도 커졌음을 의미한다. 국내시장에서 충분히 수익을 거두고 있으니 국내 자동차문화의 발달을 위한 과감한 투자를 해야 한다는 요구도 커지고 있다. 이런 트렌드에 볼보는 어떻게 대응하고 있을까?

이윤모 올바른 사회공헌이 지속적인 성장의 기본이 되는 걸 본사가 잘 이해해주고 있습니다. 이제 국내에서 볼보도 어두운 터널을 벗어나고 있으니 그런 걸 해야 하는 시기가 되었고요. 계속 여러 프로그램들을 실행하기 위해 고민하고 있습니다. 아직 회사 규모가 크지 않아 뭘 크게는 못하고 직원과 딜러들이 다 같이 참여할 수 있는 걸 조금씩 실행 중입니다. 북유럽은 어린이 보호와 인권, 장애지원 등에서 앞서 있는 지역이라 이번에 푸르메 재단과 함께 장애아동을 돕는 프로그램을 기획했습니다. 스웨덴의 아티스트들을 초대해서 지방의 소도시에서 공연도 하고 있고요. 문화 소외지대에 놓여 있는 아이들이 무척 좋아합니다. 크게 하지 않더라도 꾸준히 하는 게 더 중요하죠. 단순히 기업홍보 차원이 아니라 봉사활동을 통해 조직문화를 보다 고객지향적으로 바꿀 수 있기에 더 열심히 해야 합니다. 직원들도 같이 하면서 작은 도움이라도 줄 수 있기에 행복해합니다.

긴 인터뷰를 끝내면서 마무리 코멘트를 부탁했더니 이 대표가 웃으면서 엉뚱한 얘기를 꺼낸다.

이윤모 조직의 리더가 되어 비전을 세우는 것(Set the Vision)도 중요하지만 그 비전을 잘 파는 것(Sell the Vision)이 더 중요합니다. 한국시장과 볼보코리아의 비전을 스웨덴 본사에 제일 먼저 잘 팔아야 됩니다. 그래야 본사에서 선투자를 해주니까요. 우리 딜러들도 선투자를 계속 해야 하니 그 비전을 같이 세우고 공유해나가는 게 너무나 중요합니다. 위원님도 수입차업계를 잘 아시니 과거 볼보가 어땠는지 잘 아실 겁니다. 하지만 이제 볼보가 새롭게 변화하고 있음을 이번 인터뷰를 통해 파악하셨으니 볼보의 제품과 서비스에 대한 생각이 바뀌었기를 바랍니다. 볼보의 변화를 시장의 오피니언 리더들이 먼저 알아줘야 하니까요. 앞으로 더욱 노력해가겠으니 잘 지켜봐주세요.

끝나고 보니 누가 누구를 인터뷰했는지 모를 지경이다. '나는 구른다'라는 뜻의 볼보가 이제 한국에서 제대로 굴러가고 있다는 느낌이다. 언제까지 잘 굴러갈 수 있을까? 검은 백조가 더 이상 놀랍고 신기한 존재가 되지 않을 만큼 익숙해질 때 볼보는 과연 어떤 모습이 되어 있을까? 항상 문제는 굴러갈 때가 아니라 느려지며 멈출 때 발생한다.

어디서 근무하든 항상
'좀 더'(Never Enough)가 나의 모토

파블로 로쏘(Pablo Rosso) FCA코리아 대표

이탈리안 잡 (Italian Job)

2003년에 제작되어 우리나라에서도 큰 인기를 모았던 할리우드 영화를 말하는 게 아니다. 30여 년 전 필자가 미국에서 경영학석사 (MBA)를 공부하던 시절이었다. 온갖 인종들이 가득 모여 있던 강의실에 늘 늦게 들어와서는 과장된 몸짓과 농담 섞인 변명으로 강의실 전체를 웃음에 빠트리던 이탈리아 남자 3인조가 있었다. 머리는 부스스하고 옷도 대충 걸치고 들어오는데도 늘 스타일리시하고, 강력한(?) 쾌활함으로 도저히 미워할 수 없게 상황을 반전시키는 그 능력이라니. 이 때문에 클래스의 학생들은 그들만이 할 수 있는 일이라는 뜻으로 '이탈리안 잡'이라고 불렀다.

2012년 말 FCA코리아의 초대 사장으로 한국에 부임한 파블로 로쏘(Pablo Rosso)는 편식이 심한 국내 수입차시장에서 각기 다른 개성의 피아트(Fiat), 크라이슬러(Chrysler), 지프(Jeep) 3개 마이너 브랜드를 파느라 고군분투했다. 하지만 이제 지프에만 집중하여 상황 반전을 노리고 있다. 파블로 로쏘 대표를 만나러 가는 필자의 머릿속에 문득 '이탈리안 잡' 3인조의 추억이 떠올랐다. 독일의 몇몇 브랜드들에 압도되어 다양성과 흥미로움을 잃어가는 국내 수입차 시장에 멋진 카운터펀치의 매직을 날려주길 바라는 마음이었을까? 인터뷰 장소에 성큼 들어서는 파블로 로쏘(이하 파블로) 대표는 의외로 차분하고 단단한 인상이었다. 하지만 인터뷰 내내 직설적이면서 달변이고 적시에 유머로 웃음을 이끌어내는 모습은 영락없는 이탈리안이었다.

파블로 대표는 이탈리아 혈통으로 아르헨티나에서 태어났다. 대학 졸업 후 엔지니어로 소비재산업에서 생산과 마케팅을 경험했고, 미국 샌디에이고의 캘리포니아주립대학에서 경영학석사를 마친 뒤 피아트그룹의 대형상용차 브랜드 이베코(IVECO)의 물류부문에 들어갔다. 20여 년에 걸친 파블로 대표와 자동차와의 인연은 어떻게 시작되었을까? 역시 이탈리아 혈통답게 입보다 손이 먼저 움직였다.

파블로 사실 아버지가 오랫동안 피아트의 엔지니어였어요. 그래서 어렸을 적부터 무의식적으로 자동차와 연관되어 있었는지 모르죠. 하지만 전 자동차에 그리 관심은 없었어요. 경영학 석사를 마치고 아르헨티나에 돌아왔을 때 피아트에서 전화가 왔더군요. 5년 동안 3개 국을 돌아다니면서 일을 하고 트레이닝도 받는 프로그램을 제안했는데 너무 끌려서 덜컥 수락을 해버렸죠. 그 후 여러 나라를 다니면서 피아트그룹 내 개성이 강한 여러 브랜드들을 맡다보니 여기까지 온 거죠. 뭐 특별한 건 없습니다.

우리 인생이 늘 그렇듯이 중요한 일들은 작은 인연과 계기로 시작된다. 그리고 그렇게 들어선 길을 꾸준히 걸어 성공적인 결과를 이루어내기는 결코 쉽지 않다. 여러 나라를 다니면서 서로 다른 문화와 시장 환경에서 성과를 내며 살아간다는 건 어떤 삶일까? 또 그 안에서 살아남는 비결은 무엇일까? 지금껏 가장 보람이 있었던 일과 좌절의 순간을 물어보니 그의 표정이 진지해졌다.

파블로 로쏘 대표는 어디서 근무하든 항상 '좀 더'(Never Enough)를 직장생활의 모토로 삼았다

　　파블로 이탈리아 사람으로 아르헨티나에서 태어나 자라고, 미국에서 공부한 뒤 유럽 여러 나라에서 근무하다보니 다양한 지역의 환경에 어렵지 않게 적응할 수 있었습니다. 어디서 근무하든 항상 '좀 더'(Never Enough)!를 직장생활의 모토로 삼고 제가 이끄는 조직의 문화로 정착시키기 위해 노력해왔어요. 미래

에 어떤 일이 일어날지 알 수 없고 우리가 처한 환경은 늘 변화합니다. 그래서 좀 더 노력해서 개선해야 할 부분들이 늘 생겨나기 마련입니다. 그래서 좋은 성과를 냈더라도 항상 충분치 않다고 강조하는 거죠. 물론 직원들은 당연히 싫어하더군요(웃음). 지금껏 지내오면서 가장 보람이 있었던 건 2006년 포르투갈 판매 법인을 맡았을 때와 FCA코리아 대표로 부임했을 때입니다. 두 번 모두 어려움에 빠져 있던 조직을 성공적으로 회생시켰죠. 단순히 경영성과를 적자에서 흑자로 만든 것만이 아닙니다. 강력한 기업문화를 정착시켜 직원들의 사기와 자긍심을 높이고 더 나은 커리어 기회를 갖게 했다는 데 자부심을 느낍니다. 좌절의 경험은 말하기가 좀 그렇지만 파리에서 근무하고자 하던 제 꿈이 어긋났을 때죠. 프랑스에서 피아트의 판매는 늘 잘 되고 정부와의 관계도 끈끈하지만, 개인적으로도 꼭 가서 살고 싶은 곳이었으니까요. 당연히 경쟁이 치열한 자리라 저도 열심히 일했습니다. 성과를 내고 노력도 많이 해서 거의 됐다고 생각했는데 막판에 어긋나서 못 가게 됐죠. 많이 아쉬웠어요. 대신 여기 서울에서 '프랑스마을'로 불리는 반포 서래마을로 이사할까 생각 중입니다(유머를 즐기는 이탈리안들은 늘 이런 식으로 농담을 한다. 재차 물었더니 정말로 이사할 예정이라면서 또 크게 웃는다).

1987년 수입자유화 이후 국내 수입차시장은 부침을 겪으면서도 꾸준히 성장했다. 특히 2010년 이후 폭발적인 성장세를 지속하고 있다. 이웃 일본의 수입차시장은 1990년대 중반 전체 승용차시장의 10%까지 성장했다가 감소하여 현재 6% 내외에 머무르고 있다.

반면 국내 수입차시장은 한국수입자동차협회(KAIDA)의 공식 통계에 포함되지 않는 저가 상용시장의 중국모델, 한국GM과 르노삼성의 직수입 모델, 그리고 개별수입 모델들까지 합치면 이미 전체 승용차시장의 20%에 육박한다는 통계도 있다. 수입차의 이런 놀라운 약진에 대해 이미 다양한 연구보고서가 나와 있다. 그래도 현장에서 전투를 벌이고 있는 일선 사령관들의 견해는 늘 흥미진진하다.

파블로 한국 수입차시장의 급속한 성장에는 크게 두 가지 요인이 있다고 봅니다. 먼저 소득이 올라 여유가 생기니 사람들이 자신의 개성을 나타내주는 다양하고 색다른 자동차를 구매하기 시작한 거죠. 이런 현상은 자동차에만 국한된 게 아니라 가전제품이나 가구 같은 다른 분야에서도 나타나고 있습니다. 그리고 일단 이런 새로움에 눈뜨면 되돌아 갈 수 없고, 주변에서 따라하기 시작하니 판매가 계속 늘어나게 되죠. 두 번째 요인은 국산차와 수입차의 가격차이가 크게 줄어든 점입니다. 한국이 미국, EU와 체결한 자유무역협정(FTA)이 수입차의 가격 하락에 큰 역할을 했지요. 하지만 수입차업계도 시장변화의 추이와 패턴을 잘 이해하고 가격차를 줄이기 위해 엄청나게 노력을 해왔습니다. 그 외에도 엔진 배기량을 다운사이징하여 성능은 유지하면서 원가를 줄였습니다. 각 세그먼트 특성에 맞추어 옵션 조정도 많이 했고요. 솔직히 국산차들이 고급화되면서 가격을 꾸준히 올린 것도 소비자들이 수입차에 더 많은 관심을 갖게 했다고 봅니다.

여러 나라에서 오랫동안 자동차를 팔아보니 모든 시장은 다 저마다의 특색이 있다고 강조하는 파블로 대표에게 과연 한국 수입차시장과 소비자들의 구매패턴은 어떻게 비추어지고 있을까? 파블로 대표가 웃으며 조금도 주저하지 않고 즉시 대답했다.

파블로 한국에서는 큰 차들이 많이 팔립니다. 소비자들의 자기과시가 심한 것 같아요. 같은 차종도 비싼 트림이 먼저 팔리고, 인기를 얻으면 실용적인 저가 트림이 나중에 팔리기 시작합니다. 물론 비싼 트림이 항상 더 많이 팔리죠. 자기과시 외에 소비자들이 비싼 옵션들을 선호하는 건 하이테크 기술에 민감하고 그 기술이 줄 수 있는 안락함과 편리함, 안전 등을 좋아하기 때문이라고 봅니다. 여기에 옳고 그름은 없습니다. 시장의 특성이 그러니 저희가 맞추어가야죠. 그리고 애프터서비스를 매우 중시합니다. 국산차보다 더 비싸게 주고 구매했으니 기대수준이 더 높아지는 건 이해합니다. 그래서 더 신경을 많이 쓰고 있습니다. 비싼 해외 브랜드 가전제품들도 마찬가지죠. 아, 그리고 자동차의 색상은 늘 보수적으로 고릅니다(웃음).

2017년 수입차시장 통계를 보면 독일 브랜드의 시장점유율이 57%로 감소했고, 일본 브랜드가 19%, 미국 브랜드가 9%로 상승했다. 지난 수 년간 70% 이상의 압도적인 시장점유율을 보였던 독일 브랜드가 약화되면서 시장수요의 다변화가 진전되고 있는 것으로 보인다. 하지만 이는 디젤게이트 여파로 폭스바겐과 아우디의 판매가 극히 저조했기 때문에 발생한 일시적인 현상으로 보는 시각도 있다. 이제 폭스바겐과 아우디가 판매를 재개하고 있으니 머지않아 독일 브랜드들이 다시 강력하게 시장을 장악할 수 있을까? 아니면 소비자들의 개성적인 라이프스타일 욕구에 따라 수요가 다 변화되면서 여러 중소 브랜드가 기를 펼 수 있을까?

파블로 수입차시장 톱5 중 두 개 브랜드가 디젤게이트로 인해 작년 판매를 거의 못했으니 당연히 시장다변화에 큰 영향을 주었다고 봅니다. 폭스바겐과 아우디가 본격적으로 판매를 재개하면 다시 독일 브랜드로의 쏠림이 시작되겠죠. 하지만 과거만큼은 아닐 거라 생각합니다. 아무리 울타리 안이 좋아도 한번 밖에 나와 색다른 경험을 하게 되면 다시 울타리로 돌아가지 않는 무리들이 생기기 마련이죠. 디젤엔진도 마찬가지입니다. 강력한 토크와 효율적 연비, 가솔린보다 싼 가격 같은 강력한 메리트에 한동안 사람들이 매료되었죠. 그러나 디젤게이트 여파로 하이브리드나 다운사이징된 가솔린엔진 차량을 타보면서 새로운 경험을 했을 겁니다. 일부는 돌아가지 않고 남을 테니 우리에게는 좋은 기회죠.

파블로 대표의 말과 표정에는 자신감이 넘쳤다. 어떠한 상황이 닥쳐도 긍정적인 면을 보면서 계속 노력하는 자세가 몸에 배인 듯했다. 앞으로 국내 수입차시장이 얼마나 더 성장할 수 있을지가 현재 수입차업계의 가장 큰 화두다. 여러 나라에서 자동차 판매를 경험한 그의 의견이 궁금해졌다.

전 세계에서 팔리는 SUV 5대 중 1대가 되는게 지프의 최종목표다

파블로 아시아에서 자국 내 70~80%의 높은 시장점유율을 유지하는 강력한 로컬 자동차업체를 가진 나라는 한국과 일본뿐입니다. 그리고 한국이 여러 분야에서 일본의 경험을 선례로 참고하는 것도 이해합니다. 하지만 섬나라인 일본에 비해 한국은 좀 더 오픈마인드로 해외문물에 훨씬 개방적입니다. 그래서 서구의 예가 더 적절할 수 있죠. 자국 자동차 브랜드들의 로컬시장 점유율은 독일의 경우 60% 정도, 미국이나 이탈리아 같은 경우 25~30%에 불과합니다. 한마디로 한국 수입차시장은 앞으로 대폭 더 성장할 수 있다고 봅니다.

우리는 수입차라고 하면 흔히 선진국 브랜드만 생각한다. 하지만 이미 우리 주위에는 중국에서 수입된 소형 상용차와 중대형 버스들이 심심찮게 돌아다니고 있다. 이들 중국산 자동차들도 법적으로는 당연히 수입차에 포함된다. 2019년 말 한국GM의 경상용차 다마스와 라보가 단종되면 서민용 저가 상용차들이 가성비를 앞세워 중국에서 대거 수입될 것이 확실하다. 국내 자동차시장의 성장이 정체된 상태에서 수입차의 시장점유율은 지금보다 더 올라갈 수밖에 없어 보인다. 또한 선진국 브랜드들도 점차 중국 등지에서 생산된 저가 모델을 더 많이 수입해 내놓을 것이기에 이래저래 수입차시장은 더욱 커지지 않을까?

파블로 중국산 자동차 수입에는 두 가지 측면이 있습니다. 먼저 선진국 브랜드 차종의 중국 내 제조는 매우 민감한 이슈라 아직 한국의 소비자들은 많이 꺼려하고 있습니다. 따라서 가격이 좀 내려간다 해도 그 시장효과에 대해서는 아직 확실하게 얘기할 수 없습니다. 하지만 중국의 로컬브랜드라면 그런 문제가 전혀 없을 겁니다. 중국의 로컬브랜드들은 아직 자국 내수에 치중하고 있습니다. 그러나 내수 성장이 둔화되면서 머지않아 전 세계를 상대로 본격 수출에 나설 것으로 보입니다. 따라서 한국에서도 향후 다양한 중국산 차종들이 많이 수입되어 가성비를 무기로 활발하게 판매되겠죠?

한 지붕 아래 개성이 강한 세 개의 브랜드를 파는 것이 힘에 부쳐서였을까? 2017년부터 끊임없이 터져 나오는 피아트와 크라이슬러의 철수 루머를 입증하듯 최근 들어 FCA코리아의 전시장들이 지프전용으로 바뀌고 있다. 빠르면 2018년에 전국 19개 전시장의 전환을 끝내고자 서두르고 있는 듯했다. 이는 한국만이 아니라

FCA그룹 전체의 큰 변화에 따른 것이다. 2018년 6월 1일 FCA그룹 고(故) 세르지오 마르키오네(Serzio Marchionne) 회장은 2014년에 발표했던 5개년 경영계획을 시장상황과 그룹 내 사정에 맞추어 과감하게 수정한 5개년 장기 경영계획을 발표했다. 눈에 띄는 건 판매상황이 좋지 않은 피아트, 크라이슬러, 닷지(Dodge) 판매차종과 지역을 줄이고, 마세라티(Maserati)와 알파로메오(Alfa Romeo), 지프, 램(Ram) 4개 브랜드에 집중해 차종과 판매지역을 글로벌하게 확장해나간다는 전략이었다.

이런 글로벌 전략변화의 후속조치를 묻기 전에 먼저 수입차시장이 호황인 우리나라에서 피아트와 크라이슬러가 판매부진에 빠진 이유가 궁금해졌다. 사실 피아트는 1970년대에 아시아자동차가 124를, 기아자동차가 132를 조립 판매하여 우리에게 단단하고 잘 달리는 고급차로 친숙해졌던 브랜드다. 1987년 수입차시장이 개방되자 피아트도 금호그룹을 통해 1988년에 11대를 판매하면서 발빠르게 국내 시장에 진입했다. 하지만 판매는 부진했고 1997년 외환위기 이후 철수하고 말았다. 2013년에 FCA코리아를 통해 다시 들어왔지만 500 같은 매력적인 모델이 있음에도 불구하고 판매에 어려움을 겪어왔다. 대체 어떤 문제들이 있었을까? 브랜드나 제품력의 한계일까 아니면 마케팅에 실수가 있었던 걸까? 기분 좋은 얘기가 아님에도 불구하고 파블로 대표는 특유의 직설적인 화법으로 담담하게 이야기했다.

파블로 부임하기 전 일들은 잘 모르겠고요(웃음). 매우 답하기 어려운 질문이네요. 우선 유통채널 전략이 좋지 않았다고 봅니다. 작고 귀여우면서 유니크한 감성의 500 시리즈를 크고 무덤 덤한 느낌의 크라이슬러 차종들과 같은 쇼룸에 전시한 게 실수 였다고 봐요. 피아트 브랜드의 이미지를 제대로 살리지 못했고 시장 메시지에 혼란이 생겼죠. 그리고 미니(Mini)에 맞추어 고가 로 갔던 가격정책도 잘못이었습니다. 이후 판매가 부진해지고 재고처리를 하느라 가격할인을 많이 실시한 것도 안 좋았어요. 좀 더 시간을 가지고 브랜드 아이덴티티를 차근차근 살리는 방 향을 선택했어야 합니다. 빠른 성공을 통한 대량판매의 조기달 성에 너무 몰두한 탓입니다. 독립된 전시장을 가지고 본사의 활 발한 지원을 받으며 10년 이상 걸려 구축했던 미니의 아성에 도 전하면서 의욕만 넘쳐 준비가 충분치 않았어요. 아시다시피 수 입차시장에서는 브랜드가 전부입니다. 한 번 무너진 브랜드를 다시 살리기는 어렵습니다.

전투에서 이긴 장수보다는 패한 장수에게서 더 많은 걸 배울 수 있는 법이다. 제3자들은 그렇게 공부를 하지만 스스로의 정책 실 패를 인정하고 솔직하게 풀어내는 건 정말 쉽지 않은 일이다. 파블 로 대표가 남다르게 보였다.

크라이슬러도 수입차시장 초기인 1990년대에 지프와 함께 20%의 시장점유율을 자랑하며 우뚝 섰던 시기가 있었다. 그러나 2000년대 들어 디젤엔진을 앞세운 독일 브랜드들의 거센 마케팅공세에 밀려 시장점유율이 한자리수로 하락했다. 최근에는 시장점유율이 3% 정 도로 줄어들었다. 그나마 지프는 최근 SUV의 인기에 힘입어 2017년 에 7000대 이상 팔리며 선전하고 있다. 그러나 기대를 모았던 200을 단종시키고 300C와 미니밴만 소량 판매하고 있는 크라이슬러는 이미 시장에서 존재의미를 상실했다. 사실 FCA코리아 입장에서는 지프 브랜드 하나만 파는 셈이라 엄청난 물량경쟁이 벌어지는 수입차 시장에서 3%의 시장점유율을 지켜온 것도 대단하다고 할 수 있다.

파블로 그래서 이번 장기 경영계획에 의한 브랜드정책 전환이 매우 중요합니다. 저희는 그룹 내 어느 브랜드도 죽이지 않습니다. 2014년에 크라이슬러와 완전 통합한 이후, 그룹 내 많은 브랜드를 각 지역에서 시행착오를 거치며 운영해 본 결과를 토대로 각자에 맞는 최적화 플랜을 발표한 겁니다. 예를 들어 피아트는 유럽과 브라질에 집중하고 크라이슬러는 전체 판매의 95%를 차지하는 북미 시장에 주력할 겁니다. 반면 마세라티와 지프는 글로벌 브랜드로서 그 역량을 인정받았죠. 앞으로 추가 SUV 라인업 확장과 함께 더 많은 지역으로 진출합니다. 알파로메오와 램은 아직 라인업이 충분치 않지만 글로벌 브랜드로 성장할 수 있다는 가능성을 인정받은 겁니다. 역시 SUV와 트럭 위주로 라인업 확장이 이루어지면서 주요 시장에 순차적으로 나아갈 예정입니다. 향후 주력할 4개 브랜드가 현재 전체 그룹이익의 80%를 차지하니 당연한 결정이죠. 한국 시장에서 마세라티는 다른 채널로 판매하니까 FCA코리아는 지프에 집중할 겁니다.

1941년에 미군 작전용 윌리스(Willys) MB로 탄생한 이래 지프는 지구 전역에서 SUV의 대명사로 불릴 만큼 절대적인 영역을 구축해왔

윌리스 MB

다. 전 세계시장에서 모든 브랜드의 SUV 차종들을 흔히 '지프'라고 부르고 있을 정도다. 지프는 반세기를 뛰어 넘은 세월동안 별다른 모델 변경이나 다양한 기술혁신 없이 어떻게 SUV시장에서 독보적인 위치를 누릴 수 있었을까? 그동안 SUV가 주로 산악이나 오지 같은 험한 지형에서 쓰이는 특수차량으로 인식되어 시장에서 수요도 제한적이고 경쟁도 심하지 않았기 때문이다.

그러나 최근 들어 급격한 도시화에 대한 반발로 힐링 욕구와 함께 아웃도어 라이프(Outdoor Life)가 사회적으로 대세를 이루고 있다. 여기에 가족중심 트렌드와 주행안전에 대한 요구가 더해져 SUV 선호현상은 더욱 거세지고 있는 중이다. 지루해보이는 세단보다는 타고 다니면 더 멋져 보일 것 같은 라이프스타일 니즈도 분명 강렬하다. 세단의 플랫폼을 활용해 많은 부품들을 같이 쓰면서 세단보다 높은 가격으로 팔 수 있으니 자동차 메이커들에게도 놓칠 수 없는 새로운 수익기회가 열린 것이다.

지난 10여 년 간 주요 자동차 메이커들은 SUV의 약점이었던 승차감과 주행성능을 개선하고 소음과 진동, 연비까지 일반 세단의 수준에 맞추기 위해 막대한 기술투자를 경쟁적으로 감행해 왔다. 그 결과 멋진 디자인까지 갖춘 매력적인 SUV 차종들이 시장의 모든 세그먼트에 걸쳐 쏟아지고 있다. 2018년 1분기 미국시장에서 팔린 10대 중 6대가 SUV였고 여기에 픽업과 미니밴을 더하면 7대에 달한다. 같은 시기 국내에서도 승용시장 내 SUV의 점유율은 무려 66%에 달했다. 전 세계시장 점유율도 이미 30%를 넘어섰다. 강한 수요와 공급이 어우러져 발생하고 있는 이 시장충격은 거의 광풍 수준으로 기존 세단의 수요를 급격히 무너뜨리고 있다. 이런 현상은 일시적이 아닌 것으로 보인다. 훗날 이 시기를 자동차역사가들은 사람들이 인식하는 자동차의 기본 형태가 지난 100여 년간 지속되어왔던 세단에서 SUV 스타일로 넘어간 역사적 순간으로 기록할지도 모른다.

위기와 기회는 동전의 양면처럼 늘 같이 온다. SUV시장의 급성장에 힘입어 5년 전 연 70만 대를 갓 넘겼던 지프의 전 세계 판매규모는 올해 200만 대를 넘볼 정도로 커졌다. 하지만 이제 SUV 세그먼트가 세계 자동차시장의 주요 전쟁터가 되면서 지프는 엄청난 경쟁압력에 직면해 있다. 과연 지프는 어떻게 자신을 차별화하면서 브랜드 독자성과 지속 성장이라는 두 마리 토끼를 잡을 수 있을까? 결코 쉽지 않은 도전일 텐데 파블로 대표의 표정과 말투에는 자신감이 그득했다.

파블로 '지프는 다릅니다'(Jeep is different). 이 한 문장으로 충분하죠. 세월이 흘러도 변치 않는 SUV의 본질은 오프로드(off-road)입니다. 그런 의미에서 진정한 SUV 브랜드는 세상에서 지프와 랜드로버 딱 두 개라고 봅니다. 단, 지프는 고급 브랜드인 랜드로버와는 달리 누구나 쉽게 접근할 수 있는 가격으로 '언제든지 어디든 갈 수 있다'(Going anywhere at any time)는 지프 스피릿(Jeep Spirit)을 경험할 수 있는 리얼 SUV입니다. 지프는 세계 최초로 SUV 세그멘트를 만들었어요. 모든 정책과 투자가 SUV와 연관되어 특화된 기술을 70년 넘게 개발해왔죠. 지프는 산에서 태어나 도시를 향합니다. 요즘 들어 승용차 기술을 바탕으로 도시형 SUV를 만들어내는 다른 브랜드들과는 근본적으로 다르죠. 아마 그런 SUV들은 험한 산에 오르기 어려울 겁니다. SUV 오너들이 실제로 대부분의 시간을 도시에서 보낸다는 건 잘 알고 있습니다. 그래서 지프도 그에 맞춘 기술개발을 계속 하고 있죠. 하지만 아주 가끔씩 산에 오르고 싶을 때, 오너들을 안전하게 높은 곳까지 데리고 가는 익스트림 오프로딩(extreme off-roading) 능력은 어느 지프 모델이라도 기본입니다.

파블로 대표의 열정 가득한 지프 예찬론이 인터뷰 내내 이어질 것 같아 어렵사리 말을 끊었다. 다른 브랜드들의 SUV 차종들과 전면전을 준비하는 지프의 라인업 확장계획과 그에 맞춘 판매목표 로드맵이 궁금했기 때문이다. 요즈음 고성능 모델들의 인기가 높아지고 있어 FCA그룹의 고성능 디비전인 SRT 차종의 도입 가능성도 물었다. 인터뷰로 인한 흥분 때문인지 이젠 파블로 대표의 큰 몸이 움직이기 시작했다.

파블로 그랜드 체로키(Grand Cherokee) SRT를 정말 판매하고 싶은데 불행히도 한국정부의 소음인증을 통과하지 못했어요. 정말 아쉽죠. 700마력이 넘어가는 그랜드 체로키 트랙호크(Grand Cherokee Trackhawk)도 마찬가지입니다. 대신에 새로운 경영계획에 의해 A 세그먼트 소형 SUV, 7인승 대형 SUV 그랜드 왜고니어(Grand Wangoneer), 그리고 각 모델별 전기차와 자율주행 버전이 추가될 예정입니다. 이제 지프는 고객들의 어느 용도나 지갑 수준에도 다 맞출 수 있습니다. 아직 구체적인 연도별 판매목표는 말씀드릴 단계가 아닙니다. 하지만 2018년 6월 1일 발표 때 마르치오네 회장이 궁극적으로 전 세계에서 팔리는 SUV 5대 중 1대가 되는 게 지프의 최종목표라고 했어요. 그 지침에 맞추어 한국에서도 공격적으로 마케팅을 펼칠 계획입니다.

이런 야심찬 계획에 FCA코리아의 딜러들은 어떤 반응을 보이고 있을까? 피아트와 크라이슬러를 포기하고 지프만 팔게 되면 기존에 투자해 놓은 부분도 있을 터라 충분히 불만이 터져 나올 수 있다. 중고차가격 하락이나 애프터서비스 같은 기존 피아트와 크라이슬러 오너들의 불만을 고스란히 현장에서 받아내야 하는 것도 딜러들이다.

파블로 파트너(그는 인터뷰 내내 딜러라는 말을 쓰지 않았다)들의 고민과 불만을 잘 알고 있습니다. 저희는 자주 모여 얘기하며 어떤

"이제 '지프 인 코리아'라는 새로운 방향을
따라오는 파트너(딜러)들을 행복하게 만드는
게 나의 일입니다"

주제라도 툭 터놓고 솔직하게
토론합니다. 피차 거북한 주
제가 나와 다툴 때도 있죠. 그
래도 언제나 서로 이해하고 팀
워크를 다지며 얘기를 마칩니
다. 이번 지프 브랜드 집중방
침에 대해서도 처음에는 상당
히 의아해하고 불안해했죠. 지
금은 한번 해보자는 마음으로
적극 협력해주고 있습니다. 전
시장을 지프 전용으로 꾸미
는 것도 좋다고 합니다. 어차
피 지프가 전체 판매량의 85%
를 차지해왔고 상대적으로 수
익성도 좋아서 특화된 콘셉트
로 더 넓은 공간을 갖추어 집
중할 수 있으니까요. 이제 '지
프 인 코리아'(Jeep in Korea)라는
새로운 방향을 따라오는 파트
너들을 행복하게 만드는 게 제
일이죠. 기존 피아트와 크라이
슬러 오너들은 더욱 강화된 고
객 프로그램을 통해 지프가족
(Jeep Family)으로 계속 케어합니

다. 애프터서비스도 끝까지 책임지고요. 한국의 중고차시장은 신차와는 완전히 다른 방식으로 운영되더군요. 맨투맨 방식으로 거래되는 경우가 많아 가격하락 부분이 어느 정도는 완화되리라 기대합니다. 그래도 여러 가지 문제로 불안해하실 거라 생각됩니다. 저희가 좀 더 살펴서 열심히 해야죠.

향후 지프 라인업이 확대되고 판매물량을 늘리려면 보다 넓은 지역에서 고객들을 만나야 한다. 따라서 판매 네트워크를 확충하지 않을 수 없다. 어려운 시절을 거쳐 새로 성장기회를 만들어가려는 모든 브랜드들의 공통된 고민이기도 하다. 지프의 딜러추가 계획을 묻지 않을 수 없었다. 기존 지프딜러들도

"피아트와 크라이슬러를 포기하고 지프에만 집중하는 판매 정책에 딜러들의 불만은 없나요?"

주목하고 있을 것이다. 너무나 당연한 얘기지만 수많은 고민과 토론이 내부에서 있었을 것으로 보인다.

파블로 한국 수입차시장은 각 딜러의 관할 지역과 실제 판매장소가 많이 다르더군요. 모든 딜러가 전국구예요(웃음). 현재 저희는 12개의 파트너가 19곳의 전시장을 운영하고 있습니다. 판매규모나 경쟁 브랜드들에 비해 파트너 수가 좀 많다고 생각합니다. 어차피 한 곳의 파트너가 여러 지역의 고객들을 커버할 수 있으니 향후 판매대수가 늘어나더라도 파트너의 숫자는 늘리지 않을 계획입니다. 파트너당 판매대수를 더 늘려야죠. 그래야 저희 파트너들도 추가투자를 위한 여력이 생깁니다. 각 파트너들이 새로운 지역에 전시장을 늘려갈 수는 있겠죠. 저희는 적극 지원할 겁니다.

시트로엥(Citroen) CEO인 린다 잭슨(Linda Jackson)은 최근에 2020년까지 온라인으로 전체 판매량의 10%를 판매할 수 있도록 운영시스템을 갖추겠다고 발표했다. 당연히 기존 딜러들과의 마찰이 있을 것이고 수많은 조정작업이 선행되어야 할 것이다. 하지만 일상용품처럼 되어버린 저가의 실용적 차량들의 온라인 판매는 자동차의 유통비용을 대폭 줄이기 위한 방안으로 이미 많은 브랜드들이 검토하고 있는 새로운 전략이다. 우리나라에서도 과거 국내외 브랜드들이 저가 재고차량 정리를 위해 몇 번 단발적으로 시행한 적이 있었다. 파블로 대표의 생각은 어떨까? 피아트와 크라이슬러의 재고가 남아 있다면 해볼 만하지 않을까?

파블로 유통비용을 대폭 줄일 수 있는 좋은 방법이 있다면 당장 오늘부터 실행할 겁니다. 하지만 최근 여러 조사에 의하면 소비자들이 온라인으로 자동차에 대해 많은 정보를 검색해도 실제 구매는 오프라인을 선호한다고 합니다. 자동차는 저가라 해도 상대적으로 값비싼 물건이라 실제로 보고 타본 뒤에 결정하는 거죠. 어떤 형태로든 중간에 딜러를 매개로 한다면 실제 유통비용을 얼마나 줄일 수 있을지도 알 수 없습니다. 앞으로 상당한 기간 동안 가능하지 않은 옵션이라고 생각합니다.

어느 브랜드나 시장에서 확실하고도 지속적으로 인정받기 위해서는 매력적인 디자인과 함께 시장의 주목을 끄는 혁신적인 기술과 트렌드의 이니셔티브가 있어야 한다. 2014년 피아트와 크라이슬러의 합병 이후, FCA그룹은 연 400만 대 내외의 상대적으로 작은 판매규모에 비해 너무 많았던 그룹 내 브랜드들을 정리하느라 ACES(Autonomous, Connected, EV & Sharing)로 요약되는 미래 자동차산업의 흐름에 변변한 청사진 하나 없이 뒤처지고 있었다. 5개년 장기경영계획이 자동차업계의 관심을 끈 또 하나의 이유다. 국내 수입차시장도 친환경차의 의무판매비율을 부과하는 등 정부의 친환경 규제가 판매의 허들로 등장하고 있다. 매년 높아지는 이 허들에 FCA코리아는 제대로 대응할 수 있을까?

파블로 그동안 여러 가지 이유로 친환경차와 자율주행차량의 개발에 주력하지 못한 건 사실입니다. 하지만 5개년 장기경영계획처럼 FCA는 이제 친환경차 개발에 집중하여 2022년까지 지프를 포함해 프리미엄 모델 중심으로 30개 이상의 전기화솔루션 차종들을 선보입니다. 자율주행시스템 개발에서도 구글이나 BMW 같은 업계 최고수준의 업체들과 긴밀히 협력하기로 했습니다. 머지 않아 그동안의 부진을 씻어내고 시장의 요구수준에 적절하게 대응할 수 있는 체제를 갖추게 됩니다. 이런 미래기술 개발에 있어 저희 원칙은 '퍼스트 원'(First One)이 되지 않는 것, 그리고 관련분야의 파트너들과 적극 협력한다는 것입니다. 이는 매우 신중하고 정상적인 판단이고, 이로 인해 원가도 절감하고 미래의 리스크를 대폭 줄일 수 있습니다. 따라서 경쟁 브랜드들보다 빨리 움직이지는 않아도 보다 확실하고 적절하게 자동차시장의 트렌드 변화에 따라갈 수 있습니다. 단, 오프로드 기술에서는 지금껏 그래왔듯 앞으로도 항상 퍼스트 원의 위치를 유지할 겁니다.

현재 수입차시장을 주도하고 있는 주요 브랜드들을 국가별 특성으로 분류하면 독일, 일본, 그리고 영국의 세 축으로 분류할 수 있다. 이는 수입차시장에서 가격이나 기술적 특성도 중요하지만 고객들의 취향이나 라이프스타일이 강조되어 생겨난 결과로 보인다. 비록 피아트는 시장에서 유통채널과 가격이슈로 실패했지만 500의 독특한 디자인은 많은 사람들의 관심을 끌었다. 그리고 최근 마세라티의 판매 강세로 볼 때 이탈리아의 디자인 특성도 이제 국내시장에서 받아들여지고 있는 듯하다. 국내 럭셔리 수입차시장도 커지고 있어서 소문만 무성했던 럭셔리 고성능 브랜드 알파로메오의 성공 가능성이 한층 높아 보인다. 스포츠 세단 줄리아(Julia), 고성능 SUV 스텔비오(Stelvio) 같은 매력적인 모델들도 출시되었다. 새로운 경영계획에 의해 라인업이 더 확충되니 이제 한국에 들어올 때가 되지 않았을까?

파블로 그룹방침에 의해 공식적인 출시계획에 대해서는 비밀로 해야 하니 이해해 주길 바랍니다. 저도 말씀드릴 수 없어 아쉽네요. 제가 말씀드릴 수 있는 건 모든 브랜드가 그러하듯 알파로메오도 중장기 제품계획에 맞춰 주요 시장별로 리서치를 하고 우선순위에 따라 진출 장소와 시기를 결정하는 과정 중이라는 겁니다. 알파로메오는 독일 프리미엄 브랜드에 맞설 수 있는 정말 환상적인 브랜드죠. 저희에게 엄청난 기회가 될 것이라 개인적으로는 정말 들여오고 싶어요. 한국시장의 매력을 본사에 잘 어필해서 가능한 한 빨리 들어오게 하는 것도 제 일이긴 하죠.

현재 FCA그룹의 글로벌 판매에서 한국시장의 비중은 어느 정도일까? 파블로 대표가 언급했듯이 한국시장의 중요도가 높아져야 본사의 마케팅 지원이나 신차 배정에도 유리해질 것이다. FCA코리아는 본사의 관심과 지원을 충분히 받고 있는지 궁금해졌다. 이탈리안다운 빠른 대답이 즉시 돌아왔다.

파블로 그럼요. 한국에서의 판매물량이 아직 많지 않아도 영업이익은 FCA그룹의 아시아태평양 지역 내 톱3에 들어가니까요. 앞서 말씀드린 것처럼 한국 수입차시장은 고가의 하이엔드 제품 중심이고 프리미엄 브랜드를 선호하면서 시장반응이 빠릅니다. 본사가 관심을 가지고 보고 있는 이유입니다. 본사의 지원 중에 제일 중요한 게 제품의 개발과 출시를 빨리 도와주는 건데 잘 해주고 있습니다.

30년의 세월을 견뎌 이제 국내 자동차시장의 중요한 축으로 확실하게 자리매김한 수입차업계는 그동안 국내 브랜드들이 소홀히 해왔던 고객 존중, 시승을 비롯한 다양한 체험 이벤트, 자동차를 통한 라이프스타일 향상 등을 통해 새로운 자동차문화의 도입과 증진에 크게 기여했다. 어느덧 우리 사회의 책임 있는 리더그룹으로 성장한 수입차업계는 국내의 다른 글로벌기업들처럼 훌륭한 기업시민의 역할에 관심이 많다. 실제 여러 아이디어를 내서 각종 봉사활동에도 적극적으로 나서며 기업홍보에도 열심이다. FCA코리아는 어떻게 하고 있을까?

파블로 어느 기업이나 자기가 속한 커뮤니티를 돕는 건 당연한 의무입니다. 그리고 한번 시작하면 꾸준히 해야죠. 저희도 작지만 여러 활동들을 지속하고 있는데 주로 어린이들을 돕는 활동을 합니다. 어린이들은 제대로 성장하기 위해 누군가의 도움이 꼭 필요한 존재이니까요. 단, 우리는 이런 사회활동들을 알리지 않고 마케팅에 활용하지도 않습니다. 아무래도 회사의 비용과 자원이 들어가니 좀 민감한 이슈이긴 합니다. 그래도 저희는 이렇게 하는 게 옳다고 봅니다. 직원들도 동의하고 잘 따라주고 있습니다.

요즘 트렌드인 일과 생활의 라이프밸런스는 어찌하고 있는지 궁금해졌다. 아무리 서양 사람이라도 한국에 온지 6년이 되어가고, 매일 피 말리는 경쟁이 벌어지는 수입차시장의 일선에 있으면 한국화(?)가 되어 일중독에 빠져버리지는 않았을까? 내친 김에 한국에 와서 좋은 것 세 가지를 꼽아달라고 했다. 커다란 웃음과 함께 파블로 대표의 얼굴이 어린아이처럼 환해졌다.

파블로 한국 사람들 정말 열심히 일합니다. 저희 직원들도 그렇고요. 저도 부임 초기에는 적응하고 업무 파악하느라 정말 밤낮없이 바빴어요. 몇 년 지나고 나서야 균형을 잡기 시작했죠. 요새는 골프도 하고 여행도 다니면서 나름 여유를 찾고 있습니다. 한국에 와서 좋은 게 너무 많은데 세 개만 고르려니 어렵네요. 우선 사람들이 참 좋아요. 친절하고 서로 도와주고 배려해줍니다. 사회 전체가 마치 서로를 잘 아는 공동체 같아요. 그리고 안전하고 살기 편합니다. 두 번째는 음식이죠. 제가 원래 여러 나라를 다니며 그 나라 음식들을 고루 즐깁니다. 한국의 음식들은 정말 맛있으면서도 세계 어느 나라와도 다른 독특함이 있어요. 재료나 요리방식도 건강에 좋고요. 세 번째는 여행입니다. 면적이 크지 않은 나라인데도 구석구석 오래된 역사와 이야기들이 많고 경치가 멋져요. 교통 인프라가 좋아서 다니기에 불편하지도 않고요.

자동차를 사랑한다는 파블로 대표에게 20년을 함께 해온 자동차는 어떤 존재로 느껴질까? 그리고 이제 학교를 졸업하며 자동차 쪽 커리어에 관심이 있는 후배들에게는 어떤 조언을 하고 싶은지 물어보았다.

파블로 아직까지 자동차는 집 다음으로 큰 금액이 들어가는 구매품목입니다. 내가 누구인지를 보여주는 도구이기도 하고요. 그리고 친환경차를 포함해서 정말 많은 자동차들이 시장에서 사람들의 선택을 기다리고 있습니다. 하지만 사람과 물건을 물리적으로 이동시켜주는 존재라는 자동차의 본질은 변하지 않습니다. 그래서 안락해야 하고 안전해야 합니다.

처음에는 무슨 답이 이러나 싶었다. 자동차는 내 인생의 전부라는 식의 약간 감성적인 답을 기대했기 때문이다. 하지만 곧 파블로 대표가 엔지니어임을 깨닫고는 이런 분석적인 대답이 이해가 됐다.

파블로 제가 자동차산업에 있으니 어차피 편견일 수밖에 없어요. 잘 아시다시피 자동차산업에서는 세상의 어느 업종보다 혁명적인 기술발전이 늘 생겨납니다. 엄청나게 많은 데이터를 분석해야 하고 하나의 결정을 내릴 때 정말 많은 요인을 검토해야 합니다. 정말 익사이팅하고 매력적이죠.

그래서 어찌하라는 걸까? 사실을 정확하게 분석하고 요약해서 알려주는 게 전부라니 정말 엔지니어답다. 재미있으니 일단 자동차산업에 뛰어들어서 그때부터는 스스로 알아서 잘해보라는 의미이겠지. 즐기면서….

국내 자동차문화의
다양성을 선도한다

최지선 케이씨모터스 대표

꿈은 이루어진다(Dreams Come True)

우리에게는 2002년 한일월드컵의 상징 구호로 인상 깊지만, 필자에게는 1990년대 초반 도쿄주재원 당시 일본에서 한창 인기 있던 여성보컬그룹의 이름으로 친숙하다. 젊은 세대들은 원조 아이돌그룹 S.E.S의 1990년대 후반 히트곡 제목으로 기억하고 있겠지만. 어쨌든 최지선 대표를 표현하기에 이 문구보다 적절한 말을 찾기 어려울 듯하다. 자동차 마니아라면 전설적인 스포츠카 스피라(Spirra)를 개발한 사람으로 알려져 있을 것이고, 일반 사람들에게는 기아 카니발의 지붕을 올린 개조차 하이리무진의 제작사인 케이씨모터스(KC Motors)의 경영자로 소개하는 게 빠르겠다.

미술대학에서 산업디자인을 전공한 최 대표는 1980년대 중반부터 당시 독자모델 개발에 몰두하던 현대차와 쌍용차에서 인테리어 디자이너로 실무를 익혔다. 그러다 해외 출장 시 마주친 스포츠카에 꽂혀 한국의 카로체리아(Carrozzeria: 독특한 디자인의 소량 수제차를 만드는 자동차공방)를 목표로 1995년 프로토디자인을 설립했다. 당시 국내 상황은 공장에서 대량으로 만들어진 자동차에 익숙해지며 자동차 대중화가 시작되던 시기였다. 고가의 국산 수제차는 아직 생소한 콘셉트였기 때문에, 부족한 자금과 기술적 난제들을 열정 하나로 극복해 나가는 험난한 여정이었다. 디자인 용역을 수행하면서 몰두했던 스포츠카의 양산에 결국 실패하고 깊은 좌절의 시간을 보내기도 했다. 그러나 최지선 대표는 다시 일어나 마침내 2015년에 노블클라쎄(NobleKlasse)라는 독자브랜드를 출범시켰다. 노블클라쎄는 주위에서 흔히 볼 수 있는 양산 차량의 부분개조 사업이 아니다. 차량 디자인은 물론 설계, 인증, 생산 그리고 판매까지 아

1995년 프로토디자인을 설립했던 최지선 대표는 2015년에 노블클라쎄를 출범시켰다

우르는 완성차 개념의 카로체리아가 국내 최초로 등장한 것이다.

카니발 하이리무진은 기아 브랜드로 기아차가 판매한다. 노블클라쎄는 고급화된 소수 소비자들의 니즈에 맞추어 카니발 하이리무진 내부를 완전 개조한 후, 별도의 자동차로 등록해 자체 브랜드로 판매와 정비를 하는 독립된 생태계를 가지고 있다. 모든 자동차 업체들은 신모델을 개발할 때 타깃 수요층의 니즈를 조사하여 반영한다. 하지만 공장에서 대량으로 만들어지는 자동차의 획일적인 생김새와 분위기에 만족하지 못하는 니치마켓(niche market)은 늘 존재한다. 이런 틈새시장을 위한 독특한 모델이 많이 만들어지고 다양한 소비자들의 요구를 충족시키기 위한 각종 서비스가 발달해야 우리의 자동차문화가 그만큼 풍성해진다. 최지선 대표는 이제 자동차문화 다양화의 최전선에 서 있는 셈이다.

판교의 노블클라쎄 쇼룸에서 반갑게 맞아주는 최 대표를 보고 도전과 극복이라는 무거운 말에 어울리지 않는 마르고 가는 몸이라 의외라는 느낌이 들었다. 꿈을 이루어가는 어려운 시절에 마음이 흔들리지 않도록 수영과 등산으로 계속 스스로를 단련한 결과라고 한다. 그녀의 강인한 눈빛이 이해가 되었다.

최 대표는 언제부터 자동차에 관심을 갖게 되었을까? 1980년대 중반이라면 자동차만이 아니라 전자, 철강, 기계 등 국내 주요 기간산업들이 기술 제휴선이었던 일본에서 벗어나 독자기술과 시장을 갖기 위해 용틀임을 하던 때다. 국내 고급인력에 대한 수요도 엄청났을 것이다. 어떤 계기가 있었기에 힘들고 험한 자동차산업에 뛰어들어 디자이너로서 커리어를 시작하게 되었을까? 가늠지만 또렷한 말투로 최 대표가 입을 열었다.

최지선 사실 어렸을 때나 학창 시절에 자동차에 그다지 관심이 없었어요. 대학에서 산업디자인을 전공하고 취업할 때 지금과는 달리 취업문이 여러 산업분야로 넓었죠. 그래도 가장 디자인의 가치를 알아주는 곳이고, 디자이너로서 뜻을 펼치기에 자동차 분야가 좋다고 교수님이 추천해주셨어요. 산업디자인은 바늘에서 비행기까지 배웁니다. 그중 자동차가 가장 완성도 높은 디자인을 요구하는 종합예술이라 산업디자이너들에게 원래 커다란 도전이자 꿈이기도 하고요. 제가 좀 이과적 기질이 있는지 자동차의 기계적 구조와 작동을 공부하는 것도 재미있었어요. 그래서 울산까지 내려갔던 거죠. 재미있었고 많이 배웠어요.

이런 질문을 하면 보통 감동적이거나 재미있는 답이 나오기 마련인데 다소 모범생 같은 반응이다. 하긴 최 대표 자체가 모범생 스타일이긴 하다. 최 대표가 카로체리아를 꿈꾸고 있던 시절, 영국에서 개발되어 생산되고 있던 카로체리아 차종들이 국내에서 만들어지는 희한한 사건이 벌어졌다. 쌍용차가 영국의 팬더(Panther)를 인수한 뒤 이 업체가 개발한 칼리스타(Kallista)를 1992년에 생산했다. 기아차 또한 영국 로터스(Lotus)로부터 엘란(Elan)을 사들여 1996년에 출시했다. 두 모델 다 영국을 대표하던 카로체리아에서 개발한 2인승 정통 스포츠카다. 독특한 취향을 지닌 소수 마니아를 위한 소형 수제차량으로 선진국에서는 지금도 클래식 명차로 인정받고 있다.

쌍용 칼리스타   기아 엘란

　　하지만 대량생산된 평균적 스타일의 자동차에 익숙해 있던 당
시 국내 소비자들에게는 너무 앞서나간 모델들이었다. 작고 비싸
고 품질 편차도 심한데다 디자인도 이상(?)한 두 차종은 마치 외계
에서 온 존재 같았을 것이다. 결국 몇 년 만에 시장에서 쓸쓸하게
퇴출되고 말았다. 이렇게 영화 '백 투 더 퓨처'(Back to the Future)에서
처럼 수십 년 뒤에나 통할 자동차 모델들이 왜 그때 갑자기 나타난
것일까?

　　세계 2차대전 이후 호황을 누리던 유럽의 카로체리아들은 1990
년대 들어 수요 감소로 경영이 어려워지자 차종을 팔거나 아예 회
사를 매각하게 된다. 당시 독자모델과 기술에 목말라 하던 국내 자
동차업체들이 이들의 인수에 달려들었던 결과물이 위의 모델들이
다. 원래 기술의 발전은 오랜 시간 열심히 배워가면서 조금씩 축적
되어가는 것이다. 선진국에서 모델이나 도면을 사온다고 해서 갑
자기 좋아지는 게 아니라는 걸 이런 아픈 경험을 통해 알게 됐고
결과적으로 우리는 해외에서도 인정해주는 명품 수제 스포츠카를
두 모델이나 생산한 나라가 되었다. 이런 상황들을 다 지켜보았을

최 대표는 앞선 차종들의 시장 실패에도 불구하고 왜 카로체리아 사업에 뛰어들었던 것일까?

최지선 솔직히 잘 모르고 시작했어요. 알면 보이는데 그냥 젊었고 잘 모르니 꿈만 가지고 멋진 걸 해내고 싶었다고나 할까요. 1988년에 쌍용차가 기술 습득을 위해 팬더를 인수했죠. 쌍용차 디자이너로 출장을 가서 당시 팬더가 개발해놓은 2인승 스포츠카 솔로 2(Solo II)를 보고 완전히 빠져버렸어요. 쌍용차 디자인실에서 만난 남편과 의기투합해서 그런 멋진 차를 만들어보기로 했죠. 사실 그때는 디자인 완성도가 높은 자동차를 하나 시제품으로 탄생시켜놓으면 그게 다인 줄 알았던 거예요. 실제 생산에 들어가는 것은 돈과 인력의 규모가 완전히 다른 실전의 세계입니다. 거기까지는 미처 생각이 미치지 못한 거라 지금 생각하면 참 어처구니가 없어요. 나중에 외부 투자를 받아 스피라의 생산을 준비하면서 얼마나 고생을 했는지. 차를 만든다는 게 이런 건 줄 그때 알았다면 절대 시작하지 않았을 겁니다. 참 시야가 좁았던 거죠. 사실 스피라를 개발하면서 생산조건이나 원가 등을 고려하지 않고 만들어서인지 디자인 완성도가 더 높아지긴 했어요.

개인이든 국가든 이런 무모한 도전이 새로운 역사를 이루기 위한 디딤돌이 되는 게 아닐까? 경제학의 이론적 지지를 받지 못했던 1960년, 1970년대 경제개발 노력이 오늘날 우리나라를 세계적인 경제강국으로 만들었다. 당시 스피라를 향한 최 대표의 열정과 경험이 있었기에 지금의 노블클라쎄가 탄생했을 것이다.

　우선 노블클라쎄의 물질적 토대가 된 카니발 하이리무진 얘기를 먼저 하는 게 순서일 듯하다. 2006년에 출시된 하이리무진은 연 몇 백대 정도 팔리며 특수용도를 위한 특장차 정도로 여겨졌다. 그런데 2011년부터 연간 판매 1000대를 넘어서더니 2014년에 뉴 카니발이 나온 이후 디자인 변경을 거치면서 연간 판매 5000대를 넘어서는 호황을 누리고 있다. 미니밴 지붕에 뚜껑(?)을 씌우는 디자인은 기존시장에서는 없었던 것이라 어떻게 이런 디자인이 생겨났는지 궁금해졌다. 그리고 이렇게 잘 팔릴 것이라 예상을 했던 것일까?

　최지선 솔직히 이렇게 잘 될 줄 몰랐죠. 프로토자동차에서 스피라를 개발하고 생산을 준비하는데 너무 힘들었어요. 자금도 돌려야 해서 디자인 용역을 하면서 버텼습니다. 그 당시 중국에서 독자모델을 만들기 위해 국내업체들에게 디자인 발주를 많이 했거든요. 유럽업체는 비싸니까요. 그래도 틈틈이 들어오는 디자인 용역이나 쇼카 제작만으로는 지속경영이 어려웠어요. 그래서 2006년에 케이씨모터스를 따로 세워 특장차 사업을 시작했습니다. 카니발 하이리무진 아이디어는 기아차 특장차팀에서 일본시장을 벤치마킹하면서 나온 겁니다. 저희가 그전에 1세대 카니발로 하이루프(high roof) 디자인 쇼카를 만들어본 적이 있어서 자연스럽게 그 일을 맡아 하게 되었죠. 절박한 마음으로 열심히 만들었는데 월 20~30대밖에 안 팔렸어요. 실망스럽긴 했지만 뭐라도 만들어서 회사에 돈을 돌리는 게 중요했으니까 계속했습니다. 어차피 시장이 이런 새로운 콘셉트에 익숙해

기아 카니발 하이리무진의 아이디어는 카니발로 하이루프 디자인 쇼카를 만든 경험에서 나왔다

지려면 시간도 좀 필요할 거라 생각했죠. 역시 소비자들이 하이루프의 편리함을 인식하고 고속도로 전용선도 갈 수 있어서 조금씩 입소문으로 수요가 늘기 시작했어요. 뉴 카니발 자체의 상품성과 디자인도 잘 나왔죠. 그래도 저희가 엄청나게 신경을 써서 만든 덕에 루프의 디자인도 본체와 위화감을 주지 않고 자연스레 녹아들었다고 봐요. 덕분에 소비자들이 하이리무진을 특별한 개조차가 아니라 그냥 카니발 라인업의 가장 상위 트림에 있는 세련된 고급모델로 인식하게 된 게 폭발적인 수요 증대를

가지고 온 게 아닌가 생각합니다. 저희가 조사해보면 기업, 정치인, 연예인 등 법인수요가 제일 많습니다. 그리고 일반 가정의 세컨드카 수요도 많이 올라오고 있어요. 그래서 용인에 이어 덕평에 제2공장을 세워 월 500대를 생산하고 있습니다. 참 감사한 일이죠. 손쉽게 플라스틱 루프를 쓰는 경쟁모델들과는 달리 저희는 처음부터 강철지붕(steel roof)을 썼기에 돈과 시간이 많이 들어갔지만 색상이나 안전, 디자인 완성도 측면에서 차이가 많이 납니다. 수입차가 많이 팔리면서 국내 소비자들이 자동차 구매에 쓰는 금액이 올라간 것도 가격저항을 많이 줄여주었죠. 그전에 스피라 생산을 고민하면서 소량 생산의 강점과 제약을 정확히 이해하게 됐어요. 이런 경험이 루프의 디자인과 생산에 많은 도움이 되었습니다. 스피라를 만들며 함께 고생했던 직원들의 팀워크도 큰 힘이 되었고요.

역시 세상에 쉽게 되는 것은 없는가보다. 그러면 야심차게 3년 전에 시작한 독자브랜드 노블클라쎄에 대한 시장 반응은 어떨까? 특이하게 케이씨모터스에서는 소비자들이 이미 소유하고 있는 카니발 하이리무진과 에쿠스 리무진(EQ900L)을 노블클라쎄 사양으로 튜닝해주는 서비스도 제공하고 있다.

최지선 기아 브랜드를 달고 기아차가 판매를 대행해주는 일반적인 카니발 하이리무진과는 달리 저희 고유 브랜드를 달고 소비자들을 직접 상대해야 하는 비즈니스라 많은 것이 조심스럽습니다. 워낙 고가의 럭셔리 시장이라 고객 반응이 폭발적이지는 않지만 차츰 인지도가 올라오고 있는 상태입니다. 저가 옵션도 내놓았고 차종도 현대 쏠라티와 에쿠스로 확대했고요. 어차피 멀리 보고 시작한 사업이라 초기 투자기간이라 생각하고 있습니다. 그래도 일반 정비업체에서 하는 부분 개조와는 달리 정식 자동차제작사로 등록된 독자브랜드라 100% 저희 책임 하에 생산과 판매, 정비까지 일괄 프로세스를 제공합니다. 정성들여 차별화된 디자인과 서비스로 다가가니 고객들이 많이 신뢰해주시네요. 이제 막 시작했으니 많은 것들이 미비합니다. 특히 고객들의 세분화된 다양한 요구를 세밀하게 파악해서 제품에 반영하는 상품 기획 능력이 아직 많이 모자랍니다. 단순히 내가 멋있게 디자인해 잘 만들었으니 많이 팔릴 것이라는 공급자 중심의 사고를 하고 있지 않은지 늘 고민하고 직원들과 토론하고 있습니다.

튜닝이라고 하면 불법 개조, 도로에서의 거친 운전 혹은 과도한 주행소음 등으로 여전히 부정적인 인식이 강하다. 그러다 지난 정부 시절 창조경제의 주요 아이템으로 튜닝사업이 선정되었다. 그후 국토교통부와 산업자원부에서 규제 완화와 절차 간소화 등을 위해 수년간 여러 정책을 발표하였다. 현장에서는 어떻게 느끼고 있을까. 실제 튜닝산업과 시장이 활성화되고 있을까?

최지선 실제로 튜닝에 대한 규제는 많이 완화됐어요. 하지만 예상만큼 수요가 크지 않아 튜닝산업은 잘 안 되고 있는 실정입니다. 튜닝 마니아들의 관심이 많고 상대적으로 시장 규모가 큰 분야는 엔진과 브레이크, 서스펜션 같이 탑승객의 생명과 직결되는 보안부품(safety parts)들을 업그레이드하는 퍼포먼스 튜닝(performance tuning)입니다. 아직 이쪽은 거의 다 법 테두리 밖에 있고, 규제가 심해지면서 업체들이 많이 사라졌어요. 오디오나 내비게이션을 바꾸고 플라스틱 부품이나 가죽 등으로 안팎을 개성 있게 치장하는 드레스업 튜닝(dress-up tuning) 분야는 완성차업체들이 요새 너무 잘 만들어내고 있어서 밖에서 따로 뭘 붙일 필요가 없을 정도고요. 자동차 내부도 워낙 IT로 다 연결시켜놓아서 사실 출고 후 건드리기도 쉽지 않습니다. 저희가 주로 하고 있는 빌드업 튜닝(build-up tuning) 쪽은 요새 좀 올라오고 있어요. 튜닝산업이 잘 되기 위해서는 선도적으로 모터스포츠 경기가 활성화되고 정통 오프로드 SUV들이 많이 팔려서 시장 분위기를 잡아줘야 합니다. 아직 제대로 트렌드가 올라오고 있지 않아 걱정이네요.

그래도 선진국처럼 기아 스팅어 같은 인기차종을 한층 고마력으로 퍼포먼스 튜닝하고 강한 디자인을 추가로 넣어 별도 인증을 받으면 노블클라쎄 브랜드로 팔 수 있지 않을까? (독일의 RUF는 포르쉐를 더 고마력으로 튜닝해 자기 브랜드로 판매한다) 이미 그렇게 할 수 있는 내부 업무시스템은 다 갖추어놓은 상태니까. 노블클라쎄가 지금처럼 기존 차량의 개조에 그치지 않고 독자적으로 멋진 차량들을 만들어 시장에서 확실하게 존재감을 가져야 진정한 의미의 카로체리아가 되는 게 아닐까? 최 대표의 말꼬리가 내려가며 조심스럽게, 그러나 분명한 어조로 말을 이었다. 이미 많은 고민을 거친 테마인 듯했다.

최지선 그런 수요가 있다고 보세요? 평범한 기존 틀을 벗어나 거칠고 개성 있게 라이프스타일을 표현하기보다는 안정되고 고급화된 제도권에 머물며 즐기는 분위기가 대세인 것 같아서요. 선진국에서 이제 카로체리아들이 거의 다 사라진 것도 이런 흐름과 무관하지 않죠. 우선 완성차업체들이 제품 라인업 확장을 하면서 자체적으로 엄청난 고성능 모델을 좋은 디자인으로 만들어내고 있어요. 뛰어난 IT 기술을 집어넣어 승차감이나 핸들링, 사운드 등을 확실하게 잡아놓고 안락함과 편리함까지 제공하니 소규모 카로체리아들이 어떻게 해봐도 다 시장에서 밀려나는 거죠. 사람들이 고성능은 좋아해도 불편한 건 못 참아요. 그래도 말씀하신 것처럼 럭셔리 하이엔드 고객들을 대상으로 노블클라쎄 브랜드의 아이덴티티와 철학을 공유할 수 있는 독자적인 제품들을 만들어낼 겁니다. 아직은 초기라 신중하게 브랜드를 만들어가는 과정이라고 이해해주세요.

이제 막 걸음마를 시작한 어린아이를 밖에 내놓는 심정일까? 어쩐지 창업자의 열정보다는 조심스러운 경영자의 신중함이 느껴졌다. 최 대표는 꺼려하는 눈치였으나 이쯤에서 스피라에 대해 자세히 물어보지 않을 수 없었다. 대기업도 아니고 무명의 개인 기업이 개발한 스피라는 2000년 여름 신차발표회를 통해 국내 자동차업계에 벼락처럼 등장하여 엄청난 관심을 불러 모았다. 여러 차례의 디자인 변경과 일정 지연 등 우여곡절을 거쳐 마침내 2010년 초 생산 개시되었지만, 총 31대만 판매되고 2년 만에 홀연히 시장에서 사라진 고성능 국산 스포츠카다. 젊은이들의 열정으로 시작된 스피라의 탄생은 아름다웠지만 결국 슬픈 종말을 맞이하였고 이제 전설이 되었다. 죽은 자식은 가슴에 묻는다고 한다. 마음 속 아픈 이야기를 꺼내기 쉽지 않아서인지 여러 번 주저하던 최 대표가 조용히 입을 열었다.

최지선 프로토디자인을 1995년에 설립해 주로 기아차의 디자인 용역을 맡아 했습니다. 업무가 늘어나면서 현대차와 쌍용차의 디자인 용역을 맡기 위해 1997년 프로토자동차를 별도로 세웠어요. 그런데 1997년에 기아차가 부도위기에 빠지면서 프로토디자인도 같이 어려워졌어요. 프로토자동차로 합치면서 늘어난 인력들이 놀 수는 없으니 할 수 없이 신규사업으로 검토했던게 전기차와 스포츠카였죠. 그 당시 전기차는 시장 전망이 불투명해 결국 스포츠카를 시작하기로 했습니다. 하지만 뭘 어디서부터 시작해야 하는지 막막했죠. 그래서 선진국 카로체리아들의 업무 방식을 조사하고 타깃 차종들의 기초 데이터와 사진을 모아 기본 스케치를 그리면서 공부해나갔어요. 각종 시판 차량들의 내외부 패키징을 수치화해서 판매하는 오토그래프라는 자료도 구입해서 참고했고요. 심지어 일본 타미야(Tamiya)의 플라스틱 미니어처 자동차들이 상당히 정교하게 만들어져서 그 작은 페라리와 람보르기니 모형 등을 분석하면서 콘셉트를 잡아가기도 했거든요. 지금 생각해도 참 말도 안 되는 방식이었어요. 그래도 젊어서였는지 그런 걸 밤새워 하면서도 정말 흥분되고 재미있었죠.

최 대표의 얼굴이 점차 붉어지면서 말이 빨라졌다. 역시 열정은 세월을 뛰어넘는 모양이다.

최지선 수많은 검토를 거쳐 소형 2인승의 미드십(MR) 스포츠 카로 콘셉트를 확정했어요. 카로체리아들의 개발방식이 자동차의 프레임과 바디만 독자적으로 개발하고 엔진을 비롯한 각종 부품들은 외부에서 조달해서 쓰거든요. 그래서 엔진은 현대차의 2.7L 델타엔진을 쓰기로 했죠. 이렇게 어찌어찌 해서 2000년 8월에 강남 고속버스터미널 전시홀에서 시제품(running prototype) 한 대를 전시하면서 발표회를 열었어요. 예산이 부족해 많은 사람들을 모시지도 못했는데 미디어들의 관심이 정말 엄청났습니다. 디자인의 완성도가 상당히 높아서 다들 좋아하셨고요. 제 인생에서 가장 기뻤던 순간이 아닌가 해요. 앞에서 말씀드렸듯이 생산과 판매를 몰랐기 때문에 딱 거기까지 하고 꿈을 이룬

스피라

줄 알았던 거예요. 이제 주문이 들어오면 기다리게 하고 시제품 만드는 방식으로 하나씩 만들어준다고 쉽게 생각했던 거죠. 그런데 실제 판매를 위해서는 충돌안전이나 배출가스 인증을 받아야 하니 그 비싼 시제품을 종류별로 여러 대 만들어 부숴야 했어요. 효율적인 생산을 위해 공장도 확장해야 했고, 각종 양산용 공구들도 새로 장만해야 했습니다. 무엇보다 판매와 정비를 위한 네트워크 구축을 해야 했는데 한마디로 자금과 인력이 부족한 개인 기업이 감당할 수 있는 수준이 아니었어요. 그래서 생산에 들어가지 못하면서 여러 소문만 무성해졌어요. 디자인 용역으로 겨우 회사 운영을 하고 어렵게 직원들 월급 주면서 버텼죠. 그래도 자식 같은 스피라를 포기할 수는 없어서 결국 생산자금 조달을 위해 외부 투자자를 찾아다니기 시작했어요. IT 산업의 벤처 붐이 일어나던 시절이었는데, 당시 잘나가던 어울림정보통신의 오너가 자동차를 좋아해서 투자하기로 했습니다. 향후 소요되는 자금을 다 댈 테니 스피라의 법적 권리를 넘기고 기존 프로토자동차 임직원들이 들어와 신설법인의 연구조직을 맡아달라는 조건이었죠. 스피라를 법적으로 포기하고 남의 회사 직원으로 들어간다는 것은 정말 어려운 결정이었습니다. 하지만 어렵게 낳은 스피라를 남의 집에 양자로 들여서라도 성공시켜야 한다는 마음이 더 강했기에 직원들을 설득해서 따르기로 했어요. 그래서 2007년 여름에 경기도 광주에 어울림모터스가 세워지고 제가 연구소장이 된 거죠.

'그래서 어려움을 겪던 왕자와 공주는 행복하게 잘 살았어요' 같은 어린 시절 동화의 행복한 결말을 기대하기에 현실의 벽은 너무 높았을까? 복잡한 인증과 절차를 다 마치고 2010년 3월 드디어 스피라는 정식으로 출시되었다. 하지만 최 대표는 2011년 봄 프로토 자동차의 기존 멤버들과 함께 어울림모터스를 떠나고 말았다. 이후 스피라는 2012년 5월 생산이 중단되면서 역사 속으로 사라졌다. 대체 어떤 일들이 있었던 걸까?

최지선 아직 이해관계자들이 많이 남아 있고 법적으로 민감한 내용들도 있어 말씀드리기가 참 조심스럽네요. 우선 시장상황이 좋지 않았어요. 저희가 시제품 발표를 했던 시기에 판매를 시작했더라면 그나마 좀 나았을 겁니다. 스피라가 독특한 디자인과 주행 느낌이 있다 해도 제조 품질이 매끈하지 않고 소음과 진동이 심하니 사람들이 좋아하지 않더군요. 아시다시피 원래 그런 게 카로체리아 차량의 특성인데요. 게다가 10년 사이에 급진전된 IT 기술도 별로 들어 있지 않은 고가의 모델을 시장에 내놓으니 극소수 마니아 외에는 별로 관심이 없었어요. 그리고 어울림모터스의 오너는 스피라의 엔진성능을 높이고 카본바디를 쓰면서 슈퍼카로 키우고 싶어 했어요. 원래 스피라의 개발 목표는 독특한 취향을 위한 이국적인 스포츠카(exotic sport car)였거든요. 게다가 국내 기반도 취약하고 인력도 부족한데 해외진출을 해야 한다면서 말레이시아 현지공장 설립도 추진하고요. 이렇게 사업 스타일과 방향이 다르니 당연히 내부 갈등이 심해졌죠. 계속 비용은 들어가는데 양산이 지연되니 회사 운영이 어려워져 월급도 일 년 이상 밀리고 상황이 심각해지기 시작했어요. 결국 이곳을 나가야 살 수 있다는 힘든 결심을 하게 된 거죠. 스피라를 두고 나오면서 부모가 못나 양자로 들인 자식을 또 그 집에 그냥 두고 나오는 상황이 정말 싫었어요. 하지만 딸린 식구들이 있는지라 어쩔 수 없었죠. 지금껏 살아오면서 가장 슬프고 막막했던 시간이 아니었나 싶네요. 그래도 저를 따르는 직원들을 데리고 별도로 운영하고 있던 케이씨모터스에 합류했습니다. 그런 경험과 노하우가 더해졌기에 오늘날 노블클라쎄가 있을 수 있다고 생각합니다.

최 대표는 옛 기억을 떠올리며 애잔한 표정으로 얘기를 하는데, 필자는 엉뚱하게 삼국지에서 자기를 따르는 신하와 백성들을 데리고 여기저기 몸을 의탁하고 다녔던 유비가 떠올랐다. 고생 끝에 유비가 형주를 차지하여 드디어 본격적으로 천하를 놓고 경쟁할 수 있는 기반을 닦은 상황이 직원들을 이끌고 다니며 지금의 노블클라쎄를 만든 최 대표와 비슷하게 느껴졌기 때문이다. 필자의 생각을 얘기하니 최 대표가 처음으로 크게 웃었다.

최지선 전혀 수준이 다른 비유지만 그렇게 생각해주시면 영광입니다(웃음). 몇 년 전 스피라를 만들던 공장의 집기와 용품들이 경매로 나왔어요. 거의 다 쓸 수도 없는 폐기물이었죠. 그래도 남의 손에 맡기기 싫어서 제가 낙찰 받아 다 버리고 조립하다 만 스피라 바디 두 개만 가지고 있어요. 아직 제 방에는 스피라 사진들이 걸려 있습니다. 3D 프린터로 바디를 만들어서 외관을 완성해 공장에 전시할까 생각 중입니다. 제가 법적인 권리를 잃었으니 다시 만들어 팔 수도 없죠. 사실 다시 하고 싶은 마음도 없어요. 아까 말씀드린 것처럼 프레임 만들어 부품 외주해서 기계적으로 조립한다고 자동차가 되는 시대는 지났으니까요.

조만간 대세로 다가올 자율주행차는 탑승자의 운전 취향과는 무관하게 미리 세팅된 데이터와 센서에 의해 움직이는 지루한 '탈 것'이 될 것이다. 사람은 원래 지루한 걸 참지 못하는 존재인지라 때때로 심심한 일상탈출을 위해 재미있는 차를 찾지 않을까? 반드시 고성능일 필요도 없고 화려한 IT기기들을 탑재하지 않더라도 괜찮을 것이다. 동네에 작은 공방 하나 차려놓고, 엔지니어링적으로는 지극히 평범하지만 고객이 원하는 디자인의 소형차를 3D 프린터로 만들어주는 미국의 로컬모터스(Local Motors)가 화제가 되고 있는 것도 이런 이유 때문이 아닐까? 미래의 자동차시장은 대량으로 만들어져 판매되거나 공유되는 무덤덤한 자율주행차와, 각자의 개성을 화려하게 드러내주는 소량의 이국적인 자동차로 양극화될 가능성이 높다. 최 대표도 그런 트렌드를 이해하고 시장을 주시하고 있다고 얘기하지만 제2의 스피라를 만들지는 않겠다는 강한 의지가 느껴졌다. 정말로 많이 힘들었던 모양이다. 그래도 지난 20여 년의 힘겨운 세월 속에서 꿈을 향한 열정을 유지할 수 있었던 비결은 무엇일까? 규모는 작아도 노블클라쎄라는 독자브랜드로 자동차의 개발과 생산, 판매의 세 축을 아우르는 기본적인 골격을 갖추었으니 과연 최 대표의 꿈은 이루어진 것일까?

최지선 자동차를 만들어 파는 업무체계로 본다면 카로체리아의 기본은 갖추었으니 일단 꿈은 이루었다고 봐야겠죠. 원래 멋진 스포츠카를 만들고 싶었지만 시장에서 그 흐름이 지나갔어요. 힘들게 목적지에 도착하긴 했지만 너무 늦었다는 느낌이네요. 시장 상황이 바뀌었으니 노블클라쎄를 기존 완성차들의 고급 튜닝브랜드로 키워나가고 싶습니다. 고객이 원한다면 국내에 들어온 수입차를 개조할 수도 있죠. 자기만의 라이프스타일을 위한 고급 니치마켓은 늘 존재하니까요. 최근 들어 이런 시장을 보고 해외의 고급 튜닝브랜드들이 국내에 들어오고 있습니다. 저희는 국내 소비자 취향을 상세히 파악하면서 시장에 안착했기 때문에 어떤 브랜드가 들어와도 자신 있어요. 오히려 튜닝시장이 커지면서 활성화된다면 크게 도움이 되죠. 그리고 뭐 특별하게 지난 세월을 견뎌온 비결 같은 건 없습니다. 제가 원래 일이 터져도 무덤덤하고 큰 일이 터질수록 오히려 차분해지는 성격이라 견딘 것 같네요. 산에 갈 때 다리가 터질 것 같

노블클라쎄는 개발과 생산. 판매의 세 축을 아우르는 카로체리아의 기본 골격을 갖추었다

고 힘들어도 한 걸음씩 참고 올라가면 정상까지 갈 수 있는 것처럼 어떤 문제라도 극복하고 나갈 수 있다는 자신감 같은 것이겠죠.

저렇게 담담하게 얘기를 하게 되기까지 얼마나 많은 시간이 걸렸을까? 서정주 시인은 '지금껏 나를 키운 건 8할이 바람'이라고 했다. 최 대표를 지금껏 버티게 한 것은 일단 시작한 일로 남에게 창피해지기 싫은 자존심이 아니었을까? 필자의 추측에 최 대표가 조용히 웃으며 고개를 가볍게 끄덕였다.

슬픈 과거 얘기를 하느라 무거워진 분위기를 돌리기 위해 화제를 바꾸었다. 최지선 대표는 1985년부터 현대차의 엑셀과 쏘나타, 그리고 쌍용차의 무쏘 등 국내 자동차산업의 초기 독자모델 디자인에 참여한 국내 자동차디자이너 1세대에 속한다. 현재 성공한 경영자로서 업계와 학회활동에도 열심이라 많은 후배들, 특히 여성 산업디자이너들의 롤 모델이 되어 있다. 그냥 디자이너로서 커리어를 계속했더라도 성공했을 것 같은데 경영자로 커리어를 바꾼 것에 대해 후회나 미련은 없을까? 혹시 다시 디자이너를 하고 싶지는 않을까?

최지선 훌륭한 디자이너 선배들이 많아서 전 엄밀히 말하면 1.2세대쯤 되죠. 제가 롤 모델이 되고 있다는 말씀은 과찬이세요. 제가 커리어를 바꾸고 싶어 바꾼 건 아니지만 현재의 역할에 불만은 없습니다. 디자인을 계속 하다가 어울림모터스의 연구소장이 되면서 디자인 실무를 놓게 되었습니다. 그후 케이씨

모터스를 맡아 생산과 판매, 인사관리 등을 경험하면서 시야가 많이 넓어진 걸 느낍니다. 경영자가 되는데 특별한 자격이 있는 건 아니겠죠. 전 모든 부문을 아우를 수 있는 균형 감각이 제일 중요하다고 생각해요. 디자이너라는 직업이 원래 그래요. 많은 것들이 부족하고 제약된 조건에서 기본 스케치부터 시작해서 보고 만질 수 있는 실물을 만들어내야 하거든요. 그 과정에서 조직 내 다른 부문들과 끊임없이 토론하며 최적의 해법을 찾아가야 하죠. 그런 경험을 하면서 어느 한쪽에 치우치지 않고 균형을 잡아가는 훈련이 자연스레 된다고 할까요? 그런 점이 재무나 기술 분야 출신보다 디자이너 출신 경영자의 강점인 것 같아요. 반면 이제 너무 아는 게 많아져서 디자이너는 못할 것 같네요. 원래 기존 틀을 깨는 훌륭한 디자인은 신진 디자이너들이 잘해요. 부딪혀 좌절한 경험이 없으니 겁 없이 창의적이고 순수한 선을 만들어내죠. 전 현실적인 제약들을 너무 많이 아니까 그걸 피해가려고 관습적인 선만 그려낼 겁니다.

카로체리아의 성공에 있어서 멋진 디자인의 중요성은 아무리 강조해도 지나치지 않다. 좋은 디자인을 보면 다들 멋지다고 표현한다. 과연 멋이라는 건 어떻게 정의할 수 있을까? 그리고 노블클라쎄의 디자인 방향을 결정하는 최 대표의 디자인 철학은 무엇일까?

최지선 디자인이라는 게 참 주관적이라 멋진 디자인에 정답은 없다고 생각합니다. 현재 노블클라쎄의 비즈니스 모델은 기존 차량을 가져와 개조하는 겁니다. 따라서 기본적인 디자인 방향은 저희가 디자인해서 개조한 부분들이 기존 차량의 디자인과 어우러져 어색하지 않도록, 아니 더 멋져 보이도록 하는 겁니다. 고가 차량들이라 고객들이 아주 민감하기 때문에 기존 차량의 디자인에 맞추어 완성도를 최대한 높이는 게 제일 중요합니다. 아직 사업 초기라 노블클라쎄만의 독특한 디자인 아이덴티티를 확립하기에는 시간과 경험이 더 필요하죠. 여러 차량에 동일하게 적용해도 어색하지 않고 향후 독자적인 제품에도 반영할 디자인 특성들을 만들어내는 게 저희 내부의 어려운 숙제죠. 해보면서 만들어가야 하니 인위적으로 서두르지는 않을 겁니다.

IT기술의 진보와 경제, 사회구조의 변혁으로 인해 ACES(Autonomous, Connected, EV & Sharing)로 요약되는 대변혁의 파도가 세계 자동차산업을 덮치고 있다. 자동차에서 내연기관이 사라지면 자동차 디자인의 자유도가 급상승할 것이다. 이미 자동차업계 전쟁터는 성능과 안전에서 IT기술을 활용한 내부 패키징과 용도로 바뀌어가고 있다. 이런 추세는 IT기술과 자금력에서 불리한 카로체리아들에게 결코 우호적이지 않다. 최 대표는 이런 미래의 도전에 대해 어떻게 생각하고 있을까?

최지선 앞으로 자동차의 바깥보다는 내부 공간활용과 디자인이 중요시될 겁니다. 현재는 앞을 보며 운전하면서 사고를 방지해야 하니 자동차 인테리어에는 시트를 포함해 앞을 기준으로 방향성이 있어요. 이제 자율주행이 되면 방향성이 없어지고 자유롭게 공간을 활용할 수 있게 되죠. 결국 이동 중에 뭘 할 수 있느냐의 싸움이 됩니다. 그러면 창문을 디스플레이로 쓰거나 천장에 홀로그램을 쏘는 등 기존 실내의 새로운 용도가 고안될 겁니다. 각자 라이프스타일과 용도에 맞추어 자동차를 이용할 수 있는 인포테인먼트가 주요 테마가 되겠죠. 그런데 이런 건 꼭 비싼 럭셔리일 필요가 없어요. 다양성을 위한 니치마켓이 반드시 생길 것이니 저희 같은 인테리어 개조 전문업체에게는 새로운 기회가 된다고 봐요. 저희가 IT기술도 열심히 공부하고 있어요. 예를 들어 휴식과 업무를 위한 시트의 새로운 용도와 기능에 대해 큰 관심을 갖고 연구하고 있습니다.

예측과 컨트롤이 불가능할 정도로 기업을 둘러싼 환경은 급변하고 있다. 그러나 기존 틀이 깨지는 불안정한 상황은 늘 새로운 기회의 틈을 열어놓는다. 어떤 상황도 긍정적으로 받아들이면서 조직 구성원들과 공감대를 만들어 끊임없이 앞으로 나아가는 기업들에게는 늘 새로운 길이 열리는 법이다. 역풍이 불어도 선원들의 날랜 솜씨에 의해 돛단배가 조금씩 앞으로 나아갈 수 있듯이.

과거와 현재의 많은 케이스를 보면 개인이나 조직이 꿈을 이루었을 때 짧은 환희의 순간이 지나면서 위기가 시작되는 경우가 많다. 기분 좋은 성취감에 나태해지고 그동안 내재해 있던 조직의 갈등이 표면화되기 때문이다. 새로운 상황에서 다시 꾸어야 하는 꿈의 방향과 내용이 서로 맞지 않은 것도 큰 이슈가 된다. 노블클라쎄는 어떤 꿈을 새로이 꾸며 직원들과 공유해나가고 있을까? 새로운 비전을 제시하고 성을 나와 구성원들을 다시 거친 광야로 이끌고 가야 하는 경영자의 진검승부가 이제 시작되는 것이다.

최지선 말씀하신 부분에 대해 많은 고민을 하고 있습니다. 무엇보다 새로운 목표에 대해 직원들과 공감대를 형성하는 게 중요해 내부 컨설팅작업도 진행 중입니다. 직원들도 그동안은 현업에 밀려가며 정신없이 살았죠. 이제 좀 여유가 생겨서 회사와 본인의 비전에 대해 고민하기 시작했고요. 국내 자동차문화의 다양성을 리드하는 회사라는 비전을 직원들과 공유하면서 이제 겨우 점 하나를 찍은 겁니다. 대량생산 자동차업체들이 채울 수 없는 고객들의 다양한 라이프스타일 상향욕구를 계속 찾아내 사업화해야죠. 전기차에도 관심이 있습니다. 일반적인 승용차 형태가 아니라 개인 이동수단(personal mobility)의 다양한 베리에이션으로 검토해보고 있어요. 앞으로 젊은 세대는 승용차보다 값싸고 짧은 거리를 간단하게 이동할 수 있는 전동식 이동수단에 더 관심을 가질 테니까요. 그리고 단순히 '탈것' 제조에 머무르지 않고 저희 차량을 이용한 고급 렌트나 VIP 픽업서비스 같은 것도 생각하고 있어요. 아직 자세히 말씀드릴 단계는 아니지만요. 결국 노블클라쎄는 자동차를 포함한 새로운 비즈니스 창출을 위한 플랫폼이 되는 겁니다. 해외사업도 해야죠. 일본과 인도, 베트남 등에서 현지 파트너와 차량개조 사업을 펼치기 위해 요새 열심히 출장 다니고 있습니다. 디자인과 기술, 원가 측면에서 충분히 경쟁력이 있다고 생각하니까요. 2018년이 노블클라쎄의 해외진출 원년이 되겠네요.

세상엔 대단한 사람들이 정말 많다. 꿈을 쫓아 쉬지 않고 노력하는 그런 사람들에게 경외감을 느끼며 사는 일은 행복한 일이다. 좀 더 대단한 사람이 되고 싶다거나, 좀 더 좋은 걸 만들고 싶다거나, 이런 생각을 하지 않는 사람은 뭔가를 이루어낼 수 없기 때문이다. 새로운 도전을 시작하는 최 대표에게 어떤 꿈이라도 여러 사람들과 같이 꾼다면 언젠가는 꼭 이루어진다고 말하고 싶어졌다. 아니, 이미 알고 있는 듯했다.

3장
자동차 문화에 미치다

백중길 금호 클래식카 대표

김주용 인제 클래식카 박물관 관장

전영선 한국자동차문화연구소 소장

손관수 대한자동차경주협회(KARA) 회장

우리 생활의 소중한 역사,
누군가는 해야 할 일

백중길 금호 클래식카 대표

© 이종희

뚝심과 열정(Endurance & Passion)

사람이 태어나 일생 동안 뭐라도 하나 제대로 이루어내기 위해서 꼭 필요한 요소다. 우리나라 자동차산업의 태동기였던 1960년대 후반부터 50년간 자동차 수집에 몰두해온 백중길 대표를 만나러 여주로 가는 가을길은 아름다웠다. 국도변 금호 클래식카 간판을 보고 우회전해 언덕을 올라가자 오랜 세월을 견뎌온 차량들이 가득 보였다. 마치 타임머신을 타고 갑자기 수십 년 전 과거로 돌아간 듯한 착각이 일었다.

백 대표는 자동차박물관을 꿈꾸며 꾸준히 자동차를 모으기만 했다고 한다. 그러다 우연한 기회에 부업으로 외부에 올드카를 대여하기 시작했는데, 우리나라 영화와 드라마 제작의 급성장으로 인해 이제는 주요 사업이 되어버렸다. 백 대표의 평생 자동차 사랑이 우리나라 영상산업의 기초가 되었다니 상황이 참 아이러니하다. 최근 흥행에 성공한 영화 '택시운전사'의 주연급(?) 소품 브리사 택시가 바로 앞에 놓여 있다. '밀정'과 '암살' 같은 흥행 영화는 물론, 기억이 생생한 '모래시계', '여명의 눈동자', '야인시대' 등의 레전드급 드라마에 나오는 차량 모두가 백 대표의 수집품이다.

강단 있는 성격이지만 부드러운 목소리로 조곤조곤 설명하는 백 대표의 모습은 오랜 시간 변함이 없었다. 무엇보다 어떤 이유로 자동차가 흔치 않던 시절부터 자동차 수집을 하게 되었는지 궁금했다. 백 대표가 아련한 표정으로 차분하게 설명을 이어갔다.

백중길 부친께서 해방 이후 서울에서 택시사업을 하셨어요. 그래서 어렸을 때부터 스티어링 휠을 굴리고 놀 정도로 자동차와 친해질 수 있었죠. 하지만 6·25전쟁 이후 아버지 사업이 실패해 집안이 어려워져 기술자로 베트남에 가서 돈을 좀 모았어요. 돌아와서 신당동에서 자동차부품 수입과 재생사업을 시작했죠. 1960년대 들어 국내에서 새나라, 코로나, 코티나 같은 차종들이 라이선스로 생산되기 시작했어요. 그런데 그런 차들이 하나 둘씩 도로 위에서 사라지는 겁니다. 그게 아쉬워서 누군가는 모아 놓아야 하지 않나 하는 막연한 생각으로 20대 중반에 수집을 시작했어요. 그 차량 하나하나가 우리나라의 자동차 역사와 당시 생활의 산 증인이라모아놓으면 나중에 아이들이 보고 뭐라도 배울 수 있다고 생각했죠. 지금까지 한 600대 정도 모았습니다. 사실 이렇게까지 일이 커질 줄은 몰랐어요. 국내 자동차산업과 시장이 이만큼 성장하리라고 예상하지 못했으니까요.

백 대표의 컬렉션을 둘러보니 놀랍게도 외국에서도 보기 힘든 70~80년 전의 멋진 외제차들이 상당히 많이 보인다. 거의 대부분 국내에서 구입했다고 한다. 자동차 수입이 엄격히 금지되었던 시대에 어떻게 이렇게 많이 모을 수 있었을까?

백중길 일단 장안평에 300평 정도 터를 잡고 국산차부터 모으기 시작했습니다. 그런데 그 당시 국산차의 품질이 좋지 않아 정비를 해도 쉽게 망가지고 내구성이 없었어요. 그래서 방향을 틀어 대기업 회장이나 외교관, 연예인들이 개인적으로 수입해 타고 다니던 외제차를 모으기 시작했죠. 당시 저 말고는 수집하는 사람도 없다보니 알음알음 소문이 나서 조금씩 매도문의가 늘어나기 시작했어요. 제가 부품사업도 하고 있어서 그 사람들의 차량정비도 많이 맡아 했죠. 나중에 그 차를 팔려고 내놓으면 가서 사곤 했습니다. 미국에 몇 번이나 찾아가서 구입한 차도 있습니다. 해외에 살던 사람들이 국내 통관상황을 잘 알지 못해 가지고 들어오다 세관에 걸려 압류된 차들도 소문을 듣고 달려가 어렵게 구입한 적도 많습니다. 관련 규정이 없는 경우도 많아 공무원 한 명 한 명을 직접 설득하는 일이 얼마나 힘들었는지 모릅니다. 주한미군 차도 많이 샀고요.

백 대표가 가지런히 놓인 차들을 하나씩 짚어가며 열정적으로 풀어놓는 구매 스토리는 행운과 안목, 그리고 끈기가 어우러진 한 편의 드라마였다. 이러다가는 오늘 내로 인터뷰가 끝날 것 같지 않아 장소를 사무실로 옮겼다. 그래도 백 대표의 열정적인 설명은 쉽게 수그러들지 않았다. 정말로 많이 힘들었던 모양이다.

백중길 좋은 차를 판다는 소문을 들으면 어디든 시간 장소 안 가리고 다 찾아다녔습니다. 그러면 먼지 구석에 차를 처박아두었던 사람들이 갑자기 마음이 바뀌어서 안 판다고 하거나 가격을 확 올려버리곤 하더군요. 자동차 수집이 알려지지 않았던 시절인데 제가 하는 걸 보고서 자기도 수집을 한다고 나서는 사람들도 많았죠. 하지만 대부분 오래 못 갔어요. 차 주인과 협상을 다 끝냈는데 가족이 나서서 추억 때문에 못 판다고 한 경우도 종종 있었습니다. 차 한 대 사는데 몇 년씩 걸리는 건 예사였죠. 돈이 있다고 아무나 쉽게 할 수 있는 일은 아닙니다.

깨물어 아프지 않은 손가락이 없다는데 이렇게 하나하나 힘들게 모아놓은 자동차 중 특별히 애착이 가는 자동차가 따로 있을까? 생각에 잠긴 듯 잠시 뜸을 들이던 백 대표가 신중하게 입을 열었다.

백중길 아무래도 오래될수록 애착이 더 가긴 하죠. 제일 오래된 차는 1925년식 영국 스포츠카 스위프트(Swift)입니다. 그래도 하나만 고르라면 우리나라 산업발전의 기틀을 닦은 박정희 전 대통령이 1970년 경부고속도로 개통식에서 타고 시주했던 1968년식 캐딜락입니다. 역사적으로 의미가 상당히 크니까요. 이승만 전 대통령의 첫 리무진이었던 1960년식 캐딜락도 참 좋아요.

옛날 황희 정승이 길을 가다가 소 두 마리로 밭을 가는 농부에게 어느 소가 일을 더 잘 하냐고 물었다. 그러자 그 농부는 짐승들도 다 알아듣는다고 하면서 귓속말로 알려주었다. 백 대표의 마음

1968년식 캐딜락(가운데)

좋은 차가 있다면 어디든 달려가 모은 차가 600대가 넘는다. 지난한 세월을 담담히 들려주는 백중길 대표(왼쪽)

이 딱 그랬을 것 같다. 괜히 물어봤다가 실례가 된 듯했다. 재빨리 화제를 바꿔 그동안 구하지 못해 꼭 수집하고 싶은 차는 무엇이냐고 물었다. 백 대표의 표정이 금세 밝아졌다.

백중길 신진자동차가 닛산의 블루버드(Bluebird)를 들여와 1962년부터 조립 생산했던 새나라입니다. 당시 드럼통을 펼쳐 만든 각진 모양의 시발차 같은 수제(?) 자동차들이 주로 굴러다녔죠. 그런데 일본 모델이지만 공장에서 프레스로 찍어 제대로 만든 유선형 디자인이라 첫눈에 바로 빠져버렸어요. 외제차를 대충 모아놓고 찾아보니 이미 다 없어졌더군요. 사방으로 수소문해보니 지방의 자동차 정비학원에서 교육용으로 철판과 부품을 다 들어낸 헐벗은 녀석이 딱 하나 남아 있더라고요. 그래서 여러 번 구매를 망설였는데, 그새 그 녀석마저 없어져 버렸죠. 일본에는 있을 것 같아 일본의 클래식카 페스티발에 여러 번 가보았습니다. 얼마 전에 마침내 한 대 발견하고 얼마나 기뻤는지 모릅니다. 오른쪽 핸들이지만 꼭 사와서 왼쪽 핸들로 복원할 겁니다. 우리나라 자동차역사에서 중요한 차니까요.

남다른 열정과 안목으로 교육과 전시를 목적으로 시작한 컬렉션이었다. 그런데 어떤 계기로 계획에도 없던 자동차 소품 대여사업을 시작하게 되었을까?

백중길 차나 사람이나 인연이라는 게 참 묘합니다. 1981년인가 홍콩영화의 한국 로케이션 촬영 때 처음 요청이 들어왔어요. 그냥 도와주는 마음으로 몇 대 대여해주고는 잊어버렸지요. 그런데 그 다음해 KBS에서 3.1절 기념 프로그램을 만드는데 그 당시 차량들이 필요하다고 소문 듣고 찾아왔다고 하더라고요. 이곳 외에는 빌릴 데가 없다고 하도 여러 번 간청을 해서 마지못해 빌려주었습니다. 그 이후 여기저기서 계속 빌려달라고 해서 시작하게 된 겁니다.

그래도 정상적으로 운행하기 어려운 낡은 차량들을 사고 위험이 많은 촬영 현장에 빌려주는 결정을 내리기는 쉽지 않았을 것이다. 값어치를 따지기도 어려운 귀한 차량들을 대여해주면 차량관리 측면에서 문제점은 없었을까? 촬영 현장에서 어떤 에피소드들이 있었을지 궁금했다.

백중길 어차피 직원들 월급주고 빠듯한 살림에 자동차를 계속 구입하다보니 자금이 필요했죠. 고맙다고 인사하며 빌려가는 걸 보면 모아두길 잘 했다는 보람도 있었고요. 촬영하면서 빠른 속도로 달리거나 폭발 장면을 찍는 경우도 많지만, 차량에 문제가 생기면 보상받기로 하고 대여하니까 관리상 문제는 별로 없습니다. 망가지면 수리 복원하면 되니까요. 단지 차들이 너무 나이가 많다보니 대여 전날 정비를 완료해서 내보내도 제대로 작동 안되는 경우가 많아요. 때문에 현장에 정비팀이 항상 대기해야 합니다. 워낙 구식 차량들이라 연기자들이 운전하면서 익숙지 않아 고장을 내는 경우도 많습니다. 그래서 촬영이 여러 번 지연되기도 하죠. 그래도 나이 지긋한 감독은 이런 오래된 차들을 빌려줘서 고맙다고 이해를 많이 해줍니다. 한데 젊은 감독은 나쁜 차 갖고 와서 촬영 망친다고 험한 소리하고 촬영지연에 따른 변상을 요구하기도 합니다. 황당하지만 세상 많이 바뀌었다고 느낍니다. 제가 장사하려고 모은 것도 아닌데. 사실 이렇게 대여해봐야 전체 차량관리비도 안 나옵니다. 이제 직원도 복원팀 포함 20여 명 되니 인건비가 많이 들어 운영이 어렵습니다. 그래서 작년부터 이곳에 큰 가건물 두 개를 지어 영화나 드라마 찍는 스튜디오로 빌려주고 있습니다. 평소에는 차량보관 장소로 쓰죠. 자금회전에 많은 도움을 받고 있습니다. 사실 내부를 층층 구조로 만들어 야외에서 눈비 맞고 있는 차량들을 넣어 보관해야 하는데도 말이죠.

지금껏 모아 놓은 600여 대 중 그나마 비가림 지붕 밑에 있는 건 200여 대 정도다. 나머지는 그냥 외부에 노출된 상태로 놓여 있다. 그마저도 이곳이 좁아 100여 대는 양수리, 50여 대는 근처 나대지에 놓아둔 상태다. 2010년 큰 수해로 양수리에 있던 차량 100여 대가 물에 잠겨 반 정도를 폐차해야 했던 쓰라린 경험도 있다고 한다. 대부분 옛날 차들이고 많이 노화되어 유지관리가 쉽지 않다. 그런 차들이 그대로 햇빛에 노출되거나 눈비를 맞으며 상태가 더 나빠져도 관리 인력이 모자라 어쩔 수 없다고 하니 안타깝다.

백중길 마음이 많이 아프죠. 속도 많이 상하고. 어떻게 모은 차들인데. 차를 깨끗하게 정비해도 밖에 놔두고 1~2년 지나면 다시 원상태가 됩니다. 안타깝지만 차 한 대 정비하고 복원하는 데 2000만~3000만 원 정도 들어가니 힘이 달립니다. 그래도 지금까지 판다는 생각은 해보지도 않았어요. 그저 많이 모아 깨끗

지금껏 모아 놓은 600여 대 중 200여 대를 제외하고 나머지는 외부에 놔두고 있다

이 수리해서 자동차박물관 하나 제대로 운영해보려고 지금까지 죽을 힘을 다해왔습니다. 하지만 이게 너무 규모가 커지니까 개인 역량으로는 정말 힘에 부칩니다. 그동안 여러 지자체나 대기업들과 협조 얘기가 여러 번 나왔지만 아직까진 말만 무성합니다. 일단 모든 차량들을 한 군데 모을 수 있는 넓은 장소가 필요합니다. 지금 이곳은 너무 좁아요. 간단한 건물이라도 크게 지어서 관리 인력도 늘리고 복원팀도 대폭 충원해서 정비도 빨리 해야 하는데 결국 자금이 문제죠. 1993년에 대우그룹이 자동차박물관을 지어서 제대로 운영하겠다는 제안을 해와서 컬렉션 전체를 넘길 기회가 있었습니다. 직원들 고용승계도 문제였지만, 촬영소품 대여사업이 문제가 되어 결렬되고 말았어요. 대우 측은 박물관은 수익사업이 아니고 기업이윤의 사회환원 차원에서 하는 것이라 대여사업은 끝까지 안 된다고 하더라구요. 고민 끝에 포기했죠. 만약 그때 넘겼으면 개인적으로는 돈도 벌고 편하게 살았을 겁니다. 하지만 그 당시 우리 회사 말고는 올드카를 모은 곳이 없었어요. 당장 촬영 현장에 큰 문제가 생길 게 뻔했죠. 오래 신뢰를 쌓아온 사람들에게 못할 짓이라 생각했고 제가 계속 맡아 지지고 볶기로 했습니다. 우리 인생이 원래 돈 있으나 없으나 지지고 볶아야 재미있지 않나요?

우리는 어째서 자동차 생산규모가 세계적인 수준이 되었다고 자랑하면서 번듯하게 내보일만한 자동차박물관 하나 갖추고 있지 못할까? 자동차와 관련된 생활역사 유물까지 방대하게 갖추어 당시 생활모습을 생생하게 보여주는 디트로이트의 포드 뮤지엄(Ford

Museum)까지는 당장 바랄 수 없다. 그래도 폭스바겐이나 벤츠, 토요타 등 대다수 글로벌 브랜드들은 자사 제품들을 설립 초기부터 구색 맞추어 전시해놓은 자사 브랜드 박물관을 운영하고 있다. 소위 뼈대 있는 집안임을 마케팅에 활용하고 있는 것이다.

이런 당연(?)한 일들을 세계 자동차산업의 주역으로 부상한 우리나라에서 볼 수 없다는 것이 오히려 신기할 지경이다. 경쟁이 날로 치열해지는 자동차시장에서 살아남기 위해서는 브랜드의 이미지와 역사, 사회 기여도 같은 감성적 요인들이 점점 더 중요해지고 있다. 우리는 개발과 생산 같은 하드웨어와 단기성과에만 치중해서 정작 중요한 것들은 놓치고 있는지 모른다.

사람의 의지나 신념이라는 것이 처음에는 결심 하나로 시작해 험난한 시기를 거치면서 많이 흔들리기 마련이다. 반면 대장간에서 쇠를 벼리듯 고통을 겪으면서 오히려 더 확고하게 앞으로 나아가는 경우도 있다. 이렇게 힘들어도 백 대표가 오랜 시간 자동차 수집을 지속할 수 있었던 힘은 어디에서 왔을까?

백중길 자동차 수집을 돈 벌기 위해 했다면 넉넉지 않은 살림에 이렇게 많이 모으지 못했을 겁니다. 그동안 팔지 않고 모으기만 했으니까요. 사올 때 상태가 좋지 않은 차들이 대부분이라 정비복원에도 비용이 많이 들었죠. 제가 애국자도 아니고 무슨 대단한 꿈이 있어서 해온 게 아닙니다. 그래도 누군가는 우리나라에서 생산되었거나 굴러다니던 차들을 한 자리에 모아서다 보여줄 수 있어야 한다고 믿기 때문입니다. 자동차 생산과

메르세데스-벤츠 300SL(왼쪽) 등 진귀한 외제차를 포함해 수집품 하나마다 애정과 사연이 깃들어 있다

판매에만 힘써서는 자동차 선진국이 될 수 없습니다. 우리 아이들이 보고 체험하면서 배울 수 있는 전시교육의 장소가 꼭 필요하죠. 어른들도 과거 어려웠던 시절에 주위에서 함께했던 자동차를 보면서 향수를 느낄 수 있는 공간이 필요하지 않나요? 우리 생활의 소중한 역사라고 생각합니다. 제가 자동차를 수집할 때 지키는 두 가지 기준이 있습니다. 우리나라 자동차 역사적으로, 또는 사회적으로 의미를 가져야 한다는 것과 자력으로 운행이 가능해야 한다는 겁니다. 상태가 좋지 않은 차량은 구매 후 바로 정비해서 운행 가능한 상태로 만들어놓습니다. 기본적으로 차는 움직여야 가치가 있기 때문이죠. 움직여야 애들이 타고 체험도 할 수 있습니다. 승용차와 트럭, 버스, 특장차 등 종류를 가리지 않고 다 모읍니다. 어쩔 수 없이 빚도 좀 있습니다. 서울시에서 장안평을 재개발해 종합자동차테마파크를 만들어서 그

백 대표의 남은 꿈은 이 차들을 제대로 보관할 자동차박물관을 만드는 것이다

안에 자동차박물관을 넣자고 하는데, 몇 년째 얘기만 하고 있어서 지칩니다. 좀 더 변두리로 옮겨서라도 제 힘으로 꼭 제대로 된 자동차박물관을 만들고 싶습니다. 제가 하다 못하면 다음 세대에서라도 되겠죠.

가장이 이렇게 한 가지에 꽂혀 전력 질주할 때 사실 제일 피곤하고 괴로운 건 옆에서 지켜볼 수밖에 없는 가족이다. 그동안 가족들은 어떻게 지냈을까? 백 대표의 얼굴이 붉어지며 살짝 눈꼬리가 내려갔다. 답을 이미 들은 듯했다.

백중길 사실 제 식구들이 많이 힘들었어요. 애가 넷인데 돈이 없어 원하는 만큼 공부도 시켜주지 못했죠. 결혼비용도 제대로 대주지 못했습니다. 집에 물이 새도 그걸 막을 돈이 있으면 차를 사러 다녔으니 아내와 아이들 희생이 컸죠. 일에 미쳐 세세하게 신경 쓰지도 못했는데 지금 생각하면 참 미안합니다. 그때는 원망도 많이 하더니 이젠 이해해주고 많이 도와줍니다. 셋째 딸이 사위와 함께 가업으로 이어주고 있어서 든든하죠. 손주들도 할아버지가 방송이나 신문에 나오면 엄지를 세우고 최고라고 으쓱해합니다. 이런 게 보람인가 싶네요.

백 대표의 수집품 중에는 필자의 대학시절 인생 첫차였던 포니2와 사회에 나와 처음 샀던 프라이드도 보였다. 어찌나 반갑던지 나도 모르게 오래된 차체를 쓰다듬었다. 그 당시 첫차를 타던 흥분과 설렘이 떠올랐다. 얼굴에 로션은 안 발라도 차는 매일 쓸고 닦고 왁스칠하며 아꼈던 즐거움과 애정이 생생히 느껴졌다. 다시 이 차에 올라타 지금의 차들이 줄 수 없는 아날로그적 감성과 향수에 젖고 싶었다. 사실 우리나라에서는 오래된 차량을 정성스레 손질해 타고 다니는 사람들을 보기 힘들다. 꼭 자동차만은 아니고 집도 그렇다. 우리는 너무 새롭고 편한 것만 좋아하는 건 아닌지.

백중길 아직 우리 사회의 전반적인 자동차문화 수준이 충분히 올라오지 않은 것 같아요. 저도 가끔 기분 좀 내려고 오래된 국산차를 몰고 나가면 길에서 손가락질 많이 받습니다. 노인네가 낡아빠진 차를 타고 다니니 째째하고 좀스럽게 보이는 모양입니다. 빨리 가지 못하니 길 막힌다고 뒤에서 빵빵거리다가 욕하면서 추월하기가 예사죠. 주차해놓고 있으면 와서 구경하고 감탄하는 게 아니라 얼마나 빨리 갈 수 있느냐며 무시하듯이 물어봅니다.

아직 먹고 살기 바빠서일까? 우리사회는 고정관념의 메인스트림을 벗어난 유별난 것들에 대해 관용과 인정이 많이 부족한 것 같다. 혹시 올드카의 운행을 막는 구조적인 문제들도 있지 않을까?

백중길 일단 자동차업체에서 단종 후 몇 년 지나고 나면 부품공급을 안 해요. 중고 부품을 비싸게 사거나 따로 만들어야 하는데 이게 비용이 만만치 않습니다. 옛날에 만들어진 국산차들은 지금과는 달리 철판도 약하고 도색도 부실합니다. 사고라도 나면 정비하기가 정말 어렵죠. 그리고 정부가 규제를 풀어야 하는 부분이 많습니다. 우선 수십 년씩 된 차량들을 운행하려고 인증을 신청하면 요새 신차 기준의 배출가스와 안전기준을 적용합니다. 처음부터 불가능한 이야기죠. 그냥 세워놓을 수밖에 없어요. 수입도 안 됩니다. 도로 안전과 환경을 중시하는 정부의 입장도 이해합니다. 하지만 도로에서 일반 신차들과 같이 다니겠다는 게 아니니까요. 제한된 지역과 거리를 달리기 위한 특별 허가면 됩니다. 선진국에서는 클래식카 페스티벌 열릴 때 그 주위 몇 백 미터 정도를 다 같이 천천히 달리면서 분위기를 돋우곤 하죠. 그 정도면 됩니다. 사실 오래된 차들이라 성능이 떨어져서 사고 위험도 많고 멀리 가기도 힘들어요. 그래서 선진국에서는 올드카에 대해 생산 당시의 기준을 적용하거나 아예 면제를 해줍니다. 그리고 오래된 차를 정비하면서 내외부를 좀 바꿔보려고 해도 튜닝 규제가 엄격해 허가가 나지 않습니다. 지난 정권에서 창조

경제의 일환으로 튜닝산업을 활성화한다고 회의도 여러 번 하고 몇 가지 정책도 발표했었죠. 그런데 바뀐 건 별로 없고 오히려 정부가 관심을 가지니 더 하기 어려워졌다고들 합니다. 정부가 공인한 인증업체가 있어서 완화된 기준으로 심사해 인증을 주고 사후 관리를 하면 될 것 같은데 그게 안 되네요.

해마다 여름 캘리포니아의 페블비치 콩쿠르 델레강스(Pebble Beach Concours d'Elegance)나 영국의 굿우드 페스티벌(Goodwood Festival) 같은 클래식카 행사들이 화려하게 펼쳐진다. 고가 차량들의 매매를 위한 비즈니스 성격이 강하긴 하지만, 차를 좋아하고 아끼는 사람들이 모여 오래된 차량들을 서로 둘러보고 타보며 즐기는 축제 한마당이기도 하다. 찾아온 사람들은 자동차를 통해 다들 친구가 되고 웃으며 행복한 시간을 보낸다.

선진국에서는 이런 하이클래스의 클래식카 축제들도 많지만, 좀 오래된 저가의 보통 차들을 위한 축제도 지역별로 흔하게 열린다. 가보면 특색 있게 튜닝하거나 새롭게 꾸민 차들이 가득하다. 아이들도 예쁜 차들을 타보고 즐기며 추억을 쌓을 수 있다. 자동차가 무서워 피하는 존재가 아니라 친구처럼 친근하게 느껴질 것이다. 이런 행사들을 통해 올드카들이 시장의 한 세그멘트로 정착되면 정비와 관리, 매매, 운송, 튜닝 등 다양한 부대사업들도 발달할 수 있다. 당연히 일자리도 만들어지고 경제 성장에 도움이 된다. 이런 페스티벌들이 그 나라 자동차문화 발달의 견인차가 되고 있는 것이다. 우리도 시간이 좀 지나면 이런 축제들을 볼 수 있게 될까?

백중길 요새는 자동차 수집하는 사람들도 꽤 있고 소규모 모임도 많이 열리고 있습니다. 올드카 문화가 조금씩 올라오고 있는 것 같아요. 자동차문화를 발전시키려면 우선 기초가 되는 동호회를 활성화시켜야 합니다. 현재 올드카별로 동호회들이 있기는 하지만 전체가 모일 장소가 부족해 그룹 라이딩 같은 활동은 잘 안 합니다. 서로 부품이나 차량 매매에 활용하는 정도에 그치는 것 같아 아쉽습니다. 그리고 올드카를 세컨드나 써드 카로 보유하고 싶어도 주차할 장소가 마땅치 않습니다. 결국 자금과 장소 문제를 해결해야 하니 올드카를 보유하고 즐기기가 쉽지 않습니다. 여기도 몇 번 동호회 장소로 빌려주긴 했는데 좁고 시설이 미비해서 제대로 뭘 해볼 수가 없더라고요. 올드카 페스티벌 같은 걸 정부나 지자체가 나서서 몇 번만 해 주면 스폰서도 붙고 미디어도 관심을 보이면서 제대로 불이 붙을 겁니다.

자동차 수집하는 사람들도 늘고 있다니 이 기회에 자체 복원팀을 활성화하면 어떨까? 사람들이 가져오는 올드카들을 복원해주면 그들도 좋아하고 자금융통에도 도움이 되지 않을까? 말 떨어지기 무섭게 백 대표가 단호하게 손을 내저었다.

백중길 어림도 없는 소리입니다. 수십 년 된 차량을 복원하려면 일일이 수작업으로 판금작업을 해야 합니다. 도면도 없으니 눈대중으로 부품도 깎아야 하고요. 숙련된 기술자들만 할 수 있습니다. 현재 우리 복원팀은 자체 물량도 소화해내지 못하고 있습니다. 나이들도 많아서 그런 사업을 시작할 수 있는 타이밍을

놓쳤습니다. 젊은 사람들은 힘들고 전망 없다고 배우려 하질 않아요. 이제 저 사람들 은퇴하고 나면 우리나라 자동차 복원사업은 끝이죠.

미술계에서는 화랑들이 그림을 사고 팔면서 시장을 활성화시킨다. 해외에서 올드카들이 비싸게 팔리고 있으니 백 대표도 수집품들을 잘 손질해서 판매하는 사업을 하면 어떨까? 분명 자금융통에 큰 도움이 될 것이다. 그리고 올드카 수집으로 큰 돈 번다는 소문이 돌면 많은 사람들이 뛰어들어 급격하게 시장이 커질 수도 있다. 브뤼셀의 국제클래식자동차연맹(FIVA)에 족보 있는 클래식카로 등록해 인증을 받으면 해외 시장에 판매할 수도 있다. 귀한 클래식 외제차들을 인증 받아 고가에 수출하면 큰 화제가 되면서 우리나라의 올드카 수집문화가 폭발적으로 성장하는 계기가 될 수도 있다.

백중길 누군가가 그런 시작을 하긴 해야죠. 지금껏 모은 차량들을 팔면 큰돈이 되겠지만 팔기 위해 모은 게 아니니 그럴 생각은 없습니다. 어차피 살 사람도 없으니까요. 국내 운행허가도 낼 수 없는데 그냥 세워두기 위해 올드카를 사는 사람이 있을까요? 국제클래식자동차연맹 인증은 생각해 보지도 않았어요. 수년 전 금호아시아나그룹에서 창업주가 사업 초기 타고 다녔던 1933년식 영국 내쉬(Nash)와 1935년식 미국 포드를 용인의 그룹연수원에 두기 위해 특별히 부탁을 해왔어요. 의미가 있는 일이라 잘 정비해서 팔았지만 예외적인 경우죠. 그래도 수집품 중 국산 4개 차종(1937년산 소방차, 기아 경3륜 트럭, 신진 퍼블리카, 현대 포니1)이 문화

기아 브리사(왼쪽)를 비롯한 국산차 초기 모델은 빠짐없이 모았다

재로 등록되어 다행이고 보람을 느낍니다. 앞으로도 기회가 된다면 옛날 차량들을 복원해서 문화재로 등록하고 싶네요.

아직 자동차박물관까지 가지 못했으니 목표를 이루었다고 할 수는 없다. 하지만 50년 가까이 갖은 고생을 겪으며 혼자 힘으로 이만큼 이루어낸 것도 정말 대단한 일이 아닐 수 없다. 그 깊은 속 감회가 어떠할까? 다시 인생을 시작할 수 있다면 여전히 같은 길을 걷고 싶을까? 지금 자동차 수집을 시작하는 후배들에게는 어떤 말을 해주고 싶을까?

백중길 다시 시작한다면 절대 이렇게 못합니다. 처음에는 애국심도 아니고 그저 자동차를 좋아해서 몇 대 모아놓자고 시작한 일입니다. 내친 김에 박물관까지 하려니 개인의 역량으로 할 수 있는 일이 아니라 너무 힘이 듭니다. 우선 자동차는 물리적인 공간을 차지하기 때문에 넓은 장소가 필요합니다. 구입 가격도 비싸지만 유지보수를 늘 해야 해서 운영자금도 많이 들고요. 우리나라에서 자동차 수집문화가 본격적으로 형성되기 시작한 건 1990년대 중반입니다. 그전에는 수집가격이 상대적으로 쌌어요. 모으는 사람도 없었고. 지금은 가격이 많이 올라서 이만큼 모을 수도 없죠. 그래도 편하게 살지 뭐 하러 바보처럼 낡은 차들만 힘들게 모으고 있냐고 비웃고 놀리던 사람들이 요새는 누군가 꼭 해야 하는 일을 잘해냈다고 칭찬하고 격려해줍니다. 방송에서도 종종 찾아오고 이렇게 인터뷰도 하게 되고. 그래서 비록 힘들었지만 바르게 잘 살아왔구나 하는 보람을 느낍니다. 누구든지 여유가 있다면 취미로 자동차를 모으는 건 얼마든지 찬성합니다. 하지만 자신이 관리할 수 있는 역량 내에서 하라고 조언하고 싶네요. 장소 확보도 그렇고 자동차 정비도 본인들이 해야 합니다. 남에게 의지하면 비용이 너무 많이 들어요. 그리고 너무 비싸고 유명한 자동차만 고집할 필요도 없습니다. 가족의 추억이 들어 있고 자신의 좋았던 시절을 함께한 차라면 그게 그 사람에게는 명차이자 세월을 이겨낸 클래식카가 되는 거죠.

옛말에 불광불급(不狂不及)이라고 미치지 않으면 미치지 못한다고 했다. 아직 최종목표에는 미치지 못했지만 자동차 박물관을 만들기 위한 백 대표의 아름다운 여정은 계속 진행 중이다. 자동차 수집에 일생을 바쳐온 백 대표의 작은 체구가 크게 보였다.

어릴적 꿈, 그냥 차가 좋아서
여기까지 왔지요

김주용 인제 클래식카박물관 관장

© 송정남

옛 것을 오늘의 거울로 삼는다

'이고위감'(以古爲鑑). 당나라 태종의 치세에 관한 문답집 정관정요(貞觀政要)에 나오는 말이다. 어느새 자동차 생산대국으로 훌쩍 커버린 우리나라에서 오래전에 만들어진 클래식카는 무슨 의미이며, 우리에게 어떤 새로운 가치를 줄 수 있을까?

지난 2013년에 개장하여 국내 모터스포츠의 요람으로 떠오르고 있는 인제스피디움에 2017년 말 클래식카박물관이 문을 열었다는 반가운 소식이 들려왔다. 총알 같은 스피드로 달리면서 최고의 기계적 성능을 겨루는 레이싱 트랙 옆에 오래된 차들을 모아놓고 거북이주행 체험까지 시킨다고 하니 좀 뜬금없다는 느낌이 든다. 하지만 레이싱만이 아니라 다양한 연령대의 많은 사람들이 즐길 수 있는 자동차 테마파크를 지향한다고 밝힌 인제스피디움이 이제 제대로 첫 발자욱을 내디딘 것이다. 400여 평 규모의 아담한 건물에는 테마별로 상세한 설명과 함께 30여 대의 클래식카들이 빼곡히 전시되어 있다. 이 클래식카들이 일본에서 성공한 벤처기업가의 개인 소장품이라는 사실이 신선하게 다가왔다.

인제 클래식카박물관의 관장을 겸하고 있는 김주용 대표를 만나러 인제로 달려가는 국도 변은 며칠 전 내린 눈으로 온통 하얀 세상, 아름다운 강원도의 겨울 그대로였다. 인제스피디움 안내판을 보고 오른쪽으로 방향을 꺾어 언덕을 올라가니 레이싱 트랙의 거대한 메인스탠드가 갑자기 압도하듯 나타난다. 드넓은 트랙에 커다란 호텔과 콘도까지 어우러진 첨단의 도회적 풍경이 주위를 둘러싼 강원도 오지의 자연환경과 너무 이질적이라 마치 르네 마그리트(René Magritte)의 초현실적 그림을 보고 있는 듯했다. 그 그림 속에서 한 중년의 남자가 걸어 나왔다.

　김주용 관장은 공대 졸업 후 자동차가 좋아 대우자동차 기술연구소에서 승용차 차체설계를 담당했다. 1999년에 퇴사해 전자상거래 솔루션을 개발하는 벤처기업을 설립하여 당시 벤처 붐을 타고 사업기반을 닦을 수 있었다. 김 관장은 그 후 과감하게 일본으로 진출하여 시스템 소프트웨어 개발사업을 해오고 있다.

　박물관에 도착하자 김 관장이 입구에서 반갑게 맞아주었다. 낯선 외국에서 수많은 어려움을 이겨내고 성공한 기업인답게 그는 밝고 긍정적인 에너지가 넘쳤다. 김 관장은 인터뷰 내내 클래식카 덕후다운 전문 지식과 향후 포부를 거침없이 풀어냈고, 자신의 꿈과 실행 계획에 대해 열변을 토했다. 우선 자동차와는 직접적인 관계가 없는 IT분야의 사업을 하면서 클래식카에 빠지게 된 이유가 궁금했다.

　김주용 남자아이들이 흔히 그렇듯이 저도 어렸을 때부터 그냥 자동차가 좋았어요. 나중에 커서 자동차회사 사장이 되겠다는 막연한 꿈도 가졌구요. 어렸을 적 아버지께서 맛있는 물만두를 사주신다고 명동의 중국음식점에 자주 데려갔어요. 초등학교 6학년 때 그 식당 옆 중고 잡지를 파는 서점에서 외국 자동차 잡지를 처음 보고 바로 자동차의 매력에 빠져들기 시작했죠. 중고 시절에도 별다른 취미가 없었기에 공부하다가 시간만 나면 그 서점에 가서 외국의 자동차 잡지를 사보는 게 유일한 낙이었어요. 자동차관련 사업을 언젠가는 해보고 싶어서 졸업 후 자동차회사에 들어갔는데 현실의 벽이 만만치 않더군요. 그래서 사업

역사적으로 의미가 있고 생산 당시의 상태가 잘 보존된 차를 모으는 것이 철칙이다

은 다른 걸 하고 자동차를 수집하는 쪽으로 방향을 틀었죠.

자동차라는 게 한 개인이 꿈만 가지고 달려들기에는 너무 거대한 테마다. 열정에 찬 엔지니어가 방대한 조직의 말단으로 일하며 느꼈을 좌절감과 실망이 얼마나 컸을지 미루어 짐작이 된다. 자동차를 수집하더라도 기본적인 시장과 사회 인프라, 지원 법규 등이 많이 부족한 한국에서 시작했다면 몸과 마음이 적지 않게 피곤했을 것이다. 그나마 클래식카의 매매와 정비 복원사업이 발달한 일본에서 사업을 하면서 수집을 하게 된 것이 다행이 아니었을까?

김주용 저도 그렇게 생각합니다. 일본의 클래식카 시장은 1900년대 초부터 형성이 되기 시작했어요. 이미 100년이 넘는 역사가 있어서 좋은 매물도 많고 다양한 매매 루트도 활성화되어 있죠. 대를 이어 정비 복원하는 소규모 전문업체들도 많습니다. 정부의 각종 지원 법규들도 잘 정비되어 있어 시장 규모가 상당히 큽니다. 일본에서 사업이 궤도에 올라 생활에 여유가 생겼고 2001년부터 포르쉐와 재규어에 빠져 모으기 시작했어요. 일본에서 클래식카는 자동차생활의 일부로 정착이 되어 있습니다. 꼭 부자가 아니더라도 개인들이 자유롭게 취미생활로 자신의 수준에 맞추어 몰두하고 그걸 인정해줍니다. 정말 즐겁게 수집활동을 했어요. 클래식카를 계기로 친구도 많이 사귀었고요. 그 당시 한국에서 시작했더라면 정말 많이 힘들었을 겁니다. 수입차를 보는 사회의 시각도 좋지 않았고요.

어느 나라든 현지에서 볼 수 있는 자동차박물관은 결국 그 나라 자동차문화의 깊이와 역량을 보여준다. 그래서 그 의미와 중요성이 개인 차원을 넘어 국가적으로 매우 크다고 할 수 있다. 우리가 자동차 선진국에서 접할 수 있는 유명한 자동차박물관도 거의 예외 없이 개인의 컬렉션에서 시작한 것들이다. 자동차제조 강국이자 일인당 국민소득 3만 달러를 달성하여 이제 선진국 문턱에 서 있다는 우리나라에 자랑스럽게 내놓을 수 있는 자동차박물관 하나 없다는 것이 오히려 신기하게 느껴진다. 중요한 건 규모가 아니라 짜임새 있는 컬렉션 내용과 전시 기획이다. 돈이 아니라 정신과 가치관의 문제라고 할 수 있다. 김 관장은 어떤 생각과 원칙으로 그동안 자동차 수집을 해왔을까?

김주용 솔직히 처음에는 별 생각 없이 클래식카가 주는 전통이나 감성에 이끌렸어요. 그래서 영국차를 주로 수집했죠. 그러다가 제가 모은 컬렉션을 언젠가 우리나라 사람들에게 보여주고 느끼게 해주고 싶다는 생각이 들었습니다. 이후 범위를 넓혀 독일차나 미국차 등 다른 선진국의 클래식카도 모으기 시작했죠. 역사적으로 의미가 있고 생산 당시의 상태(originality)가 잘 보존된 차량을 모으는 게 철칙입니다. 비싸더라도 가치가 있으니까요. 차는 움직여야 하니 주행도 가능해야 하고요. 시기적으로는 1960년대부터 1990년대까지 생산된 차종에 집중합니다. 우리나라에서는 생소한 용어지만 일본에서는 네오 클래식(Neo Classic)이라고 불리는 시기입니다. 까다롭게 고르느라 지금까지 60여 대 모았고 한국과 일본에 반반씩 나누어져 있습니다.

이렇게 하나하나 시간을 들여가며 소중하게 수집을 하는 컬렉터들에겐 잊지 못할 소중한 경험이 하나쯤 있기 마련이다. 김 관장에게 가장 기억에 남는 에피소드는 무엇일까?

모리스 마이너 1000에 관한 각종 서류들, 1961년부터의 기록이다

김주용 일본 신사의 주지에게서 영국 2인승 스포츠카 MGB를 산 게 가장 기억에 남네요. 지금 여기 박물관 입구에 전시되어 있어요. 대부분의 일본 신사는 개인 소유로 대대로 세습이 가능합니다. 그래서 그 자식들이 돈이 많아서 여유 있게 살면서 값비싼 취미활동에 빠지는 경우가 많습니다. 이곳 주지도 젊었을때부터 클래식카에 빠진 거죠. 중간에서 지인이 연결해주었는데 카 캐리어로 보내지 않고 제 차고로 직접 차를 몰고 왔어요. 자식 같은 차를 보내려니 마음이 많이 쓰인다면서요. 누가 어떤 환경에서 소유하게 되는지 궁금했고 차에 대해 설명도 해주겠

다고 하더군요. 부인도 같이 왔는데 알고 보니 재일교포였어요. 제 아내는 일본인인데 말이죠(웃음). 이렇게 재미있는 인연이 이어져 지금도 그 부부와 가깝게 지냅니다. 컬렉션을 통해서 얻은 제 인생의 소중한 자산이죠.

확실한 이력이 있고 잘 관리된 클래식카를 산다고 해도 세월은 못 이긴다. 차의 나이가 있는지라 클래식카 수집에서 가장 중요한 것이 정비와 복원이다. 초기 상태(originality)를 그대로 살려내는 게 제일 좋지만, 돈과 시간이 많이 들뿐더러 오리지널리티에 대한 관심 부족으로 비슷한 부품과 자재를 써서 대충 겉모습만 비슷하게 만들어놓기 십상이다. 역사가 오래된 모델들은 아예 처음부터 새로 만들어서 전시하는 경우도 흔하다. 이런 경우는 복원(restoration)이 아니라 복제(replica)가 되어 그 가치와 의미가 많이 떨어진다. 전 세계 여러 자동차박물관에서 심심치 않게 볼 수 있는 풍경이다. 김 관장은 왜 생산 당시의 상태 복원에 집착하는 것일까?

김주용 기본적으로 초기 상태가 잘 유지되어서 복원작업이 그다지 필요하지 않은 차를 수집하는 게 중요합니다. 물론 그만큼 비쌉니다. 하지만 아무리 복원을 잘해도 내장재나 도장의 원래 상태 질감이나 형태를 되살리는 게 정말 쉽지 않거든요. 주행 감각도 마찬가지입니다. 주행거리 20만km 차량을 사서 아무리 잘 고쳐도 6만km의 주행 느낌을 살릴 수는 없죠. 어쩔 수 없이 복원을 하게 되면 원래 썼던 부품과 자재, 페인트 등을 조사해서 어렵게 구해 씁니다. 차량 실내의 천장재(headliner)도 최근 고급 재료가 아니라 생산 당시의 자재로 해야 해요. 터진 가죽 시트 복원도 남아 있는 가죽을 그냥 써야 합니다. 생산 당시 공장에서 썼던 바늘과 실을 구해 처음부터 있던 바늘구멍 따라 한 땀씩 천천히 바느질합니다. 이런 작업을 하려면 모델의 초기상태에 대한 지식은 물론 정비공의 자질과 경험이 정말 중요합니다. 그래서 일본에서도 대부분 전문 업체의 외주로 해결합니다. 시간도 많이 걸리죠. 1~2년은 보통입니다. 이것이 우리나라에서 제대로 된 복원이 안 되는 이유입니다. 모델의 원래 상태를 모르다보니 복원 시 어느 부분을 꼭 살려야 하는지를 모릅니다. 그냥 요즘 재료들을 써서 대충 타고 다닐 수 있도록 수리하고 말죠. 차체 복원도 그냥 퍼티(putty, 흔히 빠대라고 부름)를 발라 형상을 잡고 바로 도장해버리더군요. 당장은 그럴싸해도 몇 년 지나고 나면 크랙(crack)이 생기기 시작하죠. 일본에서는 금속세공 전문가들이 가는 철봉을 녹여가며 세밀하게 작업합니다. 한국에서 몇 번 복원 작업을 해보니 아직은 시기상조예요. 제가 너무 힘들었고 무엇보다 차가 엉망이 되어버렸어요. 사실 오너들도 초기상태에 대한 지식이나 존중이 많이 부족하죠. 그냥 비슷하게 빨리 해달라고 재촉하는 경우가 많아요. 트렌드나 패션처럼 접근해서 폼 잡으려고 클래식카를 삽니다. 생각보다 정비에 돈이 많이 들어가니 어디 가서 싸게 정비하는데 결국 차가 완전히 망가지죠. 그러면 큰 돈 들이기 싫어 시장에 내놓는 경우가 많습니다. 그 차는 결국 주인을 찾지 못하고 폐차되고 말죠. 정말 아깝고 안타깝습니다. 그리고 우리나라에서 체험 전시를 해야 하니 저는 왼쪽핸들 차량을 주로 구입합니다. 오른쪽핸들 차량을 왼쪽핸들 차량으로 개조하면 초기상태를 유지하기 어렵거든요. 물론 재규어 XJS의 르망 24시(The 24 Hours of Le Man) 우승기념 한정모델 같은 건 귀하고 가치가 있으니 오른쪽 핸들이라도 무조건 사야죠.

사실 우리나라에도 족보나 이력이 남부럽지 않은 훌륭한 클래식카들이 상당히 많이 있다. 다만 드러내놓고 다닐 여건이 안 되어 잘 눈에 띄지 않을 뿐이다. 제대로 된 정비 인프라가 없어 오너들의 자기만족에 머무를 뿐 세계적으로 인정받을 수 있는 수준의 가치 유지가 매우 어려운 실정이다. 시장 잠재력이 충분하고 국내 경쟁도 미약하니 일본 정비복원 전문업체들의 한국 진출도 가능하지 않을까?

김주용 우리나라에도 분명히 시장이 있습니다. 저한테 이것저것 부탁하는 사람들도 많고요. 한국에 들어오고 싶어 하는 일본 정비업체들도 여럿 있죠. 하지만 결론적으로 아직 이릅니다. 오너들의 인식도 바뀌어야 하지만 제일 중요한 게 정비공의 실력과 자질입니다. 실력은 지식과 경험으로 쌓을 수 있습니다. 일본의 장인들을 초청해 제대로 가르치면 시간이 지나면서 해결될 수 있죠. 문제는 이런 정비공들이 사회적으로 인정받고 제대로 된 보수를 받아야 한다는 겁니다. 아직 우리나라가 이런 부분에서 미흡하다보니 능력 있는 젊은이들이 달려들지 않습니다. 지금 있는 정비공들도 몇 년 배우고 나면 다 아는 것처럼 장인 티를 내면서 다른 데로 옮기거나 자기 정비소를 열곤 합니다. 우리나라는 아직 역동적으로 성장하는 분위기가 남아 있어서인지 기술자들의 횡적 이동이 빈번합니다. 이해는 합니다. 하지만 이래서는 세밀한 기술축적이 어렵습니다. 아직 시간이 좀 더 필요해보입니다. 그래도 우리나라 클래식카 문화 발전을 위해 뭐라도 해야 할 것 같아서 우선 일본의 장인들을 모셔와 클래식카의 예술적인 정비복원 시범을 보이고 정신교육부터 시작할 생각입니다. 일단 문화부터 배워야 하니까요. 예를 들어 오래된 차들을 지금의 품질기준으로 보면 안 됩니다. 옛날 재규어는 엔진 가스켓(gasket)이 코르크여서 좀 지나면 엔진오일이 배어나옵니다. 그걸 엔진오일 한 방울 흐르지 않게 완벽하게 수리해달라고 하면 좀 이상하죠. 원래 그렇다는 걸 알고 오일이 새어나와도 닦아가며 즐겨야 제대로 된 클래식카 문화입니다. 앞에 얘기한 MGB도 소프트톱 컨버터블인데 이게 옛날식이라 지붕을 덮고 주행해도 사이사이로 바람도 들어오고 비도 새어 들어옵니다. 이런 걸 이해 못하고 클래식카를 수집하면 차와 사람 모두 고생만 죽도록 하게 되죠.

이 얘기를 듣고 필자가 근무하던 기아차에서의 추억이 떠올랐다. 1996년에 기아차는 영국 로터스(Lotus)로부터 엘란(Elan)의 차량 소유권을 사서 국내에서 생산을 했다. 대표적인 백야드 빌더(backyard builder)의 소프트톱 컨버터블 수제품이라 주행시 시끄럽고 비도 새어 들어오고 품질 편차도 심했다. 대량생산의 품질기준에 익숙했던 기아차나 오너들은 그런 콘셉트를 이해하지 못했다. 당연히 품질불량(?) 이슈가 걷잡을 수 없이 커졌고 대응은 불가능했다. 결국 말썽만 일으키는 뒷방 천덕꾸러기 신세가 되고 말았다. 엄청난 손해를 보면서 겨우 1000대 정도를 만들고 생산중단에 들어간 비운의 명차였다. 김 관장도 그런 스토리를 잘 알고 있었다. 그래도 지금껏 한국에서 생산된 자동차 중에 의미와 가치를 고려해 유일하게 구입하고 싶은 게 엘란이라고 귀띔해주었다. 희소가치 때문에 앞으로 값이 많이 오를 거라면서.

엄격한 기준을 유지하며 꼼꼼하게 컬렉션을 해왔으니 수집한 차량 하나 하나가 나름대로의 스토리를 가지고 있을 것이다. 자식처럼 어느 하나 귀하지 않은 게 없을 것이고. 그래도 재미삼아 어떤 차가 제일 애착이 가느냐고 물었다. 김 관장은 잠시의 주저함도 없이 바로 대답했다. 의외였다.

김주용 여기 박물관에 가지고 온 재규어 XJS입니다. 16년 전에 상태가 좀 안 좋은 걸 구입했죠. 고등학교 때 봤던 자동차 잡지에 검정색 외장에 베이지색 인테리어의 XJS가 당시 신차로 소개되었어요. 너무 멋있어서 계속 기억하고 있었죠. 그런데 똑같은 내외장 색의 XJS가 일본에서 매물로 나온 거예요. 결혼하기 일 년 전인데 그냥 사버렸어요. 그 후 결혼하고 나서 지금까지 저희 가족과 모든 추억을 같이 한 차죠. 구매 당시 상태가 좋지 않아 복원에 엄청 돈이 들어갔어요. 게다가 차는 큰데 2도어 쿠페라 사실 일상생활에는 많이 불편해서 아내가 불평도 엄청 했어요. 누구에게나 가장 애착이 가는 차는 브랜드나 가격과는 관계없이 개인적인 스토리가 많이 얽힌 차일 겁니다. 그게 그 사람에게는 클래식이 되는 거죠. 진정한 클래식카가 되려면 제

재규어 XJS에 묻은 손자국을 닦고 있는 김주용 관장

품 자체의 태생적 스토리와 함께 소유자들의 이력과 사용 스토리가 어우러져 그 차의 히스토리가 만들어져야 합니다. 일본인 지인이 몇 해 전 아끼는 구형 벤틀리를 타고 험난하기로 유명한 베이징−파리 랠리에 참가하더군요. 물론 차 나이가 있는지라 출발 후 얼마 못 가서 탈락하고 말았죠. 그래도 그 사람에게는 이런 랠리에 참가했다는 스토리를 자기 애마에게 더해주고 싶었던 거예요. 아마 가지고 와서 수리비 엄청 들었을 겁니다.

그러면 김 관장은 그 전에 생산된 멋진 차들도 많은데 왜 1960

년대부터 1990년대까지 생산된 클래식카를 고집하고 있을까? 우선 클래식카에 대해 여러 기준이 있는지라 클래식카에 대한 김 관장의 정의가 궁금했다. 네오 클래식이라는 용어도 생소해서 의미가 잘 와 닿지 않는다.

김주용 국제클래식자동차연맹(FIVA) 등 제도권에서 클래식카를 정의하는 여러 기준들은 너무 세분화되어 있어 일반 사람들에게는 별 의미가 없습니다. 일반적으로 시장에서는 1972년 이전 만들어진 차를 클래식카라고 부릅니다. 왜냐하면 그 해에 엔진의 인젝션시스템이 개발되어 도입되기 시작했으니까요. 전통적인 기화기(carburetor) 방식 엔진과 인젝션(injection) 방식의 엔진은 성능 면에서 큰 차이가 납니다. 뿐만 아니라 기화기 방식은 차의 상태와 날씨, 주행 패턴 등에 따라 미묘하게 조정을 해야 하죠. 인간과 자연, 차가 교감을 해야 하니 그 손맛을 기계가 알아서 엔진에 연료를 분사해 넣는 인젝션 방식에서는 느낄 수 없거든요. 요사이 얘기되는 아날로그적 감성이라고 할 수 있겠네요. 그래서 일본 내 여러 클래식카 랠리에는 1972년산까지 참가할 수 있다는 규정이 있을 정도입니다. 그냥 올드카라는 말도 많이 씁니다. 하지만 올드카는 그저 오래된 차를 지칭하는 일반적인 용어라 클래식카라는 말과는 잘 구분해서 써야 합니다. 그래도 의미와 가치가 있는 차의 나이가 25년 정도 되면 최근의 클래식이라는 의미에서 네오 클래식이라고 부릅니다. 올해(2018년) 기준으로 보면 1993년까지 생산된 차량들이죠. 제가 1960년대 이후의 클래식카를 모으는 것도 나름대로의 생각이 있기 때문입니다. 요새는 일본 경기가 좋아졌지만 몇 년 전까지 경제침체가 지속되면서 일본에서 '잃어버린 20년'이라는 말이 많이 쓰였습니다. 저는 우리나라가 구한말부터 일제 식민지시대, 한국전쟁, 전후 혼란기를 거치면서 문화적으로 잃어버린 100년이 있다고 봅니다. 생존에 급급했고 서양문물을 따라잡기에 바빠 근면성실을 모토로 일만 하고 살지 않았습니까? 우리가 여유를 가지고 전통을 되돌아보면서 문화적 욕구를 드러내고 향유하기 시작한 게 사실 얼마 되지 않습니다. 서양 문물을 소화해 우리만의 독창적인 케이팝(K-pop)이나 케이드라마(K-drama)같은 걸 만들어 성공시킨 건 극히 최근의 일이구요. 처음에는 그냥 차가 좋아서 클래식카를 모았습니다. 그런데 유럽차들을 모으면서 점차 그 자동차가 태어난 나라의 전통과 헤리티지에 대해 관심을 갖게 되었죠. 그리고 우리 세대는 후손을 위해 무엇을 남겨줄 수 있을까 생각하게 되었고요. 이제는 우리나라도 경제적으로 잘 살고 세계무대에서 의미 있는 나라가 되었습니다. 이 모두가 1960년대부터 우리 아버지 세대가 척박한 환경에서도 자식들에게는 가난을 물려주지 않겠다고 이를 악물고 산업화에 매진한 덕분입니다. 1950년대까지는 우리가 너무 못 살았고 후손에게 물려줄 만큼 스토리가 있는 사회적 유산을 제대로 만들지도 못했죠. 일제 식민지시대의 분위기가 너무 강하게 남아 있어 오히려 지금도 부끄러워 숨기고 싶어 하지 않나요? 그분들의 손자 세대가 어른으로 성장한 지금 시기에 3대가 함께 그 힘들었던 시절의 스토리와 역사를 같이 얘기할 수 있는 유산들을 모아놓으면 정말 보람되고 가치가 있겠다 싶었어요. 그래서 그 시

절을 기억할 수 있는 자동차를 모은 겁니다. 자동차 외에도 그
당시 만들어진 그림이나 도자기도 많이 모아 놓았습니다. 트랜
지스터 라디오나 구형 카메라 같은 것도 열심히 모으는 중입니
다. 사실 제 인생 로드맵에서 자동차 박물관은 시작입니다. 향
후 십년 로드맵을 이미 다 그려놓았거든요. 이것저것 재미있게
하다가 궁극적으로 그 30여 년의 세월을 여러 세대가 같이 보고
느낄 수 있는 생활문화박물관을 만들 계획입니다. 그리고 세계
적으로도 1960년대부터 1990년대까지가 황금시기였어요. 현대
문명에서 중요한 것들이 대부분 발명되고 사회 문화적으로도
중요한 진전들이 그 시기에 많이 이루어졌으니까요. 그 30년 사
이에 인류의 문화연결 고리가 바뀐 셈이라 이것저것 많이 모아

놓으면 재미있겠다 싶어요.

　마치 한 편의 다큐멘터리를 보거나 역사 강좌를 듣고 있는 기분이 들었다. 비록 시작은 미약하다 해도 꿈을 가지고 평생 밀고 나가는 사람들이 늘 우리 주위에 있다. 이런 사람들이 있기에 우리 사회가 조금씩이나마 좋아지고 앞으로 나아가는 게 아닐까? 꿈을 이야기하는 사람의 모습은 언제 봐도 아름답다.

　김 관장이 꾸고 있는 큰 꿈의 첫 단계가 시작되었다. '시작이 반'이라는 말처럼 이제 단계별 계획들의 실천에 가속도가 붙을 것 같다. 이렇게 가장이 꿈을 향해 돌진할 때 사실 가장 피해를 보고 희생해야 하는 게 가족이다. 또한 가족은 좌절하여 지칠 때 가장 힘이 되어주는 존재이기도 하다. 가족이야기를 할 때 김 관장의 환해지는 얼굴만 보아도 벌써 답을 들은 것 같았다. 김 관장은 다시 태어나도 이런 클래식카 수집에 몰두하고 싶을까?

김주용 말씀처럼 가족은 매우 중요한 요인이죠. 저는 그런 면에서 인복이 있는 것 같아요. 일본에서는 클래식카 수집들을 많이 하니까 제가 시작할 때 아내의 반대는 없었어요. 제가 다른 취미도 없으니 내버려두면 적당히 하고 말겠지 하고 생각했던 게 아닐까요? 그런데 일 년 전 여러 곳에 흩어져 있던 컬렉션을 한 군데 모으기 위해 차고를 짓고 한국에서의 사업 계획도 세우고 하니까 긴장하더군요. 그러다가 달리 둘 데가 없어 초등학생 딸아이 방에 도자기와 그림을 잔뜩 들여놓으니까 폭발했어요. 그때 한 번 바가지를 심하게 긁혔죠. 대체 앞으로 어쩔 셈이냐, 왜 그렇게 사느냐, 이렇게는 못 산다 등등 충분히 상상하실 수 있는 여러 불만을 들었죠. 아내가 이 박물관을 오픈할 때 왔었는데 그다음부터는 이해하고 지지해줍니다. 포기한 모양입니다 (웃음). 늘 고맙게 생각하고 있습니다. 전 다시 태어나도 클래식카 수집을 또 할 것 같아요. 차가 정말 좋거든요. 저에게는 차가 기계가 아니라 살아있는 사람처럼 느껴져요. 오래된 차들이 먼지를 뒤집어쓰고 있다가 어떤 계기로 재조명받아 가치가 올라가기도 하고. 어처구니없는 실수로 인해 좋은 차들이 불행하게 파손되기도 하는 것이 꼭 우리의 인생 같아서요. 현재 이 박물관에 가져다놓은 차들이 자식 같아서 직원들의 경험과 인식 부족으로 제대로 관리가 안 되면 정말 마음이 아픕니다. 이제 관리담당도 지정되었으니 많이 좋아지리라 기대하고 있습니다.

현재 우리나라에는 용인 에버랜드 내 삼성화재교통박물관과 제주, 경주에 개인 소유의 자동차박물관이 있다. 서로 경쟁 관계에 있지는 않지만 후발 박물관으로서 어떻게 운영을 차별화할 것인지 궁금해졌다.

김주용 자동차박물관은 자동차를 보는 곳이 아니라 자동차와 즐거운 추억을 만드는 곳이 되어야 한다고 생각합니다. 그래서 전시도 테마별로 재미있게 꾸며야 하고 실제 주행도 체험할 수 있어야 하죠. 주행하면서 좀 긁히거나 손때가 묻는 건 괜찮습니다. 차라는 게 원래 사용하면서 그 정도 상처를 입는 게 정상이니까요. 그래도 워낙 나이가 많은 차들이라 초기상태를 훼손할 정도의 파손 위험이 있습니다. 그래서 파손을 각오하고 체험 시승용 차량을 별도 배정해놓았습니다. 그래도 염려가 되어 전문 드라이버 옆에서 동승하는 정도로 하고 있습니다. 박물관 공간이 그리 크지 않아 현재 30대 정도로도 꽉 찹니다. 앞으로 일본에서 추가로 차들을 가져와 유명한 카 디자이너나 브랜드 같은 특정 주제별로 순회전시도 기획하고 있습니다. 외부 공간을 활용해서 패션쇼나 미술 전시, 음악 공연을 같이 하는 소규모 페스티벌도 구상 중이고요. 서울양양고속도로가 뚫려서 서울에서 인제가 많이 가까워져서 다행입니다. 그래도 하루에 다녀가기에는 좀 멀어서 인제스피디움을 체류형 자동차 테마파크로 키워나가는 게 중요하죠. 호텔과 콘도도 있으니 인제의 자연과 함께 머물며 즐길 수 있는 콘텐츠를 계속 개발하는 게 숙제입니다. 사실 인제스피디움 운영은 제 분야가 아니라 함부로 말씀드리기가 어렵네요.

벤처사업을 성공적으로 운영하면서 여유자금으로 클래식카를 수집해온 것은 개인의 취미생활로 이해할 수 있다. 하지만 이게 본격적인 제도권 사업으로 확대되면 지속적인 자금조달이 중요한 이슈가 된다. 그래서 클래식카를 영화나 드라마에 대여하거나 매매, 혹은 국산 올드카의 복원이나 튜닝 같은 추가적인 사업을 국내에서 할 계획은 없는지 물어보았다. 역시 바로 대답이 튀어나왔다. 오랜 기간 생각이 많았던 듯하다.

김주용 클래식카 매매는 국내에 잠재 고객이 많습니다. 하지만 박물관 열더니 차 팔고 돌아다닌다는 괜한 오해를 받을 수 있어 생각하고 있지 않습니다. 다만 문화적 코드와 스토리를 얹어 클래식카 고객을 발굴하는 새로운 차원의 비즈니스 방식을 계획 중입니다. 이미 기본적인 구상은 끝났으니 올 여름 정도에 발표할 생각입니다. 재미있는 사업이 될 수 있을 겁니다. 기대해주시고 많이 도와주세요. 복원사업은 아직 여건이 성숙되지 않았는데 어려운 환경에서도 지인들이 열심히 하고 있어서 제가 들어갈 분야는 아니라고 판단하고 있고요. 대여 사업은 제일 손쉽게 할 수 있는 사업이긴 하죠. 하지만 한 번 파손되면 초기상태 훼손이 우려되기 때문에 전혀 고려하고 있지 않습니다. 박물관사업 수익에도 전혀 도움이 안 됩니다. 이미 여러 업체에서 열심히 하고 있기도 하고요. 하지만 박물관을 베이스로 다양한 전시와 이벤트를 잘 엮어내면 경쟁도 없고 시장도 커서 재미있는 사업이 될 수도 있겠죠. 인제(INJE)라는 이름을 따서 'Interactive, Nostalgia, Joyful & Exciting'이라는 박물관 콘셉트를 정했으니 하나씩 해야죠. 소규모 클래식카 페스티벌 같은 걸 서울 근교나 울릉도 같은 문화소외 지역에서 열면 이런 차들을 처음 보는 어린이들이 정말 좋아하지 않을까요? 어차피 처음부터 돈 벌려고 시작한 일도 아닙니다. 그저 우리 자식세대가 고마워할 수 있는 유산을 만들어 남기고 싶네요.

수익과 효율을 중시하는 자본주의에 젖어 괜한 질문을 했다는 후회가 들었다. 그래도 혼자 애쓰는 것보다 클래식카 수집이 재미있고 돈도 된다는 소문이 나야 하지 않을까? 그래야 돈과 사람들이 몰려들면서 매매와 운송, 정비 같은 관련 산업도 발달해 클래식카 문화가 피어날 수 있는 인프라가 만들어지지 않을까? 만일 우리나라에 있는 클래식카들도 세계클래식자동차연맹(FIVA)의 공식인증을 취득해 주요 선진국의 클래식카 시장에 정식 진출하게 되면 클래식카 문화와 시장 발달에 중요한 계기가 될 수 있을 것이다. 아쉽게도 아직 국내에는 세계클래식자동차연맹에 등록된 클래식카 관련 단체나 인증을 받은 차들이 없다. 일본이 40년 전에 등록했고 중국의 클래식카 단체도 최근 등록했다는데 말이다. 우리가 자동차의 생산 판매차원에 머무르면서 보다 상위의 자동차문화 흐름에 얼마나 뒤쳐져 있는지를 상징적으로 보여주고 있는 것이다. 국내에 자원과 능력은 충분히 있다. 하지만 구슬이 서 말이라도 꿰어야 보배라고, 앞서가는 리더들의 안목과 열정, 그리고 이를 뒷받침해주는 제도의 정비가 시급하다는 생각이다.

김주용 사실 국내에 좋은 클래식카들이 참 많습니다. 안목이 있고 생각도 열려 있는 건전한 오너들도 많고요. 이 사람들이 클래식카 단체를 만들어서 세계클래식자동차연맹(FIVA)에 등록도 하고 적극적으로 활동을 해야 하죠. 그런데 사실 아무도 나서지를 않아요. 정부의 인식도 그렇고 아직 우리 사회에서 클래식카는 부유한 사람들 장난감이라는 인식이 강해서 그래요. 해외에서 클래식카를 수입할 때 규제도 많고요. 저는 다행히 사업 기반이 일본이라서 그런 분위기에서 좀 자유롭습니다. 그래서 조만간 세계클래식자동차연맹에 몇 대 인증을 신청할 계획입니다. 국가적으로도 상당한 의미가 있는 일이 될 겁니다.

선진국에 가면 비싼 차가 아니라도 오래된 차들을 잘 정비해 동네에서 타고 다니는 걸 흔히 볼 수 있다. 우리는 해외 차종들을 1960년대부터 조립 생산했고 독자 모델들도 1970년대 중반부터 만들기 시작했다. 그렇게 우리나라에서 생산된 자동차들은 다 어디로 갔을까? 왜 우리나라 도로에서는 올드카를 잘 정비해서 멋지게 타고 다니는 모습을 볼 수 없는 것일까?

김주용 그러게 말입니다. 그동안 우리가 너무 바쁘게 살아와서 그런 게 아닐까요? 여유를 가지고 자신을 돌아보면서 스스로의 기준에 따라 살아오질 못했죠. 그래서 차를 살 때도 남의 눈을 의식해 자신의 실제 용도와는 무관하게 새 차, 큰 차, 비싼 차를 선호하는 것 같아요. 자동차가 자신의 사회적 지위를 나타낸다고 생각하니 필요 없는 옵션들도 다 넣어서 사지 않나요? 나이 지긋한 사람이 옷 깨끗하게 입고 포니나 브리사 같은 올드카를 타고 다니면 째째하다거나 궁상맞다고 여기는 것 같아요. 빨리 가지도 못하니 길에서 손가락질도 많이 받는다고 지인들이 얘기하더군요. 선진국들도 다 그런 시기가 있었으니 시간이 더 필요하다는 생각입니다. 올드카의 장기 보유를 막고 있는 제도적 측면도 있죠. 자동차 등록 일시말소 후 다시 재등록하는 걸 막아놓은 게 제일 영향이 크다고 봅니다. 올드카를 타지 않더라도 보유하고 있으면 계속 세금과 보험료가 들어가는데 이게 만만치 않습니다. 여러 대 갖고 있으면 더하죠. 자식에게 물려주고 싶어 국산 올드카를 하나 사서 향후 20년 간 운행 안 하겠다고 등록을 일시 말소하려 해도 현행 국내법은 6개월만 인정해줍니다. 파손된 클래식카를 제대로 복원하려 해도 1, 2년은 보통 걸립니다. 그 동안에도 국내에서는 세금도 내고 보험도 들어야 합니다. 아주 불합리하죠. 가진 사람들에 대한 특혜라고 인식하고 있는 것 같아요. 일본이나 미국에서는 이런 걸 다 인정해줍니다. 재등록할 때 배출가스나 충돌안전 기준도 올드카의 생산시점 기준을 적용하거나 아예 면제해주기도 하고요. 현재 국내에서는 아무리 오래된 차라도 등록 시점의 인증기준을 적용합니다. 올드카의 등록이 원천적으로 불가능한 거죠. 클래식카를 수입할 때도 마찬가지라 국내에서 클래식카 시장이 활성화되기 참 어렵습니다. 이 박물관에 전시된 차량들도 국내 반입 시 등록을 할 수가 없어 어쩔 수 없이 전시 목적으로 들여왔어요. 당연히 번호판이 없어 공도 주행은 불가능하고 인제스피디움 내에서만 체험 주행을 할 수 있죠. 솔직히 번호판을 단다고 해도 나이가 많은 차들을 평상 시 타고 다닐 수 없어요. 그런데 공장에서 금방 생산된 차들과 동일한 잣대를 들이대는 거죠. 이벤트나 페스티벌 같은 걸 할 때 분위기 조성을 위해 제한적으로 근처만 짧게 돌아다닐 수 있는 임시번호판이라도 발급받을 수 있으면 좋을 텐데요.

김 관장의 클래식카 얘기를 듣다보니 인터뷰 예정시간을 훌쩍 넘기고 말았다. 옆에서 눈치를 주는 관계자를 짐짓 못 본 척하며 질문을 이어갔다. 그동안 개인 컬렉터의 생활을 즐기다 이제 박물관장이 되어 제도권으로 진입한 김 관장은 어떤 절실한 바람을 가지고 있을까. 그리고 클래식카 수집에 관심이 있는 지인이나 후배들에게는 어떤 조언을 주고 싶을까? 김 관장이 크게 웃으며 바로 답을 이어 갔다.

김주용 무엇보다 클래식카에 빠지지 않는 게 제일 좋습니다. 어떤 이유나 계기에 의해 클래식카나 올드카에 관심이 생긴다면 기본 콘셉트를 먼저 생각해보았으면 합니다. 자동차를 연비나 속도 같은 데이터 차원의 기계로 보지 말고 그 자동차가 태어난 시대를 반영하는 문화적 유산으로 다루어주면 좋겠어요. 그래야 전통이나 헤리티지 같은 감성을 충실히 즐길 수 있거든요. 자동차를 통해 그 당시 사회문화를 이해하고 지금의 상황과 비교해보는 문화적 영속성의 관점이 필요합니다. 그리고 우리의 생활문화가 그러하듯이 절대적으로 좋거나 나쁜 올드카, 클래식카는 없습니다. 서로 비교할 필요도 없어요. 각자의 취향대로 모아서 즐기는 다양성이 전제가 되어야 합니다. 개인적으로 즐길 사람은 그냥 즐기고 관련 사업을 할 사람은 하면 됩니다. 결국 문화적 코드로 접근해야 하죠. 우리나라에서 누군가는 가르치고 시작해야 할 것 같아 미력하나마 제가 나설 결심을 했습니다. 보람도 있고 재미있을 것 같아요. 여러 미디어에 칼럼을 쓰고 온라인 잡지도 운영하면서 강연도 열심히 할 계획입니다. 물론 베이스가 될 클래식카박물관의 운영을 빨리 정상화시키는 게 최우선이죠. 제가 오래 살면서 작은 씨앗이 되어 계속 커지면서 굴러 가는 눈덩이들을 많이 만들어야죠. 많이 도와주세요.

지난 백년 간 자동차는 사람과 물건을 이동시키는 교통수단으로 발전해왔다. 이제 IT기술의 발달과 함께 자동차는 이동은 차에 맡기고 안에서 무어라도 할 수 있는 공간의 개념으로 새롭게 진화하고 있다. 율랄 하라리가 그의 저서 『사피엔스』에서 주장했듯 모든 진화는 스스로의 논리에 의해 설정된 방향으로 나아갈 뿐 그 방향이 옳은지, 혹은 인간에게 도움이 되는지는 알 수 없다. 앞으로 자동차는 더 정교해지고 편리해지며 심지어 더 싸게 이용할 수 있을 것이다. 우리가 자동차에서 얻을 수 있는 건 이런 효율적인 가치밖에 없을까? 음악을 듣고 그림을 보며 느낄 수 있는 정서적 희열과 안정을 최첨단 디자인의 무기질 자동차에서 느끼기는 어렵다. 그래서 우리에게는 클래식카가 필요한 게 아닐까? 우리 사회에 클래식카는 많지만 관련 문화가 없고, 대중의 관심도 적어 대부분 차고에 고이 모셔져 있을 뿐이다. 이제 클래식카 문화를 밝고 당당하게 즐길 수 있는 씨앗이 뿌려지고 있다. 인터뷰를 마치며 당장 뭐라도 돕고 싶어 팔을 걷어붙이고 싶어졌다. 이런 열정의 씨앗이 널리 퍼져야 하니까.

자동차 역사, 누군가는 꼭 해야 하는 일

전영선 한국자동차문화연구소 소장

어떤 일이든 미쳐야 미친다

'불광불급'(不狂不及). 한국자동차문화연구소의 전영선 소장을 표현하기에 이보다 더 적절한 말이 있을까? 그는 한국전쟁 이후 미군들이 보다 버린 자동차 잡지를 보며 자동차에 빠져들었다. 이후 중학생 시절부터 60여 년간 고대의 수레부터 시작해 이세상 '탈것'에 대한 갖은 정보를 뚝심과 열정으로 계속 모아왔다. 그 결과 그는 국내에서 자동차와 관련된 자료를 가장 많이 보유한 인물이 됐다.

단순히 자료를 많이 모아놓았다면 수집가라 할 수 있다. 하지만 전 소장은 오래된 자료들을 여러 주제에 따라 날줄과 씨줄로 엮어 자료에 새로운 생명과 가치를 부여하는 역사가다. 그리고 그 결과물을 저술과 언론을 통해 사람들과 나누며 가르치는 교육자이기도 하다. 게다가 디자인에도 심취해 그동안 모았던 1200매 사진과 자신의 디자인 스케치 50점으로 1964년 서울에서 세계 자동차발달사 전시회를 개최해 장안의 화제가 되기도 했다. 미군 트럭의 섀시에 드럼통을 펴서 만든 차체를 얹어 승용차와 버스를 만들던 시절이다. 이는 우리나라 최초의 자동차관련 전시회로 기록되고 있다.

전 소장은 영문학과 졸업 후 버스 제조업체인 하동환자동차에 들어가 디자인 전문교육을 받지 않고도 손과 티(T)자 하나로 버스 디자인을 했다. 그는 1960년대 중반 브루나이와 베트남에 국내 최초로 자동차 수출을 일구어낸 국내 제1호 자동차 디자이너이기도 하다(이 공로를 인정받아 2011년 12월 제48회 무역의 날 기념식에서 특별공로상으로 동탑산업훈장을 받았다). 이후 신진자동차, GM코리아, 새한자동차, 동아자동차, 쌍용자동차를 거치며 디자인과 설계, 제조,

젊은 시절의 전영선 소장(왼쪽)과 그가 직접 디자인한 하동환 버스

부품개발, 기획 등 다양한 업무를 경험했다.

　1993년 퇴사 후 전 소장은 한국자동차문화연구소를 세우고 세계 자동차산업의 역사와 문화를 본격적으로 탐구하기 시작했다. 국내 자동차산업의 하드웨어 성장을 현장에서 직접 경험하고 소프트웨어 정립을 위해 제로상태에서 다시 시작하는 특이한 커리어를 선택한 것이다. 25년째 쓰고 있는 여의도 오피스텔 연구소로 들어서니 돋보기안경에 확대경까지 써가며 컴퓨터 화면을 들여다보고 있던 전 소장이 반갑게 웃으며 맞아준다. 편한 복장의 자그마한 체구에서 세월을 이겨 내온 강단과 의지가 느껴진다. 고령이지만 날짜까지 정확히 기억하며 과거 일들을 깐깐하게, 그러나 차분한 목소리로 설명하는 모습도 변함이 없다. 전 소장과 자동차와의 질긴 평생인연은 언제 어떻게 시작되었을까?

전영선 일제강점기에 목수였던 부친이 일본 나고야로 건너가 주택건축 사업을 하셨어요. 저도 거기서 태어났습니다. 주로 부유한 상류층이 고객이라 그들이 타고 온 자동차를 보면서 서너 살 때부터 멋진 모습에 빠졌죠. 당시 유행하던 닷선(DATSUN) 경차를 부친이 사서 같이 신나게 타고 다녔습니다. 그때 자동차가 주는 재미에 입문한 셈이죠. 이후 부친이 징용으로 끌려가 돌아가시는 바람에 가세가 기울어졌습니다. 해방 후 중학교 때는 미군들이 보다 버린 자동차 잡지들을 보면서 혼자 자동차 구조와 디자인 공부를 했어요. 수업시간에 공책에 자동차 그리다가 혼난 적도 많았죠. 당시 자동차 잡지나 자료들이 다 영어로 쓰여 있었어요. 그리고 앞으로 우리 사회에서 영어가 많이 쓰일 것 같아서 어려운 집안 형편이었지만 대학은 영문학과를 갔습니다. 공대를 갔어야 했는데 생각이 짧았죠. 나중에 후회 많이 했습니다. 대학시절에는 외국의 자동차 자료와 책에 몰두하면서 자동차 디자인에 빠지기 시작했어요. 욕심이 생겨 주요 해외 자동차업체들에게 너희 브랜드의 첫 모델부터 현재 생산되는 모델까지 사진과 설명 자료를 다 보내달라고 편지를 보냈습니다. 한 달쯤 지나니 자료가 정말 오더군요. 내친 김에 제대로 공부해서 자동차 디자이너가 되고 싶었습니다. 3학년 때 미국 캘리포니아의 아트센터컬리지(Art Center College of Design)에 지원했는데 덜컥 입학통지가 날아왔어요. 뛸 듯이 기뻤지만 돈이 없으니 어떡합니까? 할 수 없이 서울로 올라와 여러 장학재단을 찾아다녔죠. 하지만 다들 당장 먹고 살기도 힘든 나라에서 관련 산업 기반도 없는 자동차 디자인을 뭐 하러 공부하냐고 하면서 거절하더군요. 그때 참 힘들었습니다. 당시 어떻게 하든 유학을 나갔더라면 제 인생이 완전히 달라졌을 겁니다. 그래도 자동차가 좋으니 뭐라도 하고 싶어서 서울신문사에 있는 선배에게 부탁해 광화문의 서울신문사 로비 전시실에서 세계 자동차발달사 전시회를 한 거예요. 주요 자동차 브랜드들에게서 받은 연대별 사진과 자료를 정리하고, 제가 그린 스케치도 같이 전시했죠. 자동차에 관련된 최초의 전시라 각 언론에서 큰 이슈가 되었습니다. 나중에 알았는데 당시 국내 자동차업계를 주도하던 하동환 회장과 신진자동차의 김창원 회장도 다녀갔더라고요. 그 인연으로 대학졸업 후 김창원 회장이 불러서 부산의 신진자동차에 갔습니다. 당시 신진자동차는 새나라를 카피한 신성호를 조립생산하고 있었는데, 디자인이란 걸 따로 할 게 없더라고요. 4개월 만에 그만두고 서울로 올라왔어요. 그리고 버스이긴 하지만 독자모델을 만들고 있던 구로동의 하동환자동차에 들어갔습니다. 자동차 메커니즘도 배우고 싶었고 돈을 모아서 유학을 가고 싶었으니까요. 제가 닛산 트럭 섀시를 바탕으로 디자인한 버스 한 대가 1966년 처음으로 브루나이에 수출됐습니다. 그때 부산항에서 선적되는 버스를 보며 벅차올랐던 감회와 보람이 지금도 생생해요. 이를 계기로 그 다음 해에는 박정희 전 대통령도 여러 번 와볼 정도로 정부의 비상한 관심과 지원을 받아서, 한창 전쟁 중이던 베트남에 버스 20대를 수출했습니다. 베이스로 쓰기 위해 수입한 닛산 트럭의 섀시에 외피를 씌우지 않은 채 나무 의자만 얹어서 스무 대가 줄지어 부산항에서 서울까지 국도로 올라올 때 정말 대단했죠. 얼마나 큰 구경거리였겠어요? 사람들이 길 옆에 몰려나와 뼈다귀 차가 지나간다고 난리였고 신문에도 크게 났죠. 그리고 디자인을 잘 하려면 사진도 잘 찍어야 해서 사진에도 입문했습니다.

따로 전시회를 열거나 정식 데뷔를 하지 않았을 뿐 전 소장이 사진에도 조예가 깊다는 걸 이제야 알았다. 못사는 나라에 태어나 다방면으로 재주는 많았지만 혼자 애써야 했던 한 청년의 기개와 열정이 아프도록 느껴졌다. 이제는 세월이 많이 흘러 온갖 감정이 사그라진 탓일까? 마치 남의 얘기하듯 전 소장의 담담한 설명이 이어졌다.

전영선 1969년 하동환자동차가 부실기업으로 정리되면서 부평의 신진자동차로 다시 옮겼습니다. 그때도 일본 토요타의 코로나와 퍼블리카를 조립하고 있어서 디자인은 별로 할 게 없었어요. 그래서 방향을 돌려 관심 있던 자동차의 역사에 대해 본격적으로 자료를 모으고 공부를 시작했죠. 이게 아주 재미있더라고요! 완전히 빠져들었습니다. 저 말고는 국내에 그런 걸 공부하는 사람도 없었고요. 나중에 토요타가 중국에 진출하기 위해 한국에서 철수하면서 신진자동차도 부실화되었어요. 결국 1972년에 GM과 합작으로 GM코리아가 되었죠. 그때 공대도 안 나오고 디자인만 했다고 부산 버스공장으로 밀려났습니다. 그 공장에서는 당시 GM의 자회사였던 일본 이스즈(Isuzu)의 트럭 섀시로 버스를 만들고 있었어요. 당시 버스의 차체설계를 체계적으로 익힐 수 있었습니다. 그 후 산업은행이 GM코리아의 신진자동차 지분

50%를 인수해 만들어진 새한자동차 시절, 제가 처음으로 차체와 내부 디자인을 전부 담당했던 리어엔진 버스가 1975년에 시판되었습니다. 이게 시장에서 상당히 인기를 끌었죠. 그러자 1979년 당시 하동환 회장이 재기해서 운영하던 동아자동차(쌍용자동차의 전신)에서 스카우트 제의를 해왔어요. 미국의 그레이하운드 버스 회사에서 장기연수를 시켜준다고 하더군요. 좌절됐던 유학의 꿈을 다시 살리고 싶어 옮겨갔지요. 당시 동아자동차가 평택으로 옮기면서 대규모 생산설비를 갖추고 제가 디자인 설계한 버스를 대량 생산했습니다. 제대로 시스템을 갖추고 표준화 방식으로 처음 만든 버스라 당시 버스시장 점유율 60%를 넘길 정도로 인기였죠. 그런데 베이스였던 닛산 트럭의 섀시 설계에 근본적인 하자가 있어서 당시 비포장도로를 과적으로 달리던 버스들의 차체에 균열이 발생하는 등 품질 문제가 엄청났어요. 그걸 수리하느라 일 년 넘게 공장에서 숙식하며 고생했습니다. 그때 매일 욕 먹어가면서 새벽에 작업 끝내고 마신 막걸리 양이 어마어마합니다. 제 간은 그때 다 망가졌어요(웃음). 섀시가 문제인 건 다 알고 있었습니다. 그런데 오너가 닛산에 특별히 부탁해서 가져온 섀시라고 다들 입 다물고 차체 문제로 돌리는 바람에 참 허탈했죠. 그런 직장 분위기로 인해 결국 미국연수도 못 갔어요. 지금은 상상하기도 어려운 옛날 얘기네요.

한번 시작한 전 소장의 자동차인생 스토리는 끝없이 이어졌다. 감히 끊고 들어가지도 못할 만큼 그의 말에는 열정과 진지함이 있었다. 한참 듣다보니 국내 자동차산업의 초기역사 강의를 듣고 있는 것 같았다. 고급 스포츠카 디자인을 꿈꾸었던 열혈 청년이 시대와 주위의 도움을 얻지 못하고 공장 구석에서 버스 디자인과 설계에 몰두했을 때 그 심정이 어떠했을까? 그 현실의 헛헛함을 달래기 위해 자동차역사 연구에 더 빠져든 게 아닐까? 그 당시에도 전 소장은 모아놓은 자동차의 사진과 영상을 보며 희열을 느꼈다고 하니 섣부른 추측은 아닌 듯싶다.

세월이 흘러 1980년대 중반 무렵이 되자 현대 엑셀과 기아 프라이드 같은 소형차들이 폭발적으로 팔리면서 자동차의 대중화가 시작되었다. 국내 자동차산업과 관련시장은 매년 급성장했고 전 국민이 자동차라는 물건에 대해 비상한 관심을 보이기 시작했다. 이런 흐름에 맞추어 자동차 역사와 주요 브랜드 성장 스토리, 선진국 교통문화 등에 대해 방송과 언론매체들이 여러 프로그램을 만들어냈다. 당시 국내에서 이런 요구에 대응할 수 있는 자료와 지식을 갖춘 사람은 사실상 전 소장이 유일했다. 물 들어올 때 노 젓는다는 말처럼 이런 미디어의 요구에 적극 대응하면서 전 소장은 국내 최고의 자동차 역사가이자 칼럼니스트로 화려한 시절을 보냈다. 알아주는 사람도 없이 혼자 30년 넘게 공부해온 결과물을 일반 대중의 강렬한 요구에 맞춰 정신없이 풀어낼 때 전 소장이 느꼈을 기쁨과 보람은 상상하기 어려울 정도였을 것이다. 전 소장은 어떤 계기로 미디어에 등장하게 되었을까?

전영선 1981년 동양방송에 다니던 친척 소개로 당시 유일한 스포츠연예 신문이었던 일간스포츠의 자동차이야기 코너를 맡게 되었지요. 자동차 디자이너 겸 연구가라는 타이틀로 자동차 개발과 제조 뒷이야기를 매주 1차 84회, 2차 220회에 걸쳐 썼습니다. 그러자 〈주간동아〉에서도 의뢰가 오고, 그 후 여러 매체에서 줄줄이 원고 의뢰가 들어왔어요. 이렇게 이름이 알려지니까 KBS 라디오의 '가로수를 누비며' 고정 출연자가 되었죠. 그리고 얼마 후 MBC 라디오의 '푸른 신호등'에도 나가게 됐어요. 제가 공부한 걸 많은 사람들에게 알리게 되니 바빴지만 재미있었고 보람도 컸습니다. 그런데 당시 월급쟁이 신분이라 이런 대외활동을 하는 걸 회사에서는 탐탁하게 여기지 않았어요. 그래서인지 연말 승진에서도 계속 누락되었고요. 1986년에 쌍용그룹이 동아자동차를 인수하면서 대대적인 투자를 했습니다. 그때부터 디자인도 컴퓨터로 하고 해외 디자인회사에 맡기다보니 저처럼 손과 티자로 디자인하는 사람은 더 이상 쓸모가 없더군요. 그래서 디자인을 놓고 일반 업무를 보면서 제 개인연구와 대외활동을 계속했습니다. 결국 정년을 일 년 앞둔 1993년에 회사를 나와 연구소를 차렸어요. 차라리 속이 시원하고 좋더라고요. 눈치 안 보고 내가 하고 싶은 걸 마음대로 할 수 있었으니까. 새로운 인생이 시작된 거죠. 그 후 몇 년 동안 일주일에 라디오방송 13개 프로그램에 나가고 여기저기 칼럼도 20여 개씩 썼어요. 책도 여러 권 냈고. 정말 바쁜 시간이었지만 속이 확 풀렸습니다. 돈도 좀 모아서 좋은 자료들을 더 충실하게 모을 수 있어서 좋았죠. 그런데 1997년 외환위기 이후로 방송출연과 칼럼 요청이 확 줄어들더군요.

당시 자동차의 인문학적 지식을 향해 타올랐던 대중들의 욕구가 외환위기로 인해 급격히 사그라진 것에 대한 전 소장의 아쉬움을 짙게 느낄 수 있었다. 그 후 전 소장은 활발히 하던 방송과 칼럼 기고가 점차 줄이고, 2000년대 중반 이후에는 자료의 보존과 저술 활동에 주력하고 있다. 그 많은 자료를 좁은 공간에 어떻게 다 보존하고 있을까? 이제 인생의 마무리 단계에서 평생 역작으로 어떤 책을 쓰고 있는지도 궁금해져 물었다.

전영선 종이로 된 자료들을 모으다보니 정말 양이 어마어마하더라고요. 자꾸 파손되기도 하고. 그래서 혼자 방법을 익혀서 자료들을 다 마이크로필름화 시켰어요. 시간이 많이 걸렸지만 그렇게 해 놓아야 보존이 되니까. 많은 영상도 다 콤팩트디스크 (CD)에 넣었죠. 그런데 다 끝내고 보니 이제는 디지털 시대라고 필름이나 콤팩트디스크는 쳐다보지도 않더군요. 허탈하기는 하지만 할 수 있나요? 시대에 맞추어 디지털화를 해 놓아야 사람들이 손쉽게 이용할 수 있을 테니 다시 작업하고 있습니다. 책은 2007년에 세계 자동차디자인 120년사를 내고 좀 쉬었어요. 지금은 1472년 레오나르도 다빈치의 태엽동력 탈것부터 시작해 세계 자동차 600년사를 쓰고 있는 중입니다. 그리고 고조선 시대부터 시작해 우리나라의 육해공 모든 탈것과 교통기록을 망라한 한국교통 3000년사도 쓰고 있어요. 자료는 대충 다 있는데 이젠 체력도 떨어지고 눈도 침침해서 생각만큼 진도가 잘 안 나가네요. 사실 제가 연구한 걸 이제 사람들이 찾질 않아요. 우선 사회적으로 자동차 역사에 대해 알고자 하는 욕심들이 없어졌어요. 기술발달과 분업화에 의해 생활에 필요한 것들이 다 구비

전 소장은 사람, 차, 브랜드의 세 가지 방향에서 역사적으로 의미가 있는 자료들을 집중적으로 모았다

되어 있는 편리한 생활에 젖어 새로운 것에 대한 의욕이 사라지나 봐요. 꼭 자동차에만 국한된 트렌드는 아니죠. 편의점에 가면 도시락이나 컵밥이 있으니 구태여 밥을 안 해먹잖아요? 혹 자동차 역사에 관심이 있어도 인터넷에 웬만한 건 다 나오니까. 그래서 글을 써도 책을 만들어줄 출판사를 구하기 힘들 것 같아요. 그래도 기록은 다 정리해놓을 겁니다.

사실 자동차와 관련된 자료 수집은 결국 그 나라의 자동차 역사를 저장하는 것이라 그 의미와 중요성이 참으로 크다고 할 수 있다. 60년 넘게 꼼꼼하게 모으고 정리하다보니 전 소장의 한국자동차문화연구소는 국내에서 가장 많은 자동차 관련 자료를 보유하고 있는 국내 유일의 종합 자동차데이터센터가 되었다. 역사기록물과 사진, 영상, 카탈로그, 광고물, 잡지 등 자료의 다양성 측면에서도 타의 추종을 불허한다. 국내 자동차업계와 학계, 방송계, 언론 등 다양한 분야에서 자동차 역사와 관련된 기획과 조사를 할 때 귀한 자료를 구할 수 있는 유일한 곳이다. 전 소장은 그동안 어떤 방식으로 수많은 종류의 자료들을 모아온 것일까? 그리고 어떤 점이 가장 아쉬웠을까?

전영선 자료라는 게 뭐 그리 비싸거나 대단한 게 아닙니다. 지금 우리 주위에 흔히 있지만 세월이 지나고 나면 구하기 어려워지는 것들이죠. 그런 걸 꾸준히 모아놓으면 자동차 역사를 알 수 있는 귀한 사료(史料)가 됩니다. 1950년대에 모은 미국 자동차잡지들을 지금도 가지고 있습니다. 대학 재학 중에는 도서관 아르바이트를 하면서 해외 자동차자료를 많이 모았죠. 세계 주요 브랜드에서 만들어내는 차종들의 사진도 꾸준히 모으고 있습니다. 자동차 카탈로그도 제가 1967년 국내에서 처음으로 만들었어요. 그 이후 모든 국내 자동차브랜드의 차종 카탈로그와 오너 관리매뉴얼을 모았습니다. 지금도 신차가 나오면 자동차 영업소에 가서 몇 부씩 가지고 옵니다. 직장 동료들이 가지고 있는 자료들도 술 사주고 많이 뺏었죠. 1980년대 들어서는 일본과 호주에 출장 가서 책을 많이 사왔습니다. 국내에는 자동차 역사와 각 브랜드 성장에 대한 책들이 없었거든요. 사실 지금도 별로 없죠. 가장 아쉬웠던 점은 이제 100년이 넘어가는 우리나라의 자동차 역사에 대해 참고할 만큼 정리된 자료가 국내에 거의 남아 있지 않다는 겁니다. 오히려 도쿄의 일본자동차공업협회(JAMA) 도서관에 일제강점기 우리나라 자동차에 대한 자료가 많이 남아 있습니다. 원하면 다 복사해주니까 많이 가지고 왔죠. 그리고 국내 국회도서관에서 살다시피 하면서 일제강점기의 국내 신문들을 다 뒤져서 자동차 관련 기사나 광고, 사설등 좋은 사료들을 많이 발굴해냈어요. 이런 자료들을 계속 발굴하고 연구하려면 후배들을 키워야 되는데 다들 역사는 돈이 안된다고 싫어하더라고요. 우리나라 사람들이 새롭고 편리한 것만 좋아하죠. 주위의 소소한 자료들을 모아 역사적인 의미가 있는 사료로 보존하는 것에는 별 관심이 없는 것 같아요. 이왕 시작했으니 저라도 힘닿는 데까지 해놓을 생각입니다. 요새는 인터넷으로 온갖 자료를 찾을 수 있어 많이 편리해졌습니다. 하지만 전문지식을 갖추고 있어야 인터넷에서 제대로 된 자료를 찾아 체계적으로 정리할 수 있죠.

깨물어 아프지 않은 손가락이 없듯이 정성 들여 모아 놓은 자료들은 모두 소중할 것이다. 그래도 어떤 자료에 가장 애착이 가는지 우문을 해보았다. 잠시 생각에 잠겼던 전 소장이 진지한 표정으로 입을 열었다.

전영선 말씀처럼 다 소중합니다. 그래도 그중에서 가장 애착이 가는 건 우리나라가 해외 차종들을 조립 생산하던 1960년대 자동차들의 카탈로그입니다. 전부 다 가지고 있어요. 국내 자동차산업 초기를 연구할 수 있는 귀한 사료죠. 그 차종들을 만들었던 국내 자동차업체들도 가지고 있지 않을 겁니다. 그리고 또 소중한 게 그동안 모았던 자료를 40개 장르로 구분해 스크랩해 놓은 파일들입니다. 여기 옆 선반에 허름하게 꽂혀 있지만 이걸 연구해 내면 박사학위가 수십 개 나올 겁니다. 세계적으로 희귀한 책들도 애착이 많이 가죠.

전 소장의 눈이 두꺼운 안경 너머에서 반짝였다. 신념을 가지고 외길로 꿋꿋하게 걸어온 사람의 자부심이리라. 지금 앉아 있는 작은 공간이 마치 이 세상 자동차의 모든 지식을 저장해놓은 거대한 USB 내부 같다는 생각이 들었다. 그래도 현실적으로 이 세상에 존재하는 모든 자동차 관련 자료들을 모으는 것은 불가능하다. 그동안 어떤 방향과 기준으로 자동차 자료들을 모아왔는지 묻지 않을 수 없었다. 당연하다는 듯 전 소장의 답이 지체 없이 돌아왔다.

전영선 유일한 기준은 역사성입니다. 사람, 차, 브랜드의 세 가지 방향에서 역사적으로 의미가 있거나 있을 것 같은 자료들을 집중적으로 모읍니다. 아무래도 인쇄된 자료가 많죠. 그리고 자동차는 시각적 이미지가 중요해서 사진도 집중적으로 모았습니다. 자동차 사진은 전 세계는 다 안 가봐서 모르겠고 국내에서는 제일 많이 갖고 있을 겁니다. 역사적 의미가 있는 자동차는 새로운 콘셉트로 인간의 삶을 혁신시킨 차, 그리고 새로운 기술로 자동차를 혁신시킨 차를 말합니다. 진정한 명차라는 게 비싼 슈퍼카가 아니라 소방차, 앰뷸런스, 지게차, 믹서트럭 같은 거죠. 이런 차들의 역사를 공부합니다. 요새 유행인 푸드트럭도 그 기원은 미국의 서부 개척시대까지 올라가거든요. 다 자료가 있습니다. 자동차의 명인들도 자동차업체의 오너나 최고 경영진이 아닙니다. 자동차의 혁신적 발전에 기여했지만 브랜드와 모델의 인기에 묻혀 있는 사람들을 기록으로 살려내는 거죠.

영화감독은 영화를 통해, 시인은 글을 써서 자신이 하고 싶은 이야기를 세상에 던진다. 이런 연구소 활동을 통해 전 소장은 세상에 어떤 메시지를 전하고 싶은 것인지 문득 궁금해졌다. 허허 웃으면서 일어나 차 한 잔을 타서 돌아온 전 소장이 빙그레 웃으며 편안한 얼굴로 답했다.

전영선 그 질문은 질문지에 없었는데(웃음). 사실 자동차는 야누스의 얼굴 같은 존재입니다. 바퀴에서 시작해 인간의 생활을 편리하게 해주는 문명의 이기가 되어왔죠. 하지만 사람의 감정과 나태로 인해 제대로 쓰이지 못하면 사람을 해치는 흉기가 됩니다. 자동차는 인류가 존재하는 한 같이 있을 것이니 흉기로 만들어서는 안 된다는 생각입니다. 그러자면 자동차를 타는 사람들에게 자동차 역사를 가르쳐야 합니다. 와이퍼 같은 작은 부품 하나에도 엄청난 개발역사가 있거든요. 그런 걸 알고 나면 자동차에 애정을 느끼고 가치를 알게 되면서 함부로 다루지 않게 됩니다. 음주운전도 무조건 단속만 할 게 아니라 1902년에 발생한 최초의 음주운전 사고부터 가르쳐야 제대로 예방이 되죠. 소유가 아니라 실생활에서 자동차의 긍정적 가치를 극대화 시키는 자동차문화 시대를 이끌어가야 합니다. 그래서 자료를 모아 공개하고 사람들에게 공부하라고 권하는 겁니다. 대학의 자동차학과와 각 자동차업체에서 자동차를 기계로 가르치고 기술개발만 독려해서는 안 됩니다. 역사를 가르쳐야 합니다. 그래서 제가 올드카의 복원 사업에도 뛰어들었습니다. 2007년에 국내 최초의 국산차인 시발을 삼성화재교통박물관과 함께 제대로 복원해 정말 보람을 느낍니다. 그 해에 정부와 함께 근대 문화유산 자동차유물조사에 참여해 포니와 경삼륜차 T600을 포함한 올드카 6대를 문화재로 등록시킨 것도 기억에 남습니다. 기계인 자동차가 인문학적 가치를 지닌 문화재가 되었으니까요. 그리고 일본의 JAF, 미국의 AAA, 독일의 ADAC 같은 민간 자동차 서비스단체들이 자기 나라에서 여러 활동을 통해 운전자들에게 역사를 가르치면서 건전한 자동차문화를 만들어가는 걸 벤치마킹해야 합니다. 우리나라에도 1967년에 설립된 한국자동차협회 (KAA, Korea Automobile Association)가 있지만 활동도 미약하고 레이싱 쪽으로 변하고 있어 아쉽습니다.

영국의 유명한 역사학자 에드워드 카(Edward H. Carr)는 '역사는 현재와 과거의 끊임없는 대화'라는 명언을 남겼다. 우리는 과거의 사실을 교훈삼아 새로운 것을 예측하거나 창조해낼 수 있는 지혜를 얻는다. 반세기 넘는 세월을 바쳐 자동차의 역사와 자동차산업의 흥망을 연구해온 베테랑 역사가에게 자동차와 연관된 근본적인 질문을 던져 지혜를 구하고 싶어졌다.

최초의 국산차인 시발을 삼성화재교통박물관과 함께 제대로 복원한 것이 큰 보람이다

우리는 흔히 인류의 역사에서 바퀴의 발명을 제1차 산업혁명이라고 부른다. 그만큼 인류생활의 모든 면을 혁명적으로 바꾸어놓았기 때문이다. 실제로 이동수단과 무기, 도로 등 바퀴와 관련된 문명을 잘 발달시킨 나라가 주위 나라들을 압도하며 역사의 주인공으로 등장한 선례도 많이 있다. 이런 바퀴를 단 '탈것'은 유사 이래 인류문명을 어떻게 바꾸어놓았을까? 그리고 국내에서 바퀴문명은 언제부터 시작되었을까?

전영선 어려운 질문이네요. 바퀴는 인간생활에서 대량수송과 시간절약을 가능하게 했지요. 덕분에 획기적인 변화가 연이어 가능해졌습니다. 말씀하신 대로 바퀴를 더 일찍, 더 잘, 더 많이 쓴 나라가 역사적으로 주변 나라를 압도해왔어요. 로마가 좋은 예죠. 국내에서도 기원전 1000년경 고조선시대 초기에 길을 닦

60여 년간 모은 자료들로 가득한 사무실. 전 소장은 자동차산업 발전 공로로 2011년 동탑산업훈장을 받았다

아 수레를 군용으로 사용했다는 중국의 기록이 있습니다. 뒤를 이어 고구려와 발해가 넓은 국토를 방어하고 발전시킨 것도 사통팔달 길을 만들어 바퀴를 잘 썼기 때문이죠. 우리 역사에서 통일신라 이후 중국과의 대립관계는 끝이 납니다. 그 후 상호공존을 위한 조공관계가 계속 이어지면서 문(文)을 숭상하고 적의 침입 시 빠른 진공을 막기 위해 도로 인프라를 후퇴시켰습니다. 높은 사람들도 인력거 타고 다녔잖아요? 생활의 속도가 떨어지면 경제의 활력이 떨어지고 국력이 저하됩니다. 바퀴가 잘 굴러

가면 나라가 잘 굴러가요. 국내의 바퀴문명이 오래 정체된 것은 역사적으로 참 아쉬운 점입니다.

그러면 ACES(Autonomous, Connected, EV & Sharing)로 표현되는 21세기 자동차의 혁명적인 변화는 또 다시 우리의 일상생활과 사회를 어떻게 바꾸어놓을 것인가? 사람과 물건을 물리적으로 이동시켜 주는 자동차라는 존재는 또 어떤 모습으로 바뀌어갈까?

전영선 인류문화에서 탈것은 에너지원의 변화에 따라 발전해왔습니다. 바다에서는 바람과 사람의 힘을 이용하고 육지에서는 주로 동물의 힘을 오랫동안 이용해왔죠. 그러다 18세기 말부터 19세기 말까지 증기기관을 이용했어요. 다시 19세기 말에 발명된 내연기관이 지금까지 사용되고 있어요. 최근 들어 새로운 동력원으로 대체가 시작되는 모습입니다. 지금껏 대략 100년 정도의 주기로 변환된 거죠. 현 상황에서 내연기관을 대체할 수 있는 친환경에너지로는 전기가 대세라 향후 전기차가 상당부분 내연기관 차량을 대체할 거라고 봅니다. 하지만 순수 배터리전기차는 실용화되어도 100년을 버티지 못하고 기껏해야 50~60년 정도 갈 것 같아요. 왜냐하면 내부 메커니즘이 너무 단순해 부품도 많이 필요 없거든요. 따라서 자동차메이커들이 돈 벌기가 쉽지 않고 시장경쟁에서 앞서나갈 여지도 많지 않아요. 기술적 진입장벽도 낮아서 군소 메이커들이 계속 달려들 겁니다. 사실 내부가 복잡할수록 기존 자동차메이커들이 돈을 더 많이 벌거든요. 배터리도 계속 크기를 작게 하고 파워를 키워야 하는데 분명 한계가 있어요. 대량생산에 따른 원가 절감 메리트도 크지 않고요. 태양전지로 구동되는 전기차가 실용화된다면 메커니즘이 복잡하고 기술차별화도 가능하니 좀 더 오래갈 수 있겠죠. 수소연료전지가 대안이 될 수 있지만 원가가 많이 내려와야 합니다. 그리고 수소의 운송과 저장 인프라 설치가 먼저 가야 하는데 막대한 투자로 진행이 쉽지 않을 것이고요. 그래도 결국 어떤 형태로든 전기를 주요 에너지원으로 쓰게 될 겁니다. 사실 전기를 만드는데 에너지를 소모하고 환경오염이 발생하니 태양광발전이 가장 바람직하죠. 발전원가도 저렴하고. 밤이나 흐린 날처럼 발전시간에 제약이 있지만 에너지저장장치(ESS)에 저장했다가 쓸 수 있습니다. 아직 황당한 얘기로 들리겠지만 인간은 항상 가장 합리적이고 효율적인 방향으로 기술을 개발해왔어요. 필요해지면 관련기술들을 개발해낼 겁니다. 그리고 운송형태는 자율주행차량, 그리고 지하에 터널을 뚫어 초고속으로 이동하는 대량운송기구들이 주력이 되겠죠. 따라서 사람들은 점점 운전을 안 하게 될 겁니다. 혹시 핵에너지를 사용할 수 있을지도 모르죠. 이미 핵잠수함이 있으니 대형 탱커와 화물선의 핵에너지화는 기술적으로 충분히 가능합니다. 방사능이 위험하다면 선박의 무인화와 연계될 수 있겠죠. 육지에서도 장거리 대량수송용 철도차량에 쓸 수 있습니다. 내연기관도 계속 살아남을 것이니 결국 어느 에너지원도 석유 같은 화석연료를 완벽히 대체하지는 못하고 용도에 따라 다양하게 공존하지 않을까요?

자동차뿐만이 아니라 산업 전반에 걸쳐 제조기술이 고도화되면서 품질과 기능이 비슷해져 이제 디자인이 새로운 경쟁요소로 부각되고 있다. 바늘부터 우주선까지 다루는 게 산업디자인이라는데 이런 디자인을 어떻게 정의할 수 있을까? 디자인이 과연 우리 삶의 가치를 올려줄 수 있을까? 그리고 바람직한 디자인의 방향에 대한 국내 제1호 자동차 디자이너의 생각은 어떨까? 전 소장이 처음으로 크게 웃었다.

전영선 디자이너 관둔지 오랩니다. 그리고 저 같은 아날로그 디자이너는 최근의 첨단 디자인셈법을 잘 모릅니다. 그래도 디자인을 정의해본다면 결국 물건의 꽃단장이죠. 요새는 디자인 경쟁이 너무 심해져서 그런지 디자인이 과도하게 추상적으로 변해간다는 느낌이 듭니다. 컴퓨터가 디자인도 하고 현장에서 복잡한 형상도 다 만들어주니까 더 그런지도 모르죠. 사실 우리 실생활에서는 단순하고 실용적인 디자인이 바람직합니다. 디자인이 너무 복잡해지면 망가지기도 쉽고 수리비도 많이 들어갑니다. 디자인은 시각적 아름다움을 통해 우리 삶의 가치를 분명히 올려줍니다. 역시 너무 과도해지면 문제가 되죠. 피카소 그림 같은 디자인은 인간의 자동차생활을 더 복잡하게 만듭니다. 자동차는 매일 쓰는 실용품이니까 그 범주를 벗어나 아트로 가면 이상하죠. 그리고 자동차 디자인이 산업디자인에 속하게 되어 다른 제조물들과 디자인 요소가 유사해지는 것도 문제라고 봐요. 자동차만의 디자인 특성이 옅어지니까요. 자동차가 가구와 비슷해지고 있어요.

국내 수입차시장이 개방된지 30년이 지나 이제 전체 승용차시장의 20%에 육박할 정도로 급성장했다. 반면 국내 토종 자동차메이커는 사실상 현대기아차밖에 남아 있지 않은 상황에서 국내시장 점유율 70%를 힘겹게 지켜내고 있는 실정이다. 향후 국내시장의 지형은 어떻게 변화해갈까? 나아가 현대기아차의 글로벌 경쟁력은 어느 정도이며 향후 지속적인 성장을 위해서는 어느 부문에 선택과 집중을 해야 할까? 전 소장이 가벼운 한숨을 내쉬었다. 아쉬움이 큰 듯했다.

전영선 우리나라 자동차산업은 이대로 가면 영국처럼 될 것 같아요. 개방경제 시대에 순수 국적브랜드라고 애국심에 호소하는 게 무슨 의미가 있습니까? 디자인, 기술, 가격 같은 자동차 자체의 매력으로 승부해야 하죠. 기술은 평준화되고 있고 수입차의 가격은 점점 더 내려갈 것이 분명합니다. 현대기아차의 디자인이 좋아지고 있지만 디자인만으로 살아남을 수 있으리라 보지 않습니다. 이대로 가면 국내시장에서 수입차 비율이 40%를 넘어가는 건 시간문제죠. 저가의 실용적 시장에는 중국산 차들이 몰려올 테니까요. 역사적 선례를 봐도 어느 브랜드든 자국 시장에서의 확고한 기반이 장기성장을 위해 필수적입니다. 현대기아차도 어떻게 국내 소비자들의 마음을 잡을지 진지하게 고민해야 합니다. 그러려면 단순히 차만 팔고 수리해주는 차원을 벗어나 바람직한 자동차문화를 선도하는 기업이 되어야 하죠. 사회적인 기업이 먼저 되고 나서 기술에 집중해야 합니다. 자기 집만 크고 멋있게 지을 때가 아닙니다. 건전한 교통문화

선도, 모터스포츠 활성화, 튜닝사업 전개 등 현대기아차가 할 수 있는, 아니 해야 하는 일들이 정말 많아요. 무엇보다 이제 자동차를 사지 않으려 하는 젊은 세대와 후손들이 친숙하게 자동차를 접하고 익힐 수 있도록 자동차역사 교육을 시켜야 합니다. 그래야 일정 내수규모가 유지되죠. 자동차박물관이나 문화공간을 전국 여러 군데 만들어서 청소년들에게 문명의 이기로서 자동차의 존재를 확실하게 알려주는 게 중요합니다.

일반 회사경영도 그렇지만 자료 수집과 연구도 어느 정도 규모를 넘어가면 사실 개인의 역량으로 유지하기가 쉽지 않다. 전 소장은 평생 걸려 모은 귀한 자료들을 향후 어떻게 운영할 계획일까? 현재는 일부 전문가들만 전 소장의 자료를 활용하고 있다. 앞으로 자동차를 좋아하는 일반인이나 전문적으로 연구하고 싶어 하는 학생들이 연구소의 자료에 보다 손쉽게 접근할 수 있는 방법은 없을까?

전영선 우리나라가 단시간에 세계적인 자동차 생산국이 되고 글로벌 브랜드도 갖게 된 것은 정말 대단한 성과예요. 하지만 자동차 역사와 문화 같은 소프트웨어가 상대적으로 너무 빈약합니다. 사람들이 자동차를 올바르게 사용할 수 있도록 교육하고 선도하는 교통문화 인프라도 너무 취약하고요. 하드웨어와 소프트웨어의 불균형이 심각하죠. 이래서는 하드웨어도 더 성장할 수 없게 됩니다. 이 연구소의 자료들은 다 공개할 수 있습니다. 제 욕심 같아서는 네이버나 다음 같은 포털사이트 첫 페이지에 눈에 잘 띄게 '전영선의 오토카페' 링크가 고정 설치되어서 누구나 손쉽게 자료들을 볼 수 있게 했으면 좋겠는데. 그건 제 마음대로 되는 게 아니니 포기했죠. 그 다음 대안이 자동차박물관 속에 들어가는 겁니다. 아직 우리나라에 정부나 기업이 운영하는 제대로 된 자동차박물관 하나 없습니다. 국내 자동차 브랜드들 역시 관심이 없어요. 자기들이 지금껏 만들어온 차종들을 제대로 전시하고 사람들과 소통할 수 있는 브랜드 역사관조차 없으니 말다했죠. 개인 소유의 자동차박물관이 몇 군데 있지만 자동차 전시의 하드웨어뿐입니다. 그래서 자동차의 하드웨어와 소프트웨어를 갖추고 사람들이 주행체험도 할 수 있는 복합 자동차역사문화공간이 꼭 있어야 해요. 그러면 제가 평생 모아온 자료들을 기꺼이 다 기증할 겁니다. 서울시에서 장안평 자동차매매단지를 재개발하면 이런 공간을 갖추겠다고 얘기하면서 벌써 몇 년째 간간이 회의만 하고 있습니다. 그래서 일단 제가 가지고 있는 소프트웨어라도 사람들이 손쉽게 즐기고 공부할 수 있도록 북카페 같은 자동차도서관을 오래 전부터 구상해왔습니다. 이젠 컴퓨터와 스마트폰 시대라 사람들이 책 같은 종이자료에 무관심하고, 자동차에 대해 알고자 하는 욕망이 줄어든다고 얘기들 해요. 그래도 오래된 카탈로그나 사진들을 주제별로 넓게 펼쳐놓고 전시를 하면 신기해할 겁니다. 시각적 매력도 충분하기 때문에 비주얼에 민감한 젊은 사람들이 많이 올 거예요. 신촌 같이 젊은 사람들이 많이 다니는 곳에 하면 좋을 텐데 아직 후원자를 찾지 못했어요. 너무 늦어지면 안 되는데….

워낙 전례가 없는 일을 선구적으로 시작했기에 지난 60여 년간 여러 시행착오와 함께 수많은 좌절과 보람이 있었을 것이다. 본인의 욕심이나 초기 계획에는 분명 미치지 못했을 것이지만, 그래도 재야에서 일가를 이루어 자동차업계 내 많은 사람들의 존경을 받게 되었으니 그 감회가 어떠할까(실제로 자동차관련 언론인, 교수, 평론가, 변호사들이 모여 '전사모'(전영선 소장을 사랑하는 사람들의 모임)를 만들어 오랜 기간 친교를 다져 왔다)? 앞으로 여유가 된다면 또 어떤 일들을 하고 싶을까?

전영선 글쎄요. 감회는 잘 모르겠고 갈수록 불만이에요. 그래도 이만큼 해서 이제 후배들이 더 도약할 수 있도록 베이스는 만들어놓았어요. 그런데 누가 더 이어갈지. 지금 살만큼 살았지만 정말 더 오래 살아야겠다고 결심하고 있어요. 모아놓은 걸

우리나라의 두 번째 국산차인 베이비 왜건

어떻게든 잘 활용할 수 있도록 만들어놓고 가야 하니까. 그리고 우리나라의 두 번째 국산차인 베이비 왜건과 일제강점기의 목탄차, 우리나라 최초로 현대화된 설비에서 프레스로 찍은 차체로 만들어진 새나라를 꼭 복원하고 싶어요. 역사적으로 참 중요한 차들이니까요. 관련 자료는 다 모아놓았는데 돈이 문제죠. 공공기관들이 조금만 관심을 가져주면 좋겠는데. 그리고 힘이 남으면 자동차 선진국을 다 돌면서 자료의 발굴과 수집을 더 하고 싶습니다. 아주 재미있을 것 같아요.

이 사회에서 열심히 일을 해온 사람들의 공통적인 고민인 일과 가정의 밸런스는 그 동안 어땠을까? 이렇게 가장이 한 가지에 꽂혀 돌진하면 가족들의 희생과 불만은 커질 수밖에 없다. 그리고 일과 삶이 주는 스트레스를 어떤 취미로 풀어왔을까? 전 소장이 고개를 절레절레 흔들었다. 얘기를 듣지 않아도 알 것 같았다.

전영선 밸런스를 언급할 수 없을 정도로 제 가정생활은 빵점에 가까워요. 아내에게 늘 미안했죠. 결혼 초기부터 월급 받으면 책방으로 달려가 반 이상 책을 사왔으니까요. 내 욕심으로 일에 미쳐서 가정을 돌보지 않았습니다. 다행히 아내가 교편을 잡고 있어서 기본적인 생계와 자식교육은 가능했습니다. 애들하고 아주 어렸을 때 빼고는 같이 놀아주지도 못했어요. 몇 년 전부터 출퇴근 시간을 아끼고 자유롭게 살고 싶어 이 연구소에서 혼자 숙식을 합니다. 그러니 가끔 나에게 가정이 있나 하는 엉뚱한 생각이 들 때도 있어요. 사람의 욕심과 가정의 양립은 참 어려워요. 이해해주길 바라지만 가족에게는 늘 미안한 마음입니다. 취미는 뭐 특별한 거 없습니다. 젊었을 때부터 걷는 걸 좋아해서 지금도 유일한 운동으로 하고 있죠. 저녁 때 여의도공원과 한강공원 한바퀴 돌고 막걸리 한잔 마시는 게 낙입니다.

어린 시절을 포함해 평생을 같이 해온 자동차는 이제 전 소장에게 어떤 의미일까? 지긋지긋할 텐데 다시 태어나도 또 자동차와 함께 할 마음일까? 노(老)역사가가 다시 한 번 크게 웃었다.

전영선 솔직히 말해 자동차는 저를 망친 원흉이죠! 제 인생도 돌이켜보면 야누스 같아요. 돈도 못 벌고 뭐 하나 제대로 해놓은 게 없다는 회한과 아무도 하지 않지만 누군가는 꼭 해야 하는 일을 해내고 있다는 보람과 자부심이 같이 있는. 자동차는 참 멋있는 꿈이에요. 끊임없이 변화하면서 새로워지니 따라서 계속 추구해야 하는 꿈이죠. 그래서 전 다시 태어나도 자동차를 할 겁니다. 하지만 그때는 꼭 공대에 들어가 엔지니어가 되어서 디자인은 안 하고 직접 차를 만들 겁니다.

그러면 전 소장은 자동차업계의 대선배로서 자동차와의 커리어를 꿈꾸고 있거나 현재 자동차업계에 있는 후배들에게 어떤 조언을 해주고 싶을까? 긴 인터뷰에도 지친 기색 하나 없이 전 소장은 거침없이 대답했다.

전영선 자동차역사를 먼저 알아야 합니다. 자동차에 여러 다양한 분야가 있지만 어느 분야이든 진정한 전문가가 되려면 역사를 배워야 합니다. 관련 역사와 거쳐 간 인물들의 이야기를 알게 되면 꿈이 생깁니다. 생각이 맑아지면서 자기가 자동차산업 내 어느 쪽 커리어를 택해야 할지 알게 될 겁니다. 그리고 앞서나간 선배들의 험난한 삶이 좌절의 시간에 큰 도움을 줄 거예요. 자동차를 알고 나서 좋아해야 차원이 달라집니다.

흔히들 한 나라의 자동차문화 수준을 알 수 있는 기준 세 가지로 모터쇼와 모터스포츠, 그리고 자동차박물관을 꼽는다. 현재 우리나라에 이 세 가지가 다 있기는 하다. 그러나 아쉽게도 아직 셋 다 초보적 수준의 로컬 레벨에 머무르고 있어서 자동차 생산강국에 머물러 있는 우리나라 자동차산업의 불균형적 실상을 잘 보여주고 있다. 과연 우리는 자동차를 통해 사람들의 삶이 보다 즐겁고 풍요로워지는 자동차문화의 시대를 향해 제대로 나아가고 있는 것일까?

마지막으로 그렇게 오랜 세월 동안 쉬지도 않고 돈도 되지 않는 일에 끈질기게 몰두해올 수 있는 비결은 무엇인지 물었다. 질문을 마치기 무섭게 전 소장의 날카로운 답이 화살처럼 날아왔다.

전영선 미쳤으니 열심히 하죠! 중독된 거예요.

더 이상 무슨 말이 필요할까? 인터뷰를 끝내고 돌아가는 저녁 한강의 노을이 아름다웠지만 발걸음이 무거웠다.

모터스포츠는 인간과 기계의
아름다운 조화를 추구하는 경기

손관수 대한자동차경주협회(KARA) 회장

아시아 최고의 모터스포츠 강국이 되자

1983년 6월 10일 밤 11시. 여의도광장을 떠난 피아트132는 동해안과 남해안, 서해안의 국도로 이어지는 2000여 km의 논스톱 전국일주를 27시간 걸려 완주에 성공했다. 그 주인공은 그 해 봄 일본에서 일본자동차연맹이 주최한 지방경기에 출전하고 일본의 C클래스 아마추어 레이싱라이선스를 획득하고 돌아온 박회태 레이서였다. 이는 자동차를 즐기는 라이프스타일의 한 축인 모터스포츠를 국내에 알리기 위해 벌인 단독 퍼포먼스였다.

이 시도는 성공이었다. 자동차 대중화 이전에 벌어진 신기한 이벤트라 당시 언론과 대중의 대단한 관심을 모았다. 이로 인해 사실상 국내 모터스포츠 역사의 씨앗이 뿌려졌다고 볼 수 있다. 이날

모터스포츠를 국내에 알리기 위해 벌인 퍼포먼스를 소개한 1983년도 기사

모였던 소수 마니아들이 주축이 되어 결성한 한국모터스포츠클럽이 1987년 용평과 영종도에서 국내 최초로 자동차경주 대회를 개최하였다. 그 후 여러 변화를 겪은 협회는 1996년 사단법인으로 결성된 한국자동차경주협회(KARA)의 모태가 되었다. 1994년에는 용인 자연농원(지금의 에버랜드)에 스피드웨이가 건설되고 이듬해 국내 최초로 서킷 경주가 개최되었다.

이후 본격적으로 발전하기 시작한 국내 모터스포츠는 2000년대 들어 국제 수준의 서킷 인프라를 갖추며 비약적인 성장을 하게 되었다. 2003년에는 태백 레이싱파크가 개장되어 2007년부터 국내 최고의 챔피언십대회 명맥을 이어가는 CJ슈퍼레이스가 시작되었다. 이어 2009년 영암에 코리아 인터내셔널 서킷(Korea International Circuit)이 만들어졌고 2010년부터 세계 최고 레이싱대회인 포뮬러 원 코리아 그랑프리(F1 Korea Grand Prix)가 지대한 관심 속에 4년 간 개최되었다. 2011년에는 코리아 스피드 페스티벌이 현대차 주관으로 시작되어 언론과 대중의 관심을 끌고 있다. 2013년에는 인제 스피디움이 문을 열었고, 용인 스피드웨이가 대폭적인 확장 후 재개장하면서 모터스포츠의 경기 인프라는 한층 탄탄해졌다. 현재는 연간 50회 이상의 각종 경기가 치러지며 선수층도 두터워지고 심판이나 현장운영 능력도 크게 향상되고 있다.

이런 거대한 변화의 중심에서 국내 모터스포츠 발전을 주도해 온 대한자동차경주협회의 손관수 회장 집무실을 방문하는 날, 모처럼 따스한 날씨에 미세먼지도 말끔히 가서 걷기에 상쾌했다. 대한통운 대표를 겸하고 있는 손 회장에게서 성공한 리더의 밝은 에너지와 긍정적인 아우라가 봄바람처럼 느껴졌다. 손 회장과 자동차의 인연은 어떻게 시작되었을까? 큰 체구에 어울리는 굵고 낮은 어조로 손 회장이 시원시원하게 말을 이었다.

손관수 사실 어렸을 때부터 자동차를 좋아했던 건 아니었어요. 하지만 제 운명이 자동차와 강하게 연관되어 있지 않나 생각하고 있습니다. 1990년대 중반 삼성그룹이 자동차사업에 집중 투자를 시작했을 때 초기 실무멤버로 선발되었어요. 1995년부터 삼성자동차에서 5년간 교육과 기획업무를 맡은 게 첫 인연이었죠. 사내 자동차기술연수원을 만들어 현장의 신참 기능직들을 표준작업 매뉴얼대로 강하게 훈련시킨 게 가장 기억에 남네요. 자동차의 조립과 정비는 사람의 생명과 안전에 밀접하게 연관되어 있으니까요. 그때 생산현장도 다양하게 경험했습니다. 그리고 지금은 5만 대가 넘는 화물차를 운영하는 물류회사의 대표를 맡으면서 자동차와 연관된 업무들을 많이 겪고 있습니다. 게다가 모터스포츠 업무도 하고 있으니 인연치고는 꽤 강한 편이죠?

1904년에 설립된 국제자동차연맹(FIA)은 전 세계 모터스포츠를 통괄하는 국제기구로 143개국 245개 단체를 관리하고 있다. 국제자동차연맹은 소속 나라별로 한 개의 단체만 공식적으로 인정하고 있다. 우리나라는 1996년에 한국자동차경주협회가 정식 인정을 받아 국내 모터스포츠를 총괄하는 한편, 해외에 국내 모터스포츠를 알리는 창구 역할을 맡고 있다. 국내 모터스포츠의 도약기를 이끌고 있는 협회의 구체적인 활동상황이 궁금해졌다.

손관수 모든 스포츠는 객관적이고 공정한 룰에 의해 경쟁을 하면서 대중의 이해와 사랑을 받습니다. 모터스포츠도 예외가 아니죠. 19세기 말 내연기관차가 발명된 이후 각 자동차메이커들이 경쟁적으로 자기만의 방식과 규정으로 자동차를 만들어냈습니다. 일관성이 결여된 경쟁이 시작되고 시장에서 혼란이 커졌죠. 그래서 각 메이커들이 기술의 우열을 가리기 위해 자동차경주가 필요해진 겁니다. 그런 자동차경주의 공통규정을 만들기 위해 국제자동차연맹이 설립되었고요. 스피드에 열광하는 사람들의 취향을 적극적으로 반영한 겁니다. 한국자동차경주협회는 국내 모터스포츠 규정을 만들고 각종 대회를 공인하면서 주최도 합니다. 동시에 경기장 인증, 레이서와 경기임원, 정비의 등급별 심사와 인증, 레이싱 관련 교육과 유소년 레이서 양성 등에 주력하고 있습니다.

2015년 6월 협회의 제8대 회장으로 취임하면서 손 회장은 모터스포츠가 우리나라의 문화적 역량을 살찌우는 가치 있는 존재가 되어야 한다고 강조했다. 아울러 재미와 수익, 그리고 감동이 넘치는 모터스포츠 생태계 조성에 힘쓰겠다고 공언하였다. 3년이 흐른 지금 그 로드맵은 어느 정도 달성되었을까?

손관수 아직 멀었지만 그동안 많은 진전이 있었습니다. 제가 취임하면서 아시아 최고의 모터스포츠 강국이 되자는 비전을 세웠습니다. 2020년까지 연간 100경기 이상의 공인대회와 1만 명 회원양성을 목표로 내세웠지요. '1만 회원 양병설'을 주창한

"모터스포츠 대중화 시대는 시장의 힘에 의해 이미 시작되었다"고 말하는 손관수 회장

거죠. 대회 수가 계속 증가하고 있고, 회원도 레이서와 경기임원, 정비 라이선스 회원을 합쳐 작년 말 기준 2500명을 넘었습니다. 제가 취임할 때 1000명이 채 안되었으니 3배가량 늘어난 거죠. 일반 회원을 포함하면 5000명 이상입니다. 특히 제가 주력하는 분야는 경기임원 쪽입니다. 일반인들이 가장 쉽게 모터스포츠계로 들어올 수 있는 입문분야이면서, 지자체와 학교에

가서 경기관련 지도를 하는 등 저변확대에 가장 중요한 분야입니다. 많은 사람들의 관심을 유발할 수 있죠. 모터스포츠 관중 10만 시대를 빨리 오게 해야 합니다. 저희 협회 활동은 계속 대중화, 국제화, 아마추어 활성화의 3개 축에 집중될 겁니다.

세계 최초의 자동차경주는 1894년 파리에서 열렸다. 자동차의 발달과 함께 모터스포츠는 이제 선진국에서 거대한 문화 콘텐츠가 되어 일상의 즐거움을 제공하는 한편, 엄청난 비즈니스 생태계를 형성하고 있다. 흔히 세계 3대 스포츠대회로 월드컵과 올림픽, 그리고 모터스포츠를 꼽는다. 월드컵과 올림픽은 이미 우리나라에서 대단한 관심과 지지 기반을 확보하고 있다. 포뮬러원(F1) 그랑프리 대회 유치 등 지난 30여 년간 모터스포츠계의 많은 노력이 있었지만 아직 모터스포츠에 대한 대중적 열기는 많이 부족하다.

하지만 인구 고령화와 여가시간의 증대, 그리고 무엇보다 국민소득 3만 달러 시대를 맞아 새로운 엔터테인먼트에 대한 욕구가 증대하고 있어 향후 성장 잠재력은 충분히 크다고 볼 수 있다. 그동안 협회의 노력이 레이서와 경기임원들의 양성, 경기장 인프라 건설 등 모터스포츠의 공급측면이나 하드웨어 부문에 집중되었기에 수요 측면의 대중화를 위한 투자와 홍보가 부족했던 건 아닐까? 국내 모터스포츠의 대중화 시기는 언제 시작될 수 있을까?

손관수 맞습니다. 사실 그동안 공급 측면에 주력하느라 모터스포츠를 일반 대중에게 널리 알리는 노력이 많이 부족했습니다. '그들만의 리그'라는 말도 많이 듣고 있습니다. 작년까지 경기 인프라 조성에 노력해 많은 성과도 있었으니 올해(2018년)부터는 모터스포츠의 대중화에 주력할 계획입니다. 사실 모터스포츠가 전문용어도 많고 경기 룰도 대회별로 많이 달라 일반 대중이 쉽게 접근하기 어렵습니다. 그래서 협회에서 '알기 쉬운 모터스포츠'라는 애니메이션도 만들어 홈페이지에 올려놓았습니다. 이제 국내 모터스포츠도 초기 레이서들의 개별적 활약에 의존했던 1.0시대, 조직화된 단체들 중심으로 운영되었던 2.0시대를 지나서, 협회의 주도 하에 각 단체와 관중, 아마추어 동호회 등이 어울려 시너지를 내는 3.0시대에 접어들었습니다. 사실 모터스포츠 대중화 시대는 시장의 힘에 의해 이미 시작되었다고 봅니다. 저희가 충분히 홍보를 못했는데도 작년 용인에서 열린 CJ 슈퍼레이스 챔피언십대회 최종 이틀간 유료관중이 3만 명이나 몰렸습니다. 저희도 깜짝 놀랐죠. 올해 대회는 KBS 지상파와 케이블 채널A 등 각종 미디어에서 중계할 예정이라 더 많은 관심을 끌 것으로 봅니다. 협회가 주관하는 경기 내용을 간단하게 설명드리죠. 국내 모터스포츠는 서킷전용 모델들이 나가는 포뮬러(Formula) 경기가 아니라 주로 양산 투어링카 대회 중심으로 운영되고 있습니다. 국내 최고 수준의 대회인 CJ대한통운 슈퍼레이스 챔피언십에 전통있는 프로 레이싱팀들이 모여 있습니다. 아마추어와 튜닝숍들이 참가해 개성 넘치는 분위기를 연출하는 넥센 스피드레이싱도 호평을 받고 있고요. 또 개조 범위를 좁혀 참가 문턱을 낮춘 엑스타 슈퍼챌린지 등 투어링카 경기들이 4월부터 11월 사이에 주말마다 전국 각지에서 열립니다. 뿐만 아니라 짐카나(Gymkhana)와 카트(Kart), 드래그(Drag) 레이스,

드리프트(Drift) 레이스 등 다양한 입문 종목도 활발히 열리고 있습니다. 다른 나라와 가장 차별화된 경기는 역시 CJ슈퍼레이스의 최고 종목인 슈퍼6000 클래스라 할 수 있습니다. 이 대회는 아시아 지역에서 유일하게 열리는 스톡카(Stock Car) 레이스입니다. GM의 6.2L 엔진을 받아 경주용 차대를 제작하고, 대회를 후원하는 자동차브랜드 모델의 외형을 씌우고 달리는 경기죠. 경기관전 경험이 부족한 대중들이 레이싱의 재미를 깨닫기까지는 조금 시간이 걸릴 겁니다. 하지만 직접 경기장을 찾거나 중계를 통해 경기를 보면 진행 방식이나 간단한 규칙 같은 건 금방 익힐 수 있습니다. 더 나아가 각종 기록을 보는 방법을 습득하면 정말 재미있게 즐길 수 있죠.

최근 몇 년간 한국마사회(KRA)는 경마에 대한 세간의 부정적 인식을 개선하고 대중스포츠로 변신하기 위해 많은 노력을 기울이고 있다. 가족오락을 테마로 경기장 안팎에 가족 친화적인 즐길거리와 볼거리를 갖추어 주말 나들이명소로 거듭나고 있는 게 좋은 예다. 국내 모터스포츠는 굉음과 비산먼지, 레이싱걸을 내세우는 남자만의 비생산적 놀이라는 부정적 이미지가 아직 남아 있다. 본격적인 대중스포츠가 되기 위해서 한국마사회를 벤치마킹해야 하지 않을까?

손관수 과거보다 많이 나아졌지만 아직 모터스포츠에 대해 그런 이미지가 많이 남아 있는 게 사실입니다. 저희가 궁극적으로 지향하는 건 모터스포츠를 가족 전체가 만족할 수 있는

"모터스포츠산업의 생태계를 제대로 육성하는 게 국가 경제에 매우 중요합니다"

강력한 대중 스포테인먼트(Sport+Entetainment) 산업으로 만드는 겁니다. 한국마사회도 물론 들여다보고 있죠. 하지만 저희는 미국의 나스카(NASCA)와 독일의 DTM을 집중 연구하고 있습니다. 거리에서 흔히 볼 수 있는 차종들을 튜닝해 겨루는 투어링카 대회라 일반 대중의 관심을 끌기가 상대적으로 쉽거든요. 여러 번 가보니 자동차경주 이외에 보고 즐길 게 너무 많아 온 가족이 즐거운 하루를 보내기에 부족함이 없더군요. 저희도 경기장 밖에서 자동차 전시, 레이싱 VR체험, 전동차 체험 등 다양하고 재미있는 놀 거리를 제공하려 애쓰고 있습니다. 그룹계열사로 엔터테인먼트에 많은 경험과 노하우를 지닌 CJ E&M이 많이 도와주고 있어요. 앞으로 더 좋아질 것으로 기대하고 있습니다.

어느 스포츠든 재미의 본질은 치열한 승부와 드라마틱한 반전이 만들어내는 짜릿한 감동이다. 잘 알려져 있지 않은 스포츠 종목이라도 일단 관심을 끌어 대중이 열광하기 시작하면 본격적인 대중화와 비즈니스 생태계는 자연스레 시장에서 형성된다. 이런 흐름에 스타플레이어의 깜짝 탄생이 기폭제가 될 수 있음은 평창 동계올림픽에서 스켈레톤 윤성빈 선수나 여자 컬링팀에 의해 입증된 바 있다.

따라서 모터스포츠를 일반 대중에게 알릴 수 있는 가장 효율적인 방법은 세계 주요대회에서 깜짝 놀랄 정도의 우수한 성적을 거둔 스타 레이서의 탄생일 것이다. 하지만 개별적 노력이나 가족의 헌신적인 도움으로 스타가 나올 수 있는 다른 스포츠들과 모터스포츠는 많이 다르다. 레이서의 양성과정이 매우 자본 집약적이고 엄격하게 세분화된 승격과정을 거쳐야 하는 시스템 비즈니스이기 때문이다. 물론 개인적인 노력이 있어야 하지만 그에 더해 협회 차원의 장기적인 투자와 지도가 절실하다. 이런 점이 모터스포츠가 대중의 관심과 인기를 끌기에 가장 큰 장애가 될 수도 있다. 이러한 스타 만들기에 협회는 어떻게 대응하고 있을까?

손관수 모터스포츠는 개별 노력에 의한 스타 탄생이 사실상 불가능합니다. 가장 높은 수준의 포뮬러원 레이서 하나 양성하는데 평균적으로 거의 100억 원이 든다는 통계도 있습니다. 협회도 열심히 영재를 발굴해서 지원하고 있습니다. 하지만 엄청난 비용이 들어가기에 다른 프로 스포츠처럼 기업들의 후원이 절대적입니다. 개인이 입문해 자비로 어느 정도 의미 있는 수준까지 올라가서 이름이 알려지면 기업들의 후원이 붙기 시작하죠. 그러면 손익분기점을 넘어 순항할 수 있습니다. 세계 어디서나 유소년 레이서 육성은 카트로 시작합니다. 2017년부터 국제자동차연맹의 지원을 받아 카트 스쿨과 카트 엘리트아카데미를 운영하고 있습니다. 협회가 카트 챔피언십대회를 직접 주최하기 시작한 때가 2016년입니다. 그 이후 유소년 카트드라이버 라이선스 보유자가 152명(2017년 기준)으로 2년 전보다 3배 이상 늘었어요. 대회성적 우수자에게 장학금을 주고 해외연수와 대회 참가도 지원하고 있습니다. 하지만 선수 육성은 시간이 많이 걸리고 인내심이 필요한 과정입니다. 지자체와 기업, 그리고 저희 협회가 협력해서 장기적인 계획을 세우고 접근성 좋은 도

심에 카트 트랙을 많이 설치해야 합니다. 그러면 카트훈련 프로그램과 대회를 많이 열 수 있어 유소년과 학부모들의 큰 관심을 끌 수 있죠. 꼭 유소년만이 아니라 일반인들도 레이싱을 배워 입문할 수 있도록 여러 기업들과 협력하고 있습니다. 2016년에 시작해 수준별 교육으로 인기를 모으고 있는 협회공인 현대 드라이빙아카데미(Hyundai Driving Academy)가 좋은 선례가 되고 있죠. 지금까지 저희의 노력은 마중물 정도라 2017년에 협회 주관으로 자동차제조업체와 부품업체, 지자체, 서킷 경기장 등의 대표들이 모여 '대한민국 모터스포츠발전협의회'라는 걸 만들었습니다. 정기적 모임을 통해 이해관계자들 사이의 투자 시너지와 비즈니스 생태계 형성을 논의하고 있어요. 모터스포츠를 통한 공동성장을 위해 주요 사안별 의견을 조율하고 지혜를 모을 겁니다. 더 많은 기업들의 참여도 독려하고요. 국내 모터스포츠의 장기적인 발전을 위해 아주 중요한 역할을 할 것으로 기대하고 있습니다.

사실 모터스포츠는 자동차 제조와 부품, 타이어, 첨단 소재 등 산업연관 효과가 상당히 크다. 경주용 차량을 제조하기 위한 튜닝산업의 발달과도 밀접하게 연관되어 있어 경제발전과 일자리 창출에 중요한 산업이다. 주요 경기를 보기 위해 입국하는 해외 관광객들도 상당히 많아 정부가 충분히 관심을 가질 수 있는 분야다. 정부의 지원은 충분히 받고 있을까?

영암 국제자동차경주장에서 열린 슈퍼레이스 경기 장면(2017년)

슈퍼레이스 나이트 레이스는 새로운 시도로 관중들의 호응을 얻었다

손관수 모터스포츠산업의 생태계를 제대로 육성하는 게 국가 경제에 매우 중요합니다. 우선 자동차강국 이미지로 인해 자동차와 부품산업의 경쟁력이 좋아집니다. 지자체는 사람들이 몰려드니 새로운 수익모델을 갖게 되죠. 관련 일자리 창출도 많이 되면서 경제성장에 기여할 수 있는 잠재력이 대단합니다. 하지만 지금까지 정부의 지원은 전무합니다. 아직 관심이 없는 거죠. 정부의 지원을 받기 위해서는 대한체육회의 회원인증을 받아야 하는데 아직 받지 못했습니다. 협회의 장기 과제입니다. 우선 저희가 더 열심히 해서 대중 속으로 파고 들어야죠.

그러면 CJ그룹은 왜 오랫동안 국내 모터스포츠에 과감한 지원을 하고 있는 걸까? 향후 모터스포츠관련 산업으로 진출할 장기 계획을 가지고 있는지 궁금해졌다.

손관수 CJ그룹은 건강과 즐거움, 그리고 문화 창조를 선도한다는 확고한 비전을 갖고 있습니다. '문화가 있어야 나라가 선다'는 믿음으로 우리나라의 문화 발달과 세계화에 집중하고 있어요. 그래서 케이팝(K-Pop), 케이푸드(K-Food), 케이무비(K-Movie) 같은 비즈니스 모델들이 강하게 추진되고 있는 겁니다. 우리나라에서 스포츠는 이미 생활문화의 중요한 부분입니다. 새로운 문화를 창조하려면 새로운 스포츠를 발달시켜야 하니까 많은 잠재력을 지닌 모터스포츠를 후원하게 된 거죠. 앞에서 말씀드린 것처럼 성숙된 모터스포츠 문화와 생태계는 수많은 현재와 미래 산업들과 연관되어 있습니다. CJ그룹의 지속적인 문화 창조 활동을 위한 훌륭한 플랫폼이 될 수 있을 겁니다. 유소년 꿈나무육성 같은 사회공헌 활동으로도 손색이 없죠.

아시아 모터스포츠 강국을 지향하고 국내 레이서와 경기임원들의 해외 진출 등 한국 모터스포츠의 국제화를 위해 국제자동차연맹과의 긴밀한 협력관계 수립은 매우 중요하다. 글로벌 기준으로 볼 때 아직 존재감이 미약한 국내 모터스포츠가 국제자동차연맹의 충분한 관심과 지원을 받고 있을까? 국제자동차연맹과의 적절한 협력을 위해 협회는 무엇을 해야 할까? 목소리의 톤이 올라가며 손 회장의 말이 빨라지기 시작했다.

손관수 앞서 말씀드린 한국 모터스포츠의 1.0, 2.0시대에 국제자동차연맹은 한국의 존재를 잘 모르고 있었습니다. 관심을 둘 만한 가치가 없었던 거죠. 우리나라가 많은 게 미비하지만 그래도 체계를 갖추어가며 열심히 한다고 인정받은 게 10년 전입니다. 저희가 발전하기 위해서는 국제자동차연맹과의 협력이 절대적이죠. 협회는 최근 수년 간 스포츠 외교에 집중했고 결과적으로 연맹과 아주 좋은 관계를 맺고 있습니다. 2017년 3월에는 연맹의 아시아태평양스포츠총회를 처음으로 서울에 유치했습니다. 성공적으로 잘 진행해서 연맹의 장 토드(Jean Todt) 회장한테 칭찬 많이 들었습니다. 이어서 8월에 연맹이 주관하고 16개국에서 참가한 아시아 오토짐카나컴피티션(Asia Auto Gymkhana Competition) 대회도 치렀고요. 11월에는 20개국이 참여한 연맹의 공식교육 프로그램인 TDT(Train the Driver Trainer)와 핵심경기임원훈련(Senior Officials Training)도 잘 진행했습니다. 이런 국제 프로그램들이 한국에서 개최되면 한국 측 인원들이 자연스레 많이 참여하게 되어 저희 모터스포츠의 국제화에 많은 도움이 됩니다. 그리고 국내 최고수준 대회인 CJ슈퍼레이스 챔피언십은 국내 대회로서는 유일하게 매년 연맹의 공식대회 캘린더에 등재되어 있습니다. 이런 대회나 교육 이외에도 연맹이 UN과 함께 전 세계적으로 시행하는 도로안전 캠페인에도 적극적으로 참여하고 있어요. 국내에서는 교통안전공단, 국토교통부, SK텔레콤과 함께 다양한 봉사활동을 하고 있습니다. 특히 SK텔레콤의 티맵을 활용한 모바일 교통안전캠페인은 연맹의 모범사례로 선정되어 해외에 노하우를 전수해주고 있고요. 빠른 스피드를 좋아하는 모터스포츠협회에서 왜 도로안전 캠페인을 벌이고 있는지 좀 의아해하실 수도 있는데요. 사실 모터스포츠가 스피드를 내도 항상 안전이 기본이라 안전에 대한 인식이 상당히 높습니다. 지금도 전 세계적으로 하루에 3500명이 도로에서 사망하고 있어요. 우리나라에서도 매년 5000여명이 도로에서 목숨을 잃습니다. 올해 이 숫자를 3000명 이내로 줄이는 게 저희의 목표입니다.

최근 세계 자동차산업의 최대 화두인 친환경과 자율주행은 현재와 미래의 모터스포츠에 어떤 영향을 끼치고 있을까? 모터스포츠가 성능을 높여 겨루는 경기다보니 소음이나 배출가스, 미세먼지 등 환경적 측면에서 많은 비판을 받고 있기 때문이다. 친환경의 압력으로 인해 이미 3년 전부터 슈퍼 전기차들의 경주인 포뮬러 E가 세계 주요 도시에서 열리고 있다. 또한 자율주행시대가 오면 드론 경기처럼 무인차 경주도 가능하지 않을까?

손관수 포뮬러 E가 세계자동차연맹 주관으로 시행되고 있지만 아직 흥행여부는 확실하지 않습니다. 사실 연맹이 한국에서 포뮬러 E를 개최해보라고 권유하고 있어요. 협회 차원에서 결정하고 주관할 대회의 범주를 넘어서는 큰 친환경 이벤트라고 봅니다. 친환경차의 운행 인프라를 갖추고자 하는 지자체의 마케팅 차원에서 결정할 수 있겠죠. 그리고 저는 4차 산업혁명의 산업적 결정체가 결국 자율주행자동차가 될 거라고 봅니다. 인공지능, 연결성(Connectivity), 빅데이터 같은 요소들이 다 녹아들어가야 가능한 제품이니까요. 따라서 어떤 형태로든 자율주행기술이 모터스포츠에 들어올 겁니다. 무인차 경주도 게임하듯이 즐길 수 있겠죠. 하지만 기술문명의 결정체인 자동차를 주제로 하면서도 무엇보다 이를 다루는 사람의 능력을 겨루는 것이 모터스포츠의 본질이라고 생각합니다. 속도와 물리적 압력의 한계에 도전하는 최첨단 기술의 자동차와 그것을 조종하는 사람의 세밀한 균형도 중요하죠. 사람이 뜻하지 않게 실수하기도 하고 라이벌 레이서 간의 경쟁도 커다란 흥행요소라 사람이 빠진 상태의 레이싱은 재미가 반감된다고 봅니다. 물론 시장이 판단할 문제이긴 합니다.

손 회장은 대한통운과 한국자동차경주협회외에도 한국항만물류협회와 한국관세물류협회, 그리고 국방수송협회까지 맡고 있다. 몸이 몇 개라도 모자랄 정도로 바쁠 것이다. 그래도 저렇게 부드럽고 여유로운 표정과 말투를 가질 수 있는 것은 일을 사랑하고 즐기기 때문이 아닐까? 이렇게 열심히 일을 해온 사람들의 공통점은 일과 가정의 라이프밸런스가 상당히 깨져 있다는 점이다. 한국경제의 고도성장기를 지나왔기에 개인이 어쩔 수 없는 부분이 많다. 오랜 시간 가족의 불만이나 개인적 삶에 대한 욕구를 어떻게 처리해왔는지 묻지 않을 수 없다. 손 회장이 처음으로 난처한 기색을 보이면서 잠시 뜸을 들인다.

손관수 저희 세대가 워낙 일만 해오지 않았습니까? 그래서 개인 여가생활은 잘 못해요. 별다른 취미도 갖지 못했고요. 가족과도 시간을 많이 갖지 못해서 늘 미안하죠. 그래도 한 달에 한 번은 꼭 같이 식사를 하고 가족의 생일에는 무조건 저녁에 다 모여 축하해줍니다. 매년 12월 31일에 밤 10시까지 모여 다 같이 그 해를 돌아보고 새해를 맞이하자는 약속도 계속 지키고 있습니다.

시계를 보니 인터뷰가 예상시간을 훌쩍 넘고 있었다. 급하게 준비한 마지막 질문을 던졌다. 이제 학교를 졸업하거나 기존 직장을 벗어나 모터스포츠 분야로 뛰어들고 싶은 후배들에게 손 회장은 어떤 조언을 하고 싶을까?

손관수 모터스포츠는 인간과 기계의 아름다운 조화를 추구하는 경기입니다. 아주 매력적이고 전망도 밝아서 적극 추천하고 싶네요. 레이서를 하든 경기임원이나 정비를 꿈꾸든 모터스포츠라는 멋진 무대의 주역임을 자랑스럽게 여기면서 자기개발을 해나갈 수 있어야 합니다. 저희 협회도 그런 커리어 비전을 줄 수 있도록 끊임없이 노력할 계획입니다. 이제 모터스포츠는 시작이라 앞으로 10배, 100배 더 키워나갈 수 있는 아주 재미있고 보람있는 일터가 될 겁니다. 저도 협회를 통해 기반을 닦아가면서 많은 보람을 느끼고 있습니다.

인터뷰가 끝나고 다음 일정을 챙기던 손 회장이 웃으면서 손을 내밀었다. 강하고 짧게 힘을 주는 악수 스타일이 손 회장의 자신감을 느끼게 해주었다. 어느덧 30여 년의 역사를 가진 한국 모터스포츠가 사람들에게 자동차와 함께 하는 다양한 즐거움을 일깨워주길 바라는 마음이 간절하다. 그래야 그만큼 우리의 자동차문화와 삶이 풍성해질 테니까.